列車名の謎

鉄道ファンも初耳の「名・珍列車」伝説

寺本光照

イースト新書Q
Q023

はじめに　列車名にも〝人生〟や〝ドラマ〟がある

現在、ＪＲグループで運転されている特急はもちろん、快速や普通列車の一部にも列車名がつけられている。この列車名はグループ全体で全国規模になるＪＲ各社では、旅客案内はもちろんのこと、特急券や指定券などの発売にも何かと便利で、前身である日本国有鉄道（以下国鉄）時代の昭和初期から80年以上にわたり、利用客からも親しみをもって迎えられている。

幼いころから鉄道に関心を抱き、高校生時代から本格的に趣味として打ち込むようになった筆者は、当時の「鉄道ピクトリアル」（鉄道図書刊行会）に掲載されていた『急行列車・誌上案内』の記事に興味を覚え、大学入学から今日にいたるまでの約半世紀間、とくに列車名や列車の編成、そして変遷の歴史をライフワークとして活動を進めてきた。

今回、縁があって本書を執筆させていただくことになった。ＪＲにおける定期優等列車の列車名数は、２０１６年９月現在では新幹線を含む特急のみの１０６種だが、最大数を誇った１９６８年６月当時は特急・急行・準急で３６０種、そしてネームドトレイン（愛称つき列車）誕生の１９２９年９月から現在にいたるまでの延べ数となると、じつに５７７

種におよぶ。よく鉄道趣味界では「蒸気機関車は人間のつくったもののうちで、最も生物に近い機械である」と言われるが、列車名もそこまでとはいかなくても立派な〝生き物〟で、577種それぞれに〝人生〟やドラマがある。長寿を誇るものもあれば、短命で終わるもの、準急から急行を飛び越して特急に抜擢《ばってき》されるような幸運児もいれば、逆に格下げを味わったり、幾度か登場しても、その都度、短期間に廃止の憂き目にあったりする不運なネームもある。

また、列車名には本書のタイトルでもある「謎」が多いのも、この世界の特徴である。列車名の由来ひとつにしても、北陸《ほくりく》本線特急の「**サンダーバード**」は車両に描かれている図柄からも「サンダー」(雷)プラス「バード」(鳥)のライチョウではなさそうだし、「**ダイナスター**」となれば得体が知れない。常磐《じょうばん》線特急も速達特急の「**ひたち**」が茨城県の旧国名である「常陸《ひたち》」を示すのに対し、「常陸」に加えて福島県浜通《はまどお》りの「磐城《いわき》」を含み、面積では断然大きいはずの「**ときわ**」(常磐)が、ランク的にはひとつ下の主要駅停車特急であるのは、運転区間からも不思議である。

東海道《とうかいどう》・山陽《さんよう》新幹線でも、光速の「**ひかり**」が主要駅停車、音速の「**こだま**」が各駅停車なのに、両列車より上位にランクされる速達タイプ特急には、〝速度〟とは関係なしに、明るい未来、夢、希望に通じるという理由で「**のぞみ**」が命名されている。果たして「ひかり」の上位列車のネームとしてふさわしいのだろうか。また、新幹線特急の列車名は公募されることが多いが、「のぞみ」の命名で同じ方法がとられなかったのも疑問に思う。

本書では、こうした列車名を、定期運行の優等列車（特急、急行、準急）を中心に、命名の法則やルーツ、統計や歴史などの視点から6つの章に分け、できるかぎり「謎」の追究や解明を行うとともに、エピソードも交えて解説を行った。現行の列車名だけでは数にやや無理があるので、過去に国鉄～JR線上を走った列車名も加えることにした。年配の読者の方には多数のネームを持つ列車が在来線上で活躍した懐かしい時代を振り返っていただき、また今後の鉄道趣味界を背負っていただく若いファンの方には、鉄道史研究の一環として、運転運輸史や、それにかかわる列車名の奥深さに関心を抱いていただければ、これにまさる喜びはない。

最後に本書を刊行するにあたり、発表の機会を与えていただくとともに、編集に携わってくださったイースト・プレスの畑祐介氏に心から感謝するとともに、厚くお礼を申し上げます。

寺本光照《てらもとみつてる》

列車名の謎●目次

第2章 ルーツで読み解く列車名

第3章 列車名なんでもランキング

第4章 幸運な列車名、悲運の列車名

第5章 複雑すぎて乗り間違えそうな列車名

第6章 国鉄～JRの列車名90年史

カバー写真解説

右上：〔雷鳥22号〕7022M 金沢発大阪行き 485系9連 2004.8.7 新疋田～敦賀

右中：〔(ワイドビュー)しなの15号〕
2015M 大阪発長野行き JR東海383系10連 2002.12.30 近江長岡～柏原(231ページ参照)

右下：急行〔立山2号〕504M 糸魚川発大阪行き 475系12連 1971.9.3 新疋田～敦賀

左上：〔南風3号〕33D 岡山発中村行き JR四国2000系7連 1997.8.17 岡山(135ページ参照)

左中：特急〔おおとり〕3028D 網走発函館行き キハ80系10連 1986.8.2 苗穂～白石(153ページ参照)

左下：〔さ く ら〕3レ 東京発長崎・佐世保行き ED76+14系14連 1995.7.31 東郷～東福間

すべて筆者撮影。「立山2号」「さくら」は画像処理により架線と架線柱をそれぞれ消しています。

第1章

鉄道ファンも知らない「列車名の法則」

元は鳥や花は特急、地名や名所は急行、天体は夜行だった

新幹線が北の大地に達した2016年3月26日現在、JRで運転される優等列車（有料列車）はすべて特急として設定されており、博多南《はかたみなみ》線を行き来する列車以外はすべて列車名を持っている。

では、列車名はいつごろからできたのか、列車名はなぜ必要なのか。それについては第6章で述べるとして、現在、定期列車として運転されている表1に示す106種の特急のうち、列車名の由来を13項目に分類すると、最も多いのは新幹線の「**のぞみ**」「**ひかり**」「**こだま**」「**やまびこ**」などに代表される抽象的な名称で34種にのぼる。そして次点が「**なすの**」や「**つがる**」「**ひたち**」などの地域名で26種、3位はぐっと差が開き、「**つばめ**」「**はやぶさ**」など鳥に関するものと、「**あさま**」「**きりしま**」といった山岳名がお互いに10種ずつとなる。

かつては山岳名とともに列車名の代表格だった河川名は6種にすぎず、天体にいたっては「**北斗**《ほくと》」以外に太陽を意味する「**にちりん**」「**にちりんシーガイア**」を含めても4種だけ

である。こうしたところにもＪＲ発足以後の急行列車や夜行列車の衰退ぶりが浮き彫りになっている。

では、昔はどうだったのだろうか。新幹線開業前で、優等列車が特急、急行、準急の３種別があり、列車本数も特急が52本、急行が２２６本、準急が４４８本（いずれも上下合算）存在した１９６１年10月改正時に時計の針を戻して、わが国を代表する幹線である東海道本線東京始発列車と、東京始発以外で沼津《ぬまづ》〜神戸《こうべ》相互間を始終着駅とする列車名を種別ごとに列挙してみよう。

それによると、特急は**「第1・第2こだま」「第1・第2富士《ふじ》」「第1・第2つばめ」「はと」「さくら」「おおとり」「あさかぜ」「はやぶさ」**。

急行は**「六甲《ろっこう》」「やましろ」「いこま」「第1・第2なにわ」「霧島《きりしま》」「第1・第2せっつ」「雲仙《うんぜん》」「西海《さいかい》」「第1・第2よど」「高千穂《たかちほ》」「出雲《いずも》」「伊勢《いせ》」「那智《なち》」「能登《のと》」「安芸《あき》」「銀河《ぎんが》」「瀬戸《せと》」「明星《みょうじょう》」「筑紫《つくし》」「ぶんご」「彗星《すいせい》」「月光《げっこう》」「金星《きんせい》」「大和《やまと》」**。

さらに準急が**「するが」「東海《とうかい》1〜7号」「はまな1〜2号」「伊豆《いず》」「第1・第2いでゆ」「比叡《ひえい》1〜8号」「第1・第2伊吹《いぶき》」**として続く。

以上は定期列車だが、このほかに週末列車や多客期運転の不定期列車（現・季節列車）

区分	列車名	動力	形式	抽象	花・草	鳥	天体	人名	その他	地名関連						
										車両名	山岳	河川	島	海・湖	地域名	その他
	はるか	電車	281	○												
	びわこエクスプレス	電車	683·189											○		
	おはようエクスプレス	電車	681/683	○												
	ダイナスター	電車	681/683						○							
	サンダーバード	電車	681/683			△				○						
[L]	しらさぎ	電車	681/683			○										
	能登かがり火	電車	681/683						○						△	
	おやすみエクスプレス	電車	681/683	○												
	くろしお	電車	283·287·289	○												
	はまかぜ	気動車	189	○												
	スーパーいなば	気動車	187												○	
	スーパーはくと	気動車	智頭7000						○							
	こうのとり	電車	287·289			○										
	きのさき	電車	287												○	
	まいづる	電・気	287·京丹8000												○	
	はしだて	電・気	287·京丹8000													○
	やくも	電車	381	○												
	スーパーおき	気動車	187										○			
	スーパーまつかぜ	気動車	187	○												
	宇和海	気動車	2000											○		
	しおかぜ	電車	8000·8600	○												
	いしづち	電車	8000·8600								○					
	モーニングEXP松山	電車	8000	○											○	
	モーニングEXP高松	気動車	2000	○											○	
	ミッドナイトEXP松山	電車	8000	○											○	
	ミッドナイトEXP高松	気動車	2000	○											○	
	南風	気動車	2000	○												
	しまんと	気動車	2000									○				
	あしずり	気動車	2000													○
	うずしお	気動車	2000·185	○												
	剣山	気動車	185								○					
	むろと	気動車	185													○
	ホームエクスプレス阿南	気動車	185												○	
	ゆふ	気動車	185								○					
	ゆふいんの森	気動車	71·72												○	
	九州横断特急	気動車	185													○
	かもめ	電車	885·783·787			○										
	みどり	電車	783·787	○												
	ハウステンボス	電車	783													○
	きらめき	電車	783·787	○												
	有明	電車	783·787											○		
	かいおう	電車	783·787					○								
	ソニック	電車	883·885	○						○						
	にちりん	電車	783·787				○									
	にちりんシーガイア	電車	783				○									○
	ひゅうが	電車	783·787												○	
	はやとの風	気動車	40	△					○							
	きりしま	電車	783·787								○					
	指宿のたまて箱	気動車	40												△	
[☆]	サンライズ瀬戸	電車	285	○						○				○		
[☆]	サンライズ出雲	電車	285	○						○					○	

区分欄凡例：[新幹線]＝新幹線 [L]＝エル特急 [☆]＝寝台特急
形式欄は主体に使用される形式を示す。一部間合い運用などで入る形式は省略する。
△は類似するものや架空のもの、または変形したものを示す。
*には（ワイドビュー）の冠称がつく。

表1　JR特急列車名とその由来

2016年3月26日改正

区分	列車名	動力	形式	抽象	花・草	鳥	天体	人名	その他	地名関連						
										車両名	山岳	河川	島	海・湖	地域名	その他
	のぞみ	電車	N700	○												
	ひかり	電車	N700·700	○												
	こだま	電車	N700·700·500	○												
	みずほ	電車	N700	○	△											
	さくら	電車	N700·800		○											
	つばめ	電車	800·N700			○										
	はやぶさ	電車	E5/H5			○										
	はやて	電車	E5·E2	○												
	やまびこ	電車	E5·E2	○												
	なすの	電車	E5·E2												○	
	つばさ	電車	E3			△										
	こまち	電車	E6	○				△								
	とき	電車	E2			○										
	たにがわ	電車	E2								○					
	Maxとき	電車	E4			○				○						
	Maxたにがわ	電車	E4							○	○					
	あさま	電車	E2·E7/W7								○					
	はくたか	電車	E7/W7			△										
	かがやき	電車	E7/W7	○												
	つるぎ	電車	E7/W7								○					
	スーパーカムイ	電車	785/789													○
	オホーツク	気動車	183											○		
	すずらん	電車	785/789		○											
	スーパー北斗	気動車	281·261				○									
	北斗	気動車	183				○									
	スーパーおおぞら	気動車	283						○							
	スーパーとかち	気動車	261												○	
	スーパー宗谷	気動車	261												○	
	サロベツ	気動車	181													○
	つがる	電車	E751												○	
	いなほ	電車	E653		△											
	草津	電車	651												○	
	あかぎ	電車	651								○					
	スワローあかぎ	電車	651								○					
	しらゆき	電車	E653	○												
	ひたち	電車	E657												○	
	ときわ	電車	E657												○	
	さざなみ	電車	E257	○												
	わかしお	電車	E257·255	○												
	しおさい	電車	255·E257	○												
	成田エクスプレス	電車	E259													○
	日光	電車	253												○	
	きぬがわ	電車	253									○				
	スペーシアきぬがわ	電車	東武100							○		○				
	踊り子	電車	185	△					○							
	スーパービュー踊り子	電車	251	△					○							
	スーパーあずさ	電車	E351									○				
	あずさ	電車	E257									○				
	かいじ	電車	E257												○	
	しなの*	電車	383												○	
	あさぎり	電車	小田急60000													○
	ふじかわ*	電車	373									○				
	南紀*	気動車	85												○	
	ひだ*	気動車	85												○	
	伊那路*	電車	373												○	

として、特急には「**第1・第2ひびき**」と「**みずほ**」、急行には「**桜島**《さくらじま》」「**はりま**」「**第2いこま**」「**第2六甲**《ろっこう》」、そして準急には「**おくいず**」「**十国**《じっこく》」「**あまぎ**」「**はつしま**」「**いこい**」「**ながら**」が控える。

まさに多種多様というか、年配の方ならこれらの列車名からパーラーカーつきの151系電車特急やビュッフェ車を2両連結した電車急行、十数両におよぶ寝台車を連ねた夜行急行の活躍ぶりを懐かしく思い出しておられることだろう。

ここで読者のみなさんならお気づきいただけたと思うが、当時は列車名のつけ方には一定の法則があり、特急は国鉄の看板列車ということで、抽象的な名称、またはわが国を代表する山や花、あるいは速くてスマートな鳥の名。急行はその列車にゆかりのある旧国名や街道名、または下り方《かた》始終着駅（終点）近くに存在する著名な山岳や河川の名、ほぼ全区間を夜行で走る列車は天体名と付与基準が明確に定められ、特急と急行とのあいだには〝格差〟がつけられていた。

東京始発の急行は列車名だけで「霧島」「雲仙」「西海」「高千穂」「筑紫」「ぶんご」の6種あり、それだけで九州方面行きということがわかるし、山陰《さんいん》本線や関西《かんさい》本線で唯一の東京直通急行となる「出雲」や「大和」は、地元ではそれに乗車するのがステータスのような列車だった。東京〜大阪間の電車急行には大阪市付近の古称である浪速《なにわ》のほか、大阪府北西部と兵庫県南東部の旧国名である摂津《せっつ》、京都府南東部の旧国名にちなむ山城《やましろ》、それに六甲山《ろっこうさん》、生駒山《いこまやま》、淀川《よどがわ》にちなむ列車名がずらりと並び、筆者のように関西の人間は大歓迎だったが、逆に何か首都圏の地名が登用されていないのは気の毒に思ったものだった。しかし、これは地名については原則として下り方に関係するネームをつけるのがルールなので、それでよかったのだ。

東京〜大阪／神戸間の夜行急行はすべて天体にちなむ「銀河」「明星」「彗星」「月光」「金星」の5種。どれも寝台車が編成の大半を占める寝台列車で、2等寝台（現・B寝台）は非冷房かつ開放式の3段式、そしてベッド幅が寝返りも打てない52㎝なので、現在では〝走るドヤ〟以下の存在だが、それでも「横になって移動できるのは贅沢《ぜいたく》」といわれていた当時では東京〜関西間を行き来するビジネス客に愛用され、寝台券は入手困難だった。

話を準急に移すと、特急や急行の列車名は国鉄本庁（1956年4月に国鉄本社に改称）が決めるのに対し、準急は運転距離が相対的に短いこともあって、命名権は当該の鉄道管理局に任されていた。したがって、命名の基準は特急や急行ほどは厳しくなかったが、〝急行に準ずる列車〟らしく、「するが」「東海」「はまな」「伊豆」など急行に準じたネームをつけるのが一般的だった。しかし、「おくいず」（奥伊豆）、「十国」（十国峠）、「あまぎ」（天城山）、「はつしま」（初島）などのローカル地名は急行では荷が重いし、「いでゆ」や「いこい」はいかにも温泉御用達《ごようたし》列車らしいネームで、それなりの味があったものだ。

こうした〝列車名の法則〟が崩れ、現在のように統一性がないものになる第一歩は、1966年3月5日の運賃・料金改定時に101㎞以上走行の準急を料金との関係で急行に強制格上げしたことに始まる。これによって旧準急組が急行への仲間入りを果たしたため、急行の地位が低下するとともに、以後に新設された急行もローカルな地名愛称を名乗るようになり、元から急行だった列車名も威厳が薄れてしまった。

そして、それに追い打ちをかけるように、同年の10月と12月に登場した上野《うえの》〜長野間特急は「あさま」、新宿《しんじゅく》〜松本《まつもと》間特急は「**あずさ**」と、それぞれ急行の範疇《はんちゅう》である浅間山《あさまやま》や梓川《あずさがわ》にちなむ名称を名乗り、収拾がつかなくなってしまったのである。

もっとも、特急については1961年10月改正時点で52本だったのが、1966年3月末には増発で92本に増えたため国鉄も命名には苦心したようで、「**やまびこ**」や「**北斗**《ほくと》」「**くろしお**」のように準急や急行からの格上げのほか、「**はと**」の亜流のような「**やまばと**」や実際には存在しない「**はくたか**」を起用し、鳥名愛称を守るための苦しまぎれと思える命名法が見られた。また、「**ゆうなぎ**」や「**しおじ**」などの気象現象や潮流現象は、一般人にはいまひとつ馴染《なじ》めなかった。そして、きわめつきは1965年中に登場した山陰特急「**やくも**」と関西本線特急「**あすか**」で、誰が見ても走行路線がわかる〝ローカル地名らしき〟列車だった。しかし、「八雲立《やくもた》つ」は「出雲」の枕詞《まくらことば》で、「あすか」も漢字の「飛鳥」は、「飛ぶ鳥の」が明日香《あすか》の枕詞であるように抽象性を有するほか、歴史的に「飛鳥」が日本を代表する地名とも見なせるので特急列車名に登用されたのである。キハ82の正面を飾る「あすか」のヘッドマークに小さく「飛鳥」と添えられていたのはそのためである。

しかし、ここまでくると特急にふさわしい条件をクリアする愛称を探すのも困難になる。そこで国鉄としては1966年度後半期に新設する信越《しんえつ》・中央《ちゅうおう》両線の電車特急に地名をつけることは避けられなくなるが、国鉄主導より利用客の総意としたほうが聞こえもいいため、同年7月に愛称を公募し、その結果を「あさま」「あずさ」として反映したのである。

運転開始直後は〝特急らしからぬネーム〟とか〝急行のような特急〟といわれ、愛称名の評判はいまひとつだった「あさま」と「あずさ」だが、特急ネームがローカル地名にまで規制緩和されたことで、以後は地名を名乗る特急が急増する。地名特急のパイオニアである「あさま」と「あずさ」の両ネームは現在も健在である。

同じ運行区間で同じ列車名、違う列車名

全国版大型『時刻表』の特急ページを見ると、羽越《うえつ》本線特急は「**いなほ**」、高山《たかやま》本線特急は「**(ワイドビュー)ひだ**」のように列車名を統一している線区が多い。また、同一線区でも距離が長いがゆえに直通旅客が見あたらない日豊《にっぽう》本線では、特急は北から博多〜大分間の「**ソニック**」、博多〜宮崎間の「**にちりんシーガイア**」、以下小倉《こくら》/大分〜宮崎地区(宮崎、南宮崎、宮崎空港)間「**にちりん**」、延岡《のべおか》〜宮崎地区間「**ひゅうが**」、宮崎〜鹿児島中央間「**きりしま**」と列車を分割設定することで利用客の流れに対処している。

このように線区や主要区間で特急列車名を統一すれば、新潟から鶴岡《つるおか》・酒田《さかた》方面へ行くには「いなほ」、博多から中津《なかつ》・大分方面へは「ソニック」に乗ればいいといった具合にわかりやすくて便利である。しかし、東海道新幹線の東京〜新大阪相互間を始終着とする特急には「**のぞみ**」「**ひかり**」「**こだま**」の3列車が運転されているように、実際には同じ区間でも違う列車名の特急が存在する例が多々ある。これらについては新幹線と在来線に分けて表2−1、表2−2で示すが、なぜそうしたことになったのか検証してみよう。

表2-1　同区間を走る違う列車名（新幹線特急）

2016年3月26日現在

区間	列車名	標準到達時分	本数		使用形式	備考
			下り	上り		
東京～新大阪	**のぞみ**	2-33	27	25	N700	
	ひかり	2-53	17	18	N700・700	名古屋～新大阪間各駅停車
	こだま	4-04	11	12	700・N700	全区間各駅停車
東京～岡山	**のぞみ**	3-24	3	2	N700	
	ひかり	4-17	11	11	N700・700	京都～岡山間各駅停車
名古屋～博多	**のぞみ**	3-21	2	2	N700	
	ひかり	3-39	1	0	N700	名古屋～新神戸間各駅停車
新大阪～博多	**ひかり**	3-33	2	2	700	1往復は「レールスター」車両
	こだま	4-35	8	10	700・500	全区間各駅停車
新大阪～鹿児島中央	**みずほ**	3-46	6	6	N700	九州新幹線内は途中熊本のみ停車
	さくら	4-04	17	16	N700	主要駅停車
博多～鹿児島中央	**さくら**	1-35	8	8	N700・800	熊本～鹿児島中央間各駅停車
	つばめ	1-47	3	6	800・N700	全区間各駅停車
東京～盛岡	**はやぶさ**	2-53	3	5	E5・E5+E6	東京～仙台間速達、全車座席指定
	はやて	2-58	3	2	E2	東京～仙台間速達、全車座席指定
	やまびこ	3-18	10	11	E2・E5*	東京～仙台間主要駅停車、自由席あり
東京～仙台	**はやぶさ**	1-31	1	1	E5	途中大宮のみ停車、全車座席指定
	やまびこ	2-04	29	31	E2・E5*	主要駅または各駅に停車
東京～金沢	**かがやき**	2-32	10	10	E7/W7	全車座席指定
	はくたか	3-01	14	14	E7/W7	
東京～新潟	**とき**	2-08	9	10	E2	
	Maxとき	2-08	17	16	E4	全車2階建て車両
東京～越後湯沢	**たにがわ**	1-27	2	1	E2	
	Maxたにがわ	1-28	9	8	E4	下り2本は「**Maxとき**」に併結
東京～高崎	**たにがわ**	0-58	1	1	E2	
	Maxたにがわ	0-58	2	5	E4	下り2本は「**Maxとき**」に併結

*E5系+E3系、E5系+E6系の編成もあり。

表2-2　同区間を走る違う列車名（在来線特急）

2016年3月26日現在

区間	列車名	標準到達時分	本数		使用形式	使用形式	備考
			下り	上り			
函館～札幌	**スーパー北斗**	3-48	8	8	気動車	281・261	振り子式または車体傾斜装置つき車両
	北斗	3-50	4	4	気動車	183	
札幌～稚内	**スーパー宗谷**	5-05	2	2	気動車	261	車体傾斜装置つき車両
	サロベツ	5-52	1	1	気動車	183	
上野～前橋など	**スワローあかぎ**	1-36	8	2	電車	651	土曜・休日運休、全車座席指定
	あかぎ	1-36	2	4	電車	651	主に土曜・休日運転
品川/上野～いわき	**ひたち**	2-09	15	15	電車	E657	上野～水戸間速達運転
	ときわ	2-26	1	2	電車	E657	上野～水戸間主要駅停車
新宿～鬼怒川温泉	**スペーシアきぬがわ**	2-07	2	2	電車	東武鉄道100	グリーン個室車連結
	きぬがわ	2-11	1	1	電車	253	
東京～伊豆急下田	**スーパービュー踊り子**	2-29	2	2	電車	251	全車座席指定
	踊り子	2-46	3	3	電車	185	
東京/新宿～松本	**スーパーあずさ**	2-35	8	8	電車	E351	振り子式車両
	あずさ	2-46	10	10	電車	E257	
福井～金沢	**ダイナスター**	0-48	3	3	電車	681/683	
	おはようエクスプレス	0-49	1	0	電車	681/683	土曜・休日運休
	おやすみエクスプレス	0-49	0	1	電車	681/683	土曜・休日運休
新居浜～松山	**モーニングEXP松山**	1-05	1	0	電車	8000	
	ミッドナイトEXP松山	1-11	0	1	電車	8000	
高松～伊予西条	**ミッドナイトEXP高松**	1-30	1	0	気動車	2000	
	モーニングEXP高松	1-27	0	1	気動車	2000	
博多～大分/別府	**ゆふ**	3-23	3	3	気動車	185	
	ゆふいんの森	3-10	1	1	気動車	71	全車座席指定、ビュフェ設置

始終着駅が複数ある列車の到達時分は下線の区間で示す。

新幹線のうち最も歴史が古く、沿線人口が多く、旅客流動も旺盛な東海道新幹線では、通勤電車並みのダイヤを組まないと輸送に対処できないこともあるが、東京から名古屋《なごや》・新大阪までの直通客がかなりのウエイトを占めるため、利用客のニーズに合わせて特急を速達、主要駅停車、各駅停車の3タイプに分けて運転するのが望ましいからである。開業当初の1964年10月当時は「ひかり」が速達タイプで、各駅停車の「こだま」との2本建てだったが、1992年3月から最高速度の高い「のぞみ」が加わり、さらに品川《しながわ》駅開業とともに「のぞみ」主体のダイヤとなった2003年10月からは「のぞみ」が速達タイプ、「ひかり」が主要駅停車列車として運転されている。

「のぞみ」と「ひかり」とで到達時分に約20分の差があるのは停車駅数の違いによるもの。「こだま」が東京～新大阪間を途中7～8駅に停車する「ひかり」より1時間以上も遅いのは、途中15ある各駅に停車することもあるが、それより「のぞみ」や「ひかり」を待避する時間がやたらと長いのが理由である。ちなみに、朝6時56分に東京を発《た》つ「こだま633号」は11時00分に新大阪にたどり着くまでに、途中駅でなんと11本もの「のぞみ」と「ひかり」に追い越される。これでも定期列車だけの本数なので、多客期になるともっと本数が増える。「こだま」利用客の大部分は区間旅客なので、東京～新大阪間を通しで乗車しようと思えば旧盆や年末年始の超混雑時でも座席の確保は容易だが、停車駅ごとに「のぞみ」などに抜かれるので、そのイライラに耐えるのは、なかなか簡単なことではない。「のぞみ」「ひかり」「こだま」は山陽新幹線の新大阪〜博多間でも運転されるほか、同区間には九州新幹線直通特急として、速達タイプの「**みずほ**」と主要駅停車の「**さくら**」が加わる。ただ、「こだま」は博多以南には直通しないため、九州新幹線の各駅に停車する特急として「**つばめ**」が入る。要は「のぞみ」と「みずほ」、「さくら」と「ひかり」、「こだま」と「つばめ」は同格ということである。

東北《とうほく》、上越《じょうえつ》、北陸など東京以北の新幹線は列車名のつけ方がやや異なり、停車駅より行き先による区別を優先しているのが特色である。東北新幹線では「**やまびこ**」が仙台《せんだい》／盛《もり》岡《おか》行き、「**なすの**」が那須塩原《なすしおばら》／郡山《こおりやま》行き。上越新幹線では「**とき**」が新潟行き、「**たにがわ**」が高崎《たかさき》／越後湯沢《えちごゆざわ》行き。北陸新幹線では「**はくたか**」が金沢《かなざわ》行き、「**あさま**」が長野行き、「**つるぎ**」が富山〜金沢間のシャトル列車となる。これらのうち「なすの」と「つるぎ」は全列車が各駅停車タイプだが、それ以外の列車は主要駅停車タイプもあれば各駅停車もある。『時刻表』に細い書体の数字で表記され、各駅停車特急のイメージが強い「たにがわ」にも、わずかだが通過駅を有する列車が存在する。

そうしたなかで特別な存在が**「はやぶさ」「はやて」「かがやき」**の3列車である。これらの列車の最大の特色は全車座席指定制を採用していることで、このうち「かがやき」は「はくたか」の速達タイプなのでわかりやすいが、そうでないのが「はやぶさ」と「はやて」である。

「はやぶさ」は一見、北海道新幹線への直通も含む速達特急といった感じだが、実際には仙台行きや盛岡行きも存在する。とくに盛岡行きは仙台までは韋駄天《いだてん》走りするものの、以北は各駅に停車し、列車名のイメージとはまったく異なる列車である。

「はやて」にいたってはつかみどころがなく、E5系を使用する盛岡／新青森～新函館北《しんはこだてほく》斗《と》間列車が存在する一方で、東京～盛岡間列車は、性格的には同区間の「はやぶさ」と同じだが、「はやぶさ」の車種がE5系なのに対してE2系で運転されるのが、わずかながらの相違点だ。

しかし、こうした「はやぶさ」の変形タイプや「はやて」が存在することで、東京～盛岡間列車では「はやぶさ」「はやて」「やまびこ」が、同～仙台間列車では「はやぶさ」と「やまびこ」が同一区間を走る別列車名として存在する。ただ、E2系は車齢からして活躍は長くてもあと10年と思われるので、E5系に置き換えられれば、昔流行《はや》った「月光仮面」の歌ではないが、〝疾風《はやて》のように現われて、疾風のように去って行く〟になってしまうのだろうか。いや、それは大丈夫。北海道新幹線開業と同時に運転を開始した前述の盛岡／新青森～新函館北斗間特急はＥ５／Ｈ５系ながら列車名は「はやて」なので、いままでの流れからすると、少なくとも北海道新幹線が札幌《さっぽろ》に達するまでは安泰である。

上越新幹線では停車駅とは無関係に全車2階建てのＥ４系で運転される列車は「とき」「たにがわ」の前に車両愛称名である「**Ｍａｘ**《マックス》」の接頭語がついている。その関係で東京～新潟など3区間で別愛称列車が見られる。なお、Ｅ４系を2本連結して16両で運転される東京～新潟間特急には、新潟直通の⑨～⑯号車が「Ｍａｘとき」、越後湯沢（高崎）止まりの①～⑧号車が「Ｍａｘたにがわ」を名乗る列車がある。下りの場合は乗り過ごしを未然に防止できるほか、冬季には越後湯沢止まりの編成が行き先をガーラ湯沢に延長する場合もあるので、列車名を分けたほうが便利なのだろう。

ここまで新幹線について述べてきたが、在来線はどうだろうか。表2－2を見ると、同一区間で列車名が明らかに異なるのは、札幌～稚内《わっかない》間の「**スーパー宗谷《そうや》**」と「**サロベツ**」、品川／上野～いわき間の「**ひたち**」と「**ときわ**」、福井～金沢間の「**ダイナスター**」と「**おはようエクスプレス**」「**おやすみエクスプレス**」、それに博多～大分／別府《べっぷ》間を久大《きゅうだい》本線経由で結ぶ「**ゆふ**」と「**ゆふいんの森**」くらいで、あとは使用形式や設備、列車性格の違いによって「**スーパー**」や「**スペーシア**」などの接頭語や、末尾に行き先を付加した列車ばかりである。

「**モーニングEXP《エクスプレス》松山《まつやま》（高松《たかまつ》）**」と「**ミッドナイトEXP《エクスプレス》松山《まつやま》（高松《たかまつ》）**」などは、いまさら紙面を割いてまで解説する必要もないし、接頭語を持つ列車については第６章で記述することとして、ここでは愛称名が異なる列車について話を進めよう。

まず、「スーパー宗谷」と「サロベツ」、それに「ゆふ」と「ゆふいんの森」は使用形式の性能や設備が大きく異なることで別愛称にしている。双方とも人気が高いのはスピードの速い「スーパー宗谷」と観光特急の設備を持つ「ゆふいんの森」で、「サロベツ」や「ゆふ」は種別や料金が同じ特急ということに違和感を覚えるほどだ。常磐線の「ひたち」と「ときわ」は同じＥ６５７系の電車特急で、上野～水戸《みと》間では「ひたち」は速達列車、「ときわ」は主要駅停車列車として運転される。新幹線「のぞみ」と「ひかり」と同じ関係だ。

難しいのは北陸本線の福井～金沢間特急で、ご丁寧にも「ダイナスター」と「おはよう（おやすみ）エクスプレス」は使用形式が同じ６８１／６８３系であると同時に、下りは早朝、上りは夜間に集中して運転されている。いずれも北陸地区で大阪始終着の「**サンダー**

バード」が入り込めない隙間を縫っているような列車で、どれも金沢で北陸新幹線との接続も良好なので、何もネームを別々にするような必然性はないように思われる。それにもかかわらず、JR西日本が別個の列車名にこだわるのは、「ダイナスター」は「サンダーバード」グループの一員として指定席車（一部はグリーン車も）を連結するのに対し、「おはよう（おやすみ）エクスプレス」は土曜・休日を運休として全車自由席で運転しているように、あくまでも福井県嶺南《れいなん》地方や石川県加南《かなん》地方から金沢への通勤・帰宅特急として位置づけているからだろうか。

なお、現在のように列車名を線区または主要区間ごとに極力統合するようになるのは東海道新幹線開業後のことである。それまでは先述した1961年10月の東京～大阪間急行のように、同一区間を走る列車でも個別の愛称を持つ例が多かった。ちなみに、『時刻表』1963年7月号では、東北本線上野～仙台間昼行急行は「**みやぎの**」「**青葉**《あおば》」「**吾妻**《あづま》」「**松島**《まつしま》」の順で上野を発っていたし、上越線上野～新潟間昼行電車急行も「**弥彦**《やひこ》」「**佐渡**《さど》」「**越路**《こしじ》」「**ゆきぐに**」と、それぞれ別ネームを名乗っていた。

そして、きわめつきは金沢～輪島《わじま》（一部穴水《あなみず》）間の七尾《ななお》線準急で、本体は能登《のと》線宇出津《うしつ》直通の付属編成を含めてもキハ20系2～3両の短編成ながら、4往復とも「**へぐら**」「**そ**

そぎ」「**つくも**」「**のとじ**」と別々の列車名を名乗っていた。交通手段を鉄道に頼らなければならなかった当時、七尾線沿線の観光協会は旅客誘致のため、準急列車に曽々木《そそぎ》海岸や九十九湾《つくも》、舳倉島《へぐらじま》にちなむネームを1列車ごとにつけていたのだ。列車名は全国版大型『時刻表』に掲載されるので、それだけでも観光PRには十分だった。そうした能登半島の鉄道は、その後、穴水から分岐する能登線が1964年9月に蛸島《たこじま》まで達するものの、JR発足後は七尾線の津幡《つばた》～穴水間（一部、のと鉄道が運行）を残して廃線となっている。

現在の七尾線では津幡～和倉温泉《わくらおんせん》間で、大阪から直通の「サンダーバード」のほか、金沢からの「**能登《のと》かがり火《び》**」、それに臨時観光列車の「**花嫁《はなよめ》のれん**」といった特急群が運転されているが、半世紀以上前の列車名とのあまりにも大きな違いに時代の流れを感じずにはいられない。

「第1」「第2」と「1号」「2号」……どこが違うのか

現在、JR特急の大半は同一の路線または区間に同じネームの列車群として設定されている。そのため、「**くろしお1号**」や「**にちりん8号**」といったように列車名と号数番号で表示する方式が採用され、号数番号は下りが1号・3号……と奇数で、上りは2号・4号……と偶数で表記されている。

しかし、かつては特急「**第1富士**《ふじ》」や準急「**第2きのくに**」のように第1・第2……と表示する列車もあったし、「**ときわ**」などは上り、下りの別に関係なく初発から1号・2号……の順で上野駅を発車していた。

では、こうした号数番号を持つ列車は、いつごろから鉄道線上に現れたのか、また、なぜ第1・第2……の表示は姿を消してしまったのか、そのあたりの歴史を探ってみよう。

まず号数番号だが、これを有する列車が登場するには、ごく当たり前のことだが、愛称名つきの列車が存在することが絶対条件である。戦前の国鉄に存在したネームドトレインといえば「**富士**《ふじ》」「**燕**《つばめ》」など特急4本だけで、私鉄にも愛称を持つ列車が運転されていた記録はあるが、臨時列車が主体で、もちろん号数番号とは無縁だった。したがって、号数番号の登場は戦後となるが、太平洋戦争直後の鉄道界は、〝動ける状態にある車両〟で通勤・通学や買い出し輸送に対処するのが先決で、車両や設備の整備や復旧は二の次だった。とくに動力を蒸気に頼る国鉄では石炭不足という事情もあり、長距離急行が本格的に復活するのは1947年6月以後だが、列車名となれば、1949年9月の特急「**へいわ**」や急行「**銀河**《ぎんが》」の登場を待たなければならなかった。

そうしたなか、近畿日本鉄道《きんきにっぽん》は1947年10月8日から上本町《うえほんまち》（現・大阪上本町）〜近畿日本名古屋（現・近鉄名古屋）間に有料特急2往復の運転を開始する。当初こそ〝無名〟だったが、同年末からは名古屋行きに「**すゞか**」、上本町行きに「**かつらぎ**」の列車名がつけられ、発車順に1号・2号の号数番号も付加される。これがわが国の鉄道における号数番号列車の始まりである。当時は大阪線と名古屋線で軌間が異なっていたため、伊勢中川《なかがわ》では同一ホーム上での乗り換えを要していたが、両列車とも上半分がレモンイエロー、下半分がブルーの車体に愛称と号数番号の入った標識板を掲げて大和路や伊勢路を誇らしげに走った。

一方、国鉄は東海道本線全線電化からほぼ1年を経過した1957年10月1日に、それまで1往復ずつ運転されていた東京〜名古屋間客車準急「**東海**《とうかい》」と、名古屋〜大阪間客車準急（無名）を、それぞれ80系電車に置き換えて3往復に増発する。そして同日から「東海」には発車順に1〜3号の号数番号が与えられ、名古屋〜大阪／神戸間電車準急も11月15日から同様に「**比叡**《ひえい》**1〜3号**」を名乗る。国鉄の号数番号列車は近鉄に比べて10年の後れを取るわけである。

そして1958年11月1日、国鉄初の電車特急として「**こだま**」が東海道本線に艶《あで》やかな姿を現す。東京〜大阪間を6時間50分で結び、同区間での日帰り旅行を可能にするダイヤがセールスポイントだった。この「こだま」は東京・大阪の両駅とも朝の7時（大阪発列車は神戸始発）と夕方の16時に発つ2往復が運転される。それまで特急が全国でわずか7往復の時代に2往復の新設は大盤振る舞いもいいところだが、当時の日本は現在のような東京一極化が進んでおらず、京都、大阪、神戸の3市を中心とする関西地区も産業や経済の面では〝副首都〟的な立場にあったので、大阪からの日帰り列車の設定が必要だったのである。そこで東京〜大阪／神戸間2往復となる特急の列車名は、列車の性格や車両運用から双方とも「こだま」になるが、号数番号については準急のイメージが強い1号・2号表示より、連絡船の「第1青函丸《せいかんまる》」などに見られた第1・第2表示のほうがデラックスな感じがして聞こえもいいのか、上下とも7時発列車は「第1こだま」、16時発は「第2こだま」となる。そして愛称と号数表示で一体化したような列車名として利用客のあいだからも親しまれる。

以後の国鉄では、高度経済成長とともに優等列車の利用客が激増し、それに呼応するかのように列車も大増発されるため、運転区間によっては同一ネームの列車も設定やむなしといった事態になる。国鉄本社が命名権のある急行についても特急に倣って第1・第2表示が採用されるが、当該の鉄道管理局が主導権を持つ準急は局によって異なるため、第1・第2表示と1号・2号表示とが混在する結果になる。それらが最も顕著だった東海道新幹線開業の1964年10月における号数表示を表3に示して解説しよう。

最上欄の東海道新幹線は東京〜新大阪間というかぎられた線路上を高速列車だけが行き交うため、愛称は名古屋・京都停車の超特急が「**ひかり**」、各駅停車の特急は「**こだま**」だけの2本建てとし、号数番号は「ひかり」が1号、「こだま」は101号から、そして下りは奇数、上りは偶数と、在来線では見られない方式が採用される。格からすれば在来線特急より高いはずなのに1号・2号表示とされたのは、本数が多く、第1・第2表示では東京〜静岡間特急などは「第203こだま」といったネームになり、あまりにもものもの

表3　多本数優等列車の号数表示（抜粋）

1964年11月1日現在

地区	種別	列車名	動力	主な運転区間	本数	号数番号	備考
新幹線	超特急	ひかり	電車	東京～新大阪	14	1～28号	下り奇数・上り偶数
	特急	こだま	電車	東京～新大阪	16	101～124号ほか	下り奇数・上り偶数
北海道	準急	かむい	気動車	小樽/札幌～旭川	4	第1～第4	
	準急	そらち	気動車	小樽～上芦別/富良野	2	1号・2号	
	準急	夕張	気動車	札幌～夕張	2	第1・第2	
	準急	ちとせ	気動車	室蘭・洞爺～札幌	7	第1～第7	
	準急	ノサップ	気動車	釧路～根室	2	第1・第2	
	準急	るもい	気動車	（幌延～）留萌～旭川	2	1号・2号	
東北	急行	まつしま	電車	上野～仙台	2	第1・第2	始発駅午前発2本
	急行	みやぎの	電車	上野～仙台	2	第1・第2	始発駅午後発2本
	急行	おが	客車	上野～秋田	2	第1・第2	
	急行	ばんだい	気動車・客車	上野～会津若松/喜多方	4	第1～第4	
	急行	ざおう	気動車・客車	上野～山形	2	第1・第2	
	準急	くりこま	気動車	仙台～盛岡	3	1号～3号	
	準急	ときわ	電車・気動車	上野～水戸/日立/平	7.5	1号～8号	上りは7号まで
	準急	あさひ	気動車	仙台～新潟	2	1号・2号	仙山・米坂線経由
	準急	仙山	気動車	仙台～山形	3	1号～3号	
	準急	むろね	気動車	仙台～盛	2	1号・2号	大船渡線経由
	準急	よねしろ	気動車	盛岡～秋田	2	1号・2号	花輪線経由
上信越	急行	信州	電車	上野～長野	4	第1～第4	
	急行	志賀	電車	上野～長野・湯田中	2	第1・第2	
	準急	草津	気動車	上野～長野原	2	1号・2号	一部座席指定
房総	準急	内房	気動車	新宿/両国～館山/安房鴨川	5	1号～5号	
	準急	外房	気動車	新宿/両国～安房鴨川	5	1号～5号	
	準急	犬吠	気動車	新宿/両国～銚子	4	1号～4号	
	準急	水郷	気動車	新宿/両国～佐原/小見川	4	1号～4号	
中央	急行	アルプス	気動車	新宿～松本	3	第1～第3	始発駅おもに午前発
	急行	上高地	気動車	新宿～松本	2	第1・第2	始発駅おもに午後・夜間発
	急行	白馬	気動車	新宿～信濃森上/糸魚川	2	第1・第2	大糸線直通
	急行	しなの	気動車	名古屋～長野	2	第1・第2	
高山	準急	ひだ	気動車	名古屋～高山/富山	3	1号～3号	
北陸	準急	能登路	気動車	金沢～輪島・蛸島	4	1号～4号	
湘南	急行	伊豆	電車	東京～伊豆急下田・修善寺	2	第1・第2	157系・全車座席指定
	準急	あまぎ	電車	東京～伊豆急下田・修善寺	2	第1・第2	153系・全車座席指定
関西	準急	かすが	気動車	名古屋～湊町/奈良	3	1号～3号	
	準急	きのくに	気動車	白浜口/紀伊椿～天王寺	4	第1～第4	全車座席指定
	準急	南紀	気動車	新宮～天王寺	3	1号～3号	
東海道	準急	東海	電車	東京～名古屋/大垣	6	1号～6号	
	準急	比叡	電車	名古屋～大阪/神戸	6	1号～8号	
	準急	伊那	電車	大垣～上諏訪	3	1号～3号	飯田線経由
山陽	急行	宮島	電車	新大阪/大阪～広島	2	第1・第2	
	準急	びんご	電車	新大阪/大阪～三原	2	1号・2号	
	準急	鷲羽	電車	京都/新大阪/大阪～宇野	4	1号～4号	
	準急	みまさか	気動車	大阪～月田/新見	2	1号・2号	下りは2号が先発
	準急	とも	電車	岡山～広島	2	1号・2号	
山陰	準急	丹波	気動車	大阪～城崎/豊岡	2	1号・2号	一部宮津線経由あり
	準急	丹後	気動車	京都～天橋立/東舞鶴	4	1号～4号	
	準急	但馬	気動車	大阪～浜坂/鳥取	2	1号・2号	下りは2号が先発
	準急	ちどり	気動車	米子～広島	2	第1・第2	木次線経由、一部座席指定
四国	準急	うわじま	気動車	高松～宇和島	3	1号～3号	
	準急	足摺	気動車	高松～土佐佐賀	2	1号・2号	
	準急	阿波	気動車	高松～徳島	4	1号～4号	
	準急	阿佐	気動車	小松島港～高知	2	1号・2号	
九州	準急	かいもん	気動車	博多～西鹿児島/山川	2	第1・第2	
	準急	えびの	気動車	博多～宮崎/西鹿児島	2	第1・第2	肥薩・吉都線経由
	準急	ながさき	気動車	小倉/博多～長崎	4	第1～第4	
	準急	弓張	気動車	小倉/博多～佐世保	4	第1～第4	
	準急	火の山	気動車	三角～別府	3	第1～第3	豊肥本線経由

本数は往復の列車数を示す。急行は全列車を掲載するが、準急の一部は割愛する。

しいからだろう。また、新幹線では号数番号を上下別に奇数と偶数に分けたことや、「こだま」に3桁の数字を採用したことは、一見、画期的なように思われるが、種を明かせば、列車の「本名」ともいうべき列車番号を号数番号としてあてただけのことである。

次に在来線だが、東海道電車特急の全廃によって特急で号数番号を持つ列車はひとまず全廃。急行も表に示す列車だけで〝ルール〟どおり第1・第2表示を採用している。最大は「**ばんだい**」と「**信州**《しんしゅう》」の第4である。しかし、この表示は新幹線の「こだま」ではないが、大きい数字には馴染まないので、このあたりが限度だろう。ちなみに、上野〜仙台間急行は4本中先発の2本が「**まつしま**」、後発の2本が「**みやぎの**」、同様に新宿〜松本間急行も先発の3本が「**アルプス**」、後発の2本が「**上高地**《かみこうち》」と列車名を分けている。

そして準急だが、表示方法が混在するものの、大まかには九州が第1・第2表示、北海道が第1・第2と1号・2号の折衷、本州が1号・2号表示を原則とするものの、「**あまぎ**」や「**きのくに**」のように、全車座席指定列車だけは第1・第2表示の折衷方式を採用している。このあたりは1961年ごろまでに2往復以上が設定された列車には第1・第2表示、以後の列車は1号・2号表示としている北海道とは異なり、筋が通っている。

また、例外として米子《よなご》〜広島間の「**ちどり**」は、全車座席指定ではないのに、昼行は「第

1ちどり」、夜行は「第2ちどり」を名乗っている。道路整備が十分ではない当時、中国地方最大都市の広島と、米子・松江《まつえ》・出雲の3市とその周辺の市町村を合わせれば人口50万以上になる山陰中央部を結ぶ「ちどり」は陰陽連絡列車中でもエース格の存在で、とくに夜行は「**夜行《やこう》ちどり**」を名乗っていた時期もあったので、違和感のない第1・第2表示が採用されたのだろう。

このほか、播但《ばんたん》線の「**但馬《たじま》**」と姫新《きしん》線の「**みまさか**」は発車順ではなく、ビジネス列車的性格の濃い大阪～鳥取／新見《にいみ》間列車が上下とも1号、温泉観光輸送が主目的の大阪～浜《はま》坂《さか》／月田《つきだ》間列車は上下とも2号を名乗り、号数番号も列車名の一部として列車の個性を前面に押し出していた。

こうした号数番号も、列車名の統廃合が実施された1968年10月1日改正では、将来の増発にも対処できるように第1・第2表示を全廃して1号・2号表示に統一。その10年後の1978年10月2日改正では、新幹線のように下りが奇数、上りが偶数方式とされ、そのまま現在にいたっている。なお、紀勢《きせい》本線特急「**くろしお**」では、1967年10月からわずか1年間だけだが、上下列車で号数番号を分ける試みが実施されたこともつけ加えておこう。

「エル特急」「寝台特急」「新特急」……タイプ名の意味とは

いまから半世紀以上も前になる１９６０年代初頭の時代、優等列車のうち、急行と準急は自由席を主体に組成されていたが、特急だけは全車座席指定制が採用されていた。何せ当時の特急は全国でもわずか9往復で、しかも東海道本線や山陽本線などかぎられた路線や区間だけでしか運転されていなかったため、エリート列車そのものだった。したがって、乗務員には機関区や車掌区のなかでも運転技術や実務能力の高さ、それに経験の豊富さはもちろんのこと、人格的にも優れた職員が選抜されたし、利用客も大企業や官公庁の出張族や〝上流〟といわれる家庭の人々が中心で、要するに〝選ばれた人たち〟ばかりだった。

特急はそうした列車だったので、座席が指定されたのは、〝大切なお客さま〟をデッキや通路に立たせないという配慮とともに、定員乗車制にして看板列車にふさわしい車内の風紀を守る狙いがあったものと思われる。このあたりは、観光シーズンなど多客期にはホームでの割り込みや、座席の奪い合いで怒声や罵声が飛び交う庶民派優等列車の急行や準急との大きな相違点だった。

しかし、こうした特急も、東海道新幹線開業後は地盤沈下というか、急速に大衆化が進む。とくに1965年10月改正から新大阪〜九州間など一部の列車で〝長年の掟《おきて》〟を破って自由席が設置されたことは、それに拍車をかけたようなもので、さらに特急が大増発された1968年10月改正以後になると2等車（現・普通車）内の雰囲気は急行と変わらないものになっていた。もっとも、特急券（指定席）は列車や時間帯によっては入手困難だったので、急用の旅客にとって自由席は着席できるかどうかは別にして、ありがたい存在ではあった。

そうしたなか、国鉄は1972年10月2日改正で、当時〝ドル箱特急〟とされていた上野〜仙台間の「**ひばり**」と、同〜新潟間の「**とき**」に自由席が設けられたのを機に、両列車を含め、等時隔発車で自由席を連結する特急群に列車名とは別に「**エル特急**」の愛称を命名して利用しやすさをPRする。「エル」は特急を表すLimited Expressのほか、定期長距離列車のLiner、大量のLarge、かわいらしさのLovelyの頭文字になっており、語感もいいところから命名されたといわれる。

同改正で「エル特急」の制定を受けたのは「ひばり」「とき」のほか、以前から自由席車を連結していた「**つばめ**」「**はと**」「**わかしお**」など表4－1に示す9種で、市販の『時刻表』では1972年12月号から本文ページに特急記号と併記する形でLのロゴが入れられ、ひときわ目立つ存在となった。こうした扱いから、当時利用客のあいだからは〝エル特急は一般の特急より格上〟という認識が強く、実際にそのような記述をした出版物もあった。しかし、〝エル特急第1期生〟の仲間には質的に特急の種別が似合わないような列車があったし、一般の特急のなかでも北海道連絡の「**はつかり**」や「**白鳥**《はくちょう》」は伝統と格調を誇る列車であるほか、「**雷鳥**《らいちょう》」も本数的には「エル特急」の条件をクリアしていても、全車座席指定のため仲間に加わらなかった。こうしたことで、「エル特急」は、たんに前述の条件を満たすだけの列車群にすぎなかった。

その後、「**あずさ**」や「**しなの**」「雷鳥」などに自由席が設けられて「エル特急」への仲間入りを果たすほか、1978年10月改正では在来線を走るすべての昼行定期特急に自由席が設けられたため、「はつかり」や「**つばさ**」といった長距離特急も「エル特急」の一員に加わる。上野〜金沢間の「**白山**《はくさん》」は3往復だが、長野／直江津《なおえつ》行き「**あさま**」の区間延長列車として「エル特急」に編入された。

この改正で「エル特急」は25種となり、183系や189系、それに583系や485・489系200・300番台のように可変式列車名表示器を持つ先頭車にはイラ

表4-1　国鉄〜JR・エル特急の変遷

設定	地区	列車名	本数	主な運転区間	使用形式
72年10月2日	東北	ひばり	11	東京/上野〜仙台	485・583
	常磐	ひたち	5	東京/上野〜平/原ノ町/仙台	485
	上越	とき	10	東京/上野〜新潟	181
	信越	あさま	5	東京/上野〜長野/直江津	
	房総	さざなみ	5	東京/新宿〜館山/千倉	183
		わかしお	5	東京/新宿〜安房鴨川	
	山陽	つばめ	7	岡山〜博多/熊本	485・583
		はと	3	岡山〜下関	485
		しおじ	4	新大阪/大阪〜広島/下関	181・485・583
78年10月2日	北海道	いしかり	7	札幌〜旭川	485
	東北	はつかり	6	上野〜青森	485・583
		やまびこ	4	上野〜盛岡	485
		ひばり	15	上野〜仙台	
	奥羽	つばさ	3	上野〜秋田	
		やまばと	3	上野〜山形	
	常磐	ひたち	5	上野〜平/原ノ町/仙台	
	房総	さざなみ	6	東京〜館山/千倉	183
		わかしお	6	東京〜安房鴨川	
		しおさい	5	東京〜銚子	
		あやめ	4	東京〜鹿島神宮	
	上越	とき	10	上野〜新潟	183・181
	信越	白山	3	上野〜金沢	489
		あさま	8	上野〜長野/直江津	189・489
	中央	あずさ	9	新宿〜松本/甲府	189
		しなの	9	大阪/名古屋〜長野	381
	北陸	しらさぎ	7	名古屋〜金沢/富山	485
		加越	6	米原〜金沢/富山	
		雷鳥	16	大阪〜金沢/富山/新潟	485・583
	紀勢	くろしお	7	新宮/白浜〜天王寺	381
	伯備	やくも	6	岡山〜松江/出雲市/益田	キハ181
	九州	有明	10	博多〜熊本/西鹿児島	485・583
		にちりん	8	博多/小倉〜宮崎	485・キハ80
		かもめ	7	小倉/博多〜長崎	485
		みどり	6	小倉/博多〜佐世保	485

設定	地区	列車名	本数	主な運転区間	使用形式
90年3月10日	北海道	ライラック	15	(室蘭〜)札幌〜旭川	781
		ホワイトアロー	7	苫小牧〜旭川	
	東北	はつかり	14	盛岡〜青森/函館	485・583
		たざわ	14	盛岡〜秋田/青森	485
		新特急なすの	1	新宿〜黒磯	185
	奥羽	つばさ	12	上野/福島〜秋田	485
	羽越	いなほ	8	新潟〜酒田/秋田/青森	
	上越	新特急谷川	5	上野〜水上	185
		新特急草津	4	上野〜万座・鹿沢口	
	高崎	新特急あかぎ	4	上野〜前橋	
	常磐	スーパーひたち	16	上野〜平/仙台	651
		ひたち	15	上野〜勝田/高萩	485
		ホームタウンひたち	1	上野〜水戸(下りのみ)	
		さわやかひたち	1	高萩〜上野(上りのみ)	
	信越	白山	2	上野〜金沢	489
		あさま	17	上野〜長野/直江津	189・489
	房総	さざなみ	9	東京〜館山/千倉	183
		わかしお	9	東京〜安房鴨川	
		しおさい	7	東京/新宿〜銚子	
		あやめ	5	東京〜佐原(〜鹿島神宮)	
	湘南	踊り子	8	東京〜伊豆急下田・修善寺	185
	中央	あずさ	18	東京/新宿〜甲府	183
		かいじ	9	千葉/新宿〜松本/信濃大町	
		しなの	13	大阪/名古屋〜長野	381
	高山	ひだ	8	名古屋〜高山/富山	キハ85
	北陸	しらさぎ	8	名古屋〜金沢/富山	485
		加越	6	米原〜金沢/富山	
		雷鳥	18	大阪〜金沢/富山/新潟	
	紀勢	くろしお	11	新大阪/天王寺〜白浜/新宮	381
	山陰	北近畿	7	新大阪/大阪〜城崎	485
		エーデル北近畿	2	大阪〜福知山/浜坂	キハ65
	伯備	やくも	9	岡山〜出雲市	381
	四国	しおかぜ	8	岡山〜松山/宇和島	キハ181・185
		いしづち	9	高松〜松山/宇和島	
		南風	5	岡山〜高知/中村	
		しまんと	4	高松〜高知/中村	
		うずしお	11	岡山/高松〜徳島	キハ185
	九州	ハイパー有明	17	門司港/博多〜西鹿児島	783
		有明	13	小倉/博多〜西鹿児島	485
		ハイパーにちりん	3	博多/小倉〜大分	783
		にちりん	26	博多〜大分/南宮崎/西鹿児島	485
		ハイパーかもめ	5	博多〜長崎	783
		かもめ	16	博多〜長崎	485
		みどり	14	博多〜佐世保	

本数は定期列車の往復数。
上下で本数の異なる列車は下り本数を示す。

スト入りのヘッドマークが掲げられ、年少ファンを中心に一大鉄道写真撮影ブームを巻き起こした。しかし、自由席が上野～青森間の「はつかり」にまでおよんだことは、青函《せいかん》連絡船の利用客が減少し、特急を全車指定制にしてまで乗客数を制限する必要がなくなったという証《あか》しでもあり、本州～北海道間での鉄道の地位低下を物語っていた。

時代が国鉄末期を経てＪＲ時代に入ると、東北・上越新幹線開業による東日本特急の短距離化、それに全国各地で急行の格上げによる特急の増発が実施された結果、１９９０年3月改正で「エル特急」はなんと44種になる。新生ＪＲ旅客各社が新車や速達列車をアピールするために「**スーパー**」や車両名の「**ハイパー**」「**エーデル**」などの接頭語をベタベタとつけたので、数が膨れ上がってしまったのだ。なかには「**新特急なすの**」のように同改正で5往復から1往復に削減されて〝資格〟を失っているにもかかわらず「エル特急」の座にしがみついているような列車も見られた。

しかし、こうした風潮に逆らうかのように、ＪＲ西日本が「雷鳥」と「**くろしお**」のグレードアップ版として世に送った「**スーパー雷鳥《らいちょう》**」と「**スーパーくろしお**」は、「エル特急」への入会資格がありながらも、それを拒否して一般の特急であり続けた。

このように、「エル特急」の基準があいまいになってきたのと、その後、列車によっては全車座席指定制を復活させる動きも出てきたため、ＪＲ東日本は東北新幹線八戸《はちのへ》開業の２００２年12月1日改正で「エル特急」の表記を廃止する。そして以後はＪＲ九州、ＪＲ西日本、ＪＲ四国の順でこの動きに同調したため、２０１１年3月12日改正後はＪＲ北海道の電車特急「**スーパーカムイ**」と「**すずらん**」、それにＪＲ東海管内を走る「**しらさぎ**」「**（ワイドビュー）ひだ**」「**（ワイドビュー）しなの**」の計5種が「エル特急」の看板を守っているにすぎない。

次に「寝台特急」だが、お馴染みののアイコンが『時刻表』本文ページに入れられるのは「エル特急」より約2年遅れの１９７５年1月号からである。そもそも「寝台列車」の定義は「寝台車を主体として、すべての車両が指定制の列車」なので、１９５６年11月19日改正で新設された東京～博多間特急「**あさかぜ**」は当初からこの条件を満たしていた。しかし、茶色の一般形客車10両編成中には座席車が3両半も連結され、年間を通じて太陽の下を走る広島～博多相互間での需要も存在したせいか、「寝台特急」とは呼ばれなかった。

その後、１９５０年代としては超画期的と思える全車空調完備の20系客車が登場し、１９６４年10月改正から夜行特急の運転区間が東京～九州間一辺倒から東北方面に拡大されると、20系特急はその車体色から「ブルートレイン」の名で鉄道誌などに紹介されるようになる。そして、ほぼ同じ時期に大多数の20系特急から座席車が姿を消し、編成の大半が寝台車となることで、「ブルートレイン」イコール「寝台特急」の図式が成立するのである。『時刻表』1965年10月号の本文ページには、「あさかぜ」「**さくら**」「**あかつき**」「**はくつる**」などブルートレイン8種には（寝台列車）の文字が添えられ、さらに1967年から翌年にかけて581・583系電車が登場すると（寝台電車）が加わるが、「特〔あさかぜ〕（寝台列車）」「特〔はくつる〕（寝台電車）」だけで列車の性格がわかるせいか、それ以上の表記はなかった。

　では、なぜ『時刻表』1975年1月号から「寝台特急」が「エル特急」と同じように特急のタイプ別愛称として認知されるようになったのか、それには直後の山陽新幹線博多開業がからんでいた。つまり国鉄は1975年3月10日に新幹線が博多まで達するのを機に「エル特急」と「寝台特急」、それに「新幹線特急」を特急の3枚看板にしてPRすることで、さらなる利用促進を狙ったのである。「新幹線特急」用としても0系の正面をモチーフにしたのアイコンが登場するが、これだけは本文ページに掲載されるすべての列車に使用するわけにはいかず、表題部分にとどめられた。このアイコンも0系が東海道区間から引退した直後の2000年ごろまで『時刻表』で見ることができた。

話を「寝台特急」に戻し、「エル特急」と同様に、1972年10月と1978年10月、それに1990年3月の運転状況を表4－2に示す。かつて親しまれた列車名がずらりと並ぶが、JR発足後の3年目の1990年3月時点でも、世の中が好景気で旅行ブームが続いていたせいか、ネームだけで18種、24往復の列車が活躍している。

その後、四半世紀のあいだに利用客の減少や車両の老朽化などで一覧表にある列車名は一掃され、現在では1998年7月に設定された285系電車による「**サンライズ瀬戸**《せと》」と「**サンライズ出雲**《いずも》」がかろうじて★のマークを守っているにすぎない。1990年3月当時の「寝台特急」のなかには新幹線の延伸やスピードアップによって撤退を余儀なくされた列車もあるが、少なくとも「**日本海**《にほんかい》」「**あけぼの**」「**北斗星**《ほくとせい》」の3種は新幹線とは無関係の区間を利用する旅客も数多く存在したので、いまも廃止は惜しまれてならない。

最後に特急、急行、準急などと同様に列車種別の一員のように思われる「**新特急**」について触れておく。国鉄では1981年から翌年にかけて、特急から普通列車まで幅広い範囲で使用できる特急形電車として、新快速用の117系と急行形の153系をミックスさせたような185系を製造し、同年10月に湘南《しょうなん》特急「**踊**《おど》**り子**《こ》」、1982年11月には高崎線経由の特急「**谷川**《たにがわ》」「**白根**《しらね》」「**あかぎ**」に投入するが、座席が転換クロスシートで京阪神《けいはんしん》間の新快速と変わらないとあって、とくに高崎線方面の利用客からの評判はよくなかった。

そこで1985年3月14日改正では185系特急が増発されて運転範囲も広がるのを機に、高崎線と東北本線の185系特急にかぎって「**谷川**《たにがわ》」「**草津**《くさつ》」「**あかぎ**」「**なすの**」のネームの前に「新特急」の接頭語をつけている。つまり、あとに続く「スーパー」などと同じ接頭語だが、あえてこの「新特急」が付加されたのは、〝定期券でも乗車でき、しかも50㎞までの区間は急行料金と同じで、気軽に利用できる新タイプの特急〟をアピールするのが目的だった。ここまでやるのなら、いっそ急行の種別で運転したほうがすっきりするが、累積赤字が深刻化し、民営化もほぼ決定している国鉄としては、そこまで値段を下げるだけのゆとりはなかったようだ。

しかし、「新特急」は列車種別ではなく列車名の一部であっても、さすがに〝特急、新特急○○〟と連呼するわけにはいかず、駅ホームでは「まもなく、宇都宮《うつのみや》行き『新特急なすの5号』が到着します」のように、新特急は列車種別のように案内されていた。

こうした「新特急」の呼称は2002年12月1日改正で廃止される。設定当時は制度上の都合で必要だったとはいえ、一般の旅客には列車種別としてしか浸透せず、列車愛称のなかでも悪名の例として、使用ずみの『時刻表』に名を残すはめになってしまった。

表4-2　国鉄〜JR・寝台特急の変遷

設定	系統	列車名	本数	主な運転区間	使用形式
72年10月2日	東京〜山陽・九州	さくら	1	東京〜長崎・佐世保	14系
		はやぶさ	1	東京〜西鹿児島・長崎	20系
		みずほ	1	東京〜熊本	14系
		富士	1	東京〜西鹿児島（大分経由）	20系
		あさかぜ	3	東京〜下関/博多	14系・20系
		瀬戸	1	東京〜宇野	20系
	東京〜山陰	出雲	2	東京〜浜田	20系
	関西〜九州	金星	1	名古屋〜博多	583系電車
		明星	4	京都/新大阪〜博多/熊本	583系電車
		きりしま	1	京都〜西鹿児島	583系電車
		月光	1	岡山〜西鹿児島	583系電車
		あかつき	4	新大阪〜熊本/西鹿児島・長崎・佐世保	14系・20系
		彗星	2	新大阪〜大分/都城	20系
	日本海縦貫	日本海	1	大阪〜青森	20系
		つるぎ	1	大阪〜新潟	20系
	東北本線	はくつる	1	上野〜青森	583系電車
	常磐・東北本線	ゆうづる	5	上野〜盛岡	583系電車・20系
	奥羽本線	あけぼの	1	上野〜秋田/青森	20系
78年10月2日	東京〜山陽・九州	さくら	1	東京〜長崎・佐世保	14系
		はやぶさ	1	東京〜西鹿児島	24系25形
		みずほ	1	東京〜熊本・長崎	14系
		富士	1	東京〜西鹿児島（大分経由）	24系25形
		あさかぜ	2	東京〜下関/博多	24系25形
		瀬戸	1	東京〜宇野	24系25形
	東京〜山陰	出雲	2	東京〜出雲市/浜田	24系25形・14系
	東京〜南紀	紀伊	1	東京〜紀伊勝浦	14系
	関西〜九州	金星	1	名古屋〜博多	583系電車
		明星	3	新大阪〜博多/西鹿児島	583系電車・24系25形
		なは	1	京都〜西鹿児島	583系電車
		あかつき	2	新大阪/大阪〜長崎・佐世保	14系15形
		彗星	3	新大阪〜大分/宮崎/都城	583系電車・25形
	日本海縦貫	日本海	1	大阪〜青森	24系・24系25形
		つるぎ	1	大阪〜新潟	24系25形
	上越〜北陸	北陸	1	上野〜金沢	14系
	東北本線	はくつる	1	上野〜青森	583系電車
		北星	1	上野〜盛岡	14系
	常磐・東北本線	ゆうづる	7	上野〜青森	583系電車・24系・14系
	奥羽本線	あけぼの	2	上野〜秋田/青森	20系
90年3月10日	東京〜山陽・九州	さくら	1	東京〜長崎・佐世保	14系
		はやぶさ	1	東京〜西鹿児島	24系25形
		みずほ	1	東京〜熊本・長崎	14系
		富士	1	東京〜南宮崎	24系25形
		あさかぜ	2	東京〜下関/博多	24系25形
		瀬戸	1	東京〜高松	24系25形
	東京〜山陰	出雲	2	東京〜出雲市/浜田	24系25形・14系
	関西〜九州	なは	1	新大阪〜西鹿児島	24系25形
		あかつき	1	新大阪〜長崎・佐世保	14系15形
		彗星	1	新大阪〜都城	14系15形
	日本海縦貫	日本海	2	大阪〜青森/函館	24系・24系25形
		つるぎ	1	大阪〜新潟	24系25形
	上越〜北陸	北陸	1	上野〜金沢	14系
	上越〜羽越	出羽	1	上野〜秋田	24系
	上野〜北海道	北斗星	3	上野〜札幌	24系25形
	東北本線	はくつる	1	上野〜青森	583系電車
	常磐・東北本線	ゆうづる	1	上野〜青森	583系電車
	奥羽本線	あけぼの	2	上野〜青森	24系

本数は定期列車の往復数。使用形式欄で電車以外は客車の形式を示す。

〔富　士〕 7レ 東京発西鹿児島（現・鹿児島中央）行き DF50+20系8連
国鉄〜JRでは最古の歴史を誇る列車名を持つ。わが国を象徴する世界的な名山の名は特急にふさわしい。1972.2.28 佐土原〜日向新富（写真は特記以外筆者撮影）

〔ひばり5号〕 1009M 上野発仙台行き 485系12連
エル特急の「東の王者」として最盛期には15往復設定された。表定速度90km/hに近い俊足を誇った。1975.1.6 東大宮〜蓮田

第2章

ルーツで読み解く列車名

鳥や花にちなむ列車名

12ページの項では列車名の由来について概略を述べさせていただいた。国鉄～JRでは昭和初期の1929年から80年以上を経過した現在までに定期優等列車に使用された列車名となると、筆者が調べた範囲でじつに577におよぶ。さて、本章では前章の〝各論〟というか列車名の由来について分類し、その変遷も含めて解説をしていきたい。

まず、鳥にちなむ列車名だが、表5－1に示すように、現役と過去組を含むと20種（「スーパー」などの接頭語つきのものを除く）が挙げられる。元来、空を飛ぶ鳥はスマートで速いといったイメージがあるせいか、古くから特急に起用される機会が多く、なんと「**うみねこ**」と「**ちどり**」を除く18種が特急の座を射止めている。しかも、驚くことなかれ、そのうちの「**白鳥**《はくちょう》」を除く17種が生まれついての特急列車名である。

青森県市内の蕪島《かぶしま》が集団営巣地として名高く、天然記念物に指定されていることから〝三陸《さんりく》海岸の鳥〟のイメージが強い「うみねこ」や、全国各地の海岸に繁殖する小鳥で、ジグザグ形に向きを変えながら歩くことから「千鳥足」といった言葉が生まれた「ちどり」

表5-1　鳥にちなむ列車名一覧

列車名	種別	運行期間	主な運転区間	記事
うみねこ	急行	1970.10〜1972.3	盛岡〜久慈	
おおとり	特急	1964.10〜1988.3	函館〜網走	想像上の巨大な鳥
かもめ	特急	1976.7〜現役	博多〜長崎	列車名は戦前にも使用
こうのとり	特急	2011.3〜現役	新大阪〜城崎温泉	
サンダーバード	特急	1997.3〜現役	大阪〜金沢	車両名からの転用
しらさぎ	特急	1964.12〜現役	名古屋〜金沢	
ちどり	準急〜急行	1959.4〜2002.3	米子〜広島（木次線経由）	
つばさ	幹・特急	1992.7〜現役	東京〜山形	鳥の翼から命名
つばめ	特急	1992.7〜現役	博多〜鹿児島中央	列車名は戦前にも使用
とき	幹・特急	2002.12〜現役	東京〜新潟	
はくたか	幹・特急	2015.3〜現役	東京〜金沢	架空の白鷹
白鳥	特急	2002.12〜2016.3	八戸〜函館	
はくつる	特急	1964.10〜2002.12	上野〜青森	
はつかり	特急	1958.10〜2002.12	上野〜青森	
はと	特急	1972.3〜1975.3	岡山〜下関	
はやぶさ	幹・特急	2011.3〜現役	東京〜新函館北斗	
ひばり	特急	1961.10〜1982.11	上野〜仙台	
やまばと	特急	1964.10〜1985.3	上野〜山形	
ゆうづる	特急	1965.10〜1993.12	上野〜青森（常磐線経由）	
雷鳥	特急	1964.12〜2011.3	大阪〜富山	

本章の表は以下すべて現役または最後に運転された列車のデータを示す。

表5-2　花、植物にちなむ列車名一覧

列車名	種別	運行期間	主な運転区間	記事
あい	特急	1998.4〜1999.3	徳島〜阿波池田	藍染で知られる
アカシヤ	急行	1962.10〜1968.10	函館〜札幌	
あやめ	特急	1975.3〜2015.3	東京〜鹿島神宮	
いなほ	特急	1969.10〜現役	新潟〜酒田/秋田	
エルム	特急	1969.10〜1971.7	函館〜札幌	楡（にれ）
こまくさ	特急	1992.7〜1999.3	山形〜秋田	
さくら	幹・特急	2011.3〜現役	新大阪〜鹿児島中央	列車名は戦前にも使用
白樺	準急	1954.10〜1961.10	上野〜長野	
すずらん	特急	1992.7〜現役	室蘭〜札幌	
そてつ	急行	1968.10〜1975.3	熊本〜西鹿児島	
たちばな	準急	1956.11〜1961.10	東京〜伊東・修善寺	ミカン科の常緑高木
はまなす	急行	1988.3〜2016.3	青森〜札幌	
はまゆう	急行	1968.10〜1985.3	鳥羽〜紀伊勝浦	
ひまわり	準急〜急行	1961.10〜1975.3	大分〜熊本〜別府（循環）	
フェニックス	急行	1962.7〜1975.3	宮崎〜小倉〜西鹿児島	ヤシ科の植物
べにばな	急行	1982.5〜1991.8	仙台〜新潟	山形県の県花
まりも	特急	2001.7〜2007.10	札幌〜釧路	
みずほ	幹・特急	2011.3〜現役	新大阪〜鹿児島中央	
ライラック	特急	1980.10〜2007.10	室蘭〜旭川	1992.7以後は札幌始発

が運転区間との兼ね合いもあって特急に出世できなかったのはわかるような気もするが、「白鳥」も1960年12月に初代が登場したときは秋田〜鮫間《さめ》（青森経由）のローカル準急だった。キハ55系の増備が進んでいた当時、車両が全国各地の基地に新製配置されるごとに準急が新設されるといった感じで、本州北辺の準急にはハクチョウ渡来地である東北本線小湊《こみなと》付近を走ることで「白鳥」のネームが授けられたのである。

しかし、それから1年もたたない1961年10月1日ダイヤ改正で全国的に特急が大増発された際、こうした優美な列車名を国鉄本社が見逃すはずはなく、大阪〜青森・上野間特急のネームとして大抜擢される。この日本海縦貫線初の特急列車名にはほかの案もあったようだが、走行区間にあたる羽越本線水原《すいばら》付近の瓢湖《ひょうこ》が渡来地であったことから「白鳥」に落ち着いたといわれる。

その「白鳥」はJR発足後に日本海縦貫特急から引退し、以後八戸〜函館間や新青森〜函館間に運転区間を変えるが、前述の小湊や函館に近い大沼《おおぬま》といったハクチョウゆかりの湖沼には最後まできちんと仁義を切っていた。

ところで、特急「白鳥」が登場した1961年10月改正では、全国を走る定期特急の列車名は運休中のものを含めても20種だけで、そのうちなんと半数近い9種を鳥にちなむネームが占めていた。「白鳥」以外には「**つばめ**」「**はと**」「**おおとり**」「**はやぶさ**」「**かもめ**」「**はつかり**」「**つばさ**」「**ひばり**」といった錚々《そうそう》たる面々である。うち「つばめ」「はと」「はやぶさ」「かもめ」「ひばり」は、いずれも生物分類の「門、綱、目、科、属、種」のうち「目」か「科」にあたる総称鳥名でわかりやすい。「白鳥」もこの分類に入るかと思われるが、実際にはガンカモ科の鳥である。

それ以外となると、「おおとり」は漢字では「大鳥」または「鳳」「鵬」と書く大きな鳥の総称もしくは想像上の巨大な鳥のことであり、「つばさ」は記すまでもなく鳥の翼である。このあたりからも、鳥の名前ならなんでも列車名に登用できるとはいかず、命名の難しさが表れているようだ。では、「はつかり」はとなると、鳥の「種」の名ではなく〝秋になって最初に北方から渡ってくる雁《かり》〟、つまり逆V字形に編隊を組んでやってくるガンのことである。しかし、平仮名では2文字であっても、「はと」のように、「がん」や「かり」のネームで列車を走らせるわけにはいかず、語感のいい「はつかり」としたのだろう。

そのあとに登場した列車名で興味深いものになると、1962年6月10日に上野〜新潟間で運転を開始した「**とき**」がある。当時中学1年だった筆者は駅のポスターを見てこの電車特急の誕生を知ったが、その片隅に列車名の由来が添えられていた。ここで「とき」

が当時、佐渡島《さどがしま》や能登半島に生息していた鳥名であることがわかったのだが、そうでなければ「時」と勘違いしていたのではなかったかと思う。何せ「とき」は「時の記念日」が誕生日なのである。そうした誤解を未然に防ぐ狙いか、在来線特急当時の「とき」はクハ161またはクハ181のヘッドマークがイラスト入りになるまでは、「とき」の文字の下に「朱鷺」の小文字が併記されていた。

このほか、「**はくつる**」と「**ゆうづる**」のツルコンビや「**はくたか**」「**しらさぎ**」は「はつかり」と同様の理由で4文字ネームにしたもので、「**やまばと**」は1960年代に鳥シリーズの切手となったキジバトの俗称である。また、鳥の名を持つ列車は地名がそのなかに含まれていないからといって、どこの線区で運転してもいいわけではなく、「とき」「うみねこ」「**雷鳥**《らいちょう》」「**こうのとり**」のように生息地に関係する路線か区間、それに渡り鳥の場合は「つばめ」のように南方から日本にやってくる鳥は本州でも関東以南の暖地、逆に「はつかり」や「白鳥」などは北海道を含む北日本の列車に命名するといった暗黙の了解がなされているようだ。さらに、海に関係する「かもめ」や「ちどり」は海岸線区間を長く走るか、起終点が海に近い都市でないとさまにならない。

このように、鳥の列車名も、その命名には奥深いものがあるようだ。九州の鹿児島から北海道の新函館北斗まで大移動した「はやぶさ」については150ページの項で触れることにしたい。

次に、花や植物にちなむ列車名は、表5－2のように現在まで定期優等列車として19種が登用されており、数だけでは鳥名と変わらないが、付与された列車種別となると大きく異なる。つまり、花や植物名の列車のうち、特急にまでのぼりつめたのは半数を超える10種だが、1961年10月時点で特急は東京～長崎間の「**さくら**」だけ。翌年には東京～熊本間の「**みずほ**」が加わるといった具合に、特急ネームとしては鳥名に比べて大きく後れを取っていた。それも、「さくら」は国を象徴する花（国花ではない）としての命名であり、「みずほ」は実体こそ〝みずみずしい稲の穂〟であるものの、古代日本の美称である〝瑞穂《みずほ》の国〟のほうが由来には大きな比重を占めていた。

花や植物にちなむ列車名は語感がいいほか、命名の対象も美しさやかわいらしさを併せ持ち、イメージとしては最高なのだが、ほとんどが地面に張りついていて動くことがなく、スピード感では同じ生物である鳥に比べるべくもないのが、当時としては特急ネームに採用されなかった理由だろう。

そのため、「さくら」「みずほ」以外で特急に採用された列車名のうち、最初から特急だったのは「**あい**」「**あやめ**」「**いなほ**」だけで、いずれも特急がマスプロ化した1968年以後に設定されているのが特徴。「あい」にいたっては、当初から期間限定という事情もあったが、1998年4月から1年足らずの短命に終わった。それ以外の「**エルム**」「**こまくさ**」「**すずらん**」「**まりも**」「**ライラック**」はいずれも準急か急行からの格上げ組で、「こまくさ」以外は植物名が示すように北海道内の列車であるのが共通している。格上げ時期も「エルム」と「ライラック」が国鉄時代であるほかはJR発足後で、〝まわりの優等列車のほとんどが特急になったので、それに倣った〟という感じの列車ばかりである。

特急への格上げが見られない植物列車名も9種存在し、なかでも「**白樺**《しらかば》」と「**たちばな**」は準急のままで列車生命を閉じたが、列車としての実力がなかったというよりは、活躍の時期が悪かったということだろう。

なお、生物をルーツとする列車名のうち、昆虫など虫に由来するものはゼロ。哺乳類はシロウサギにちなみ、現在も京都～倉吉《くらよし》間特急として活躍中の「**スーパーはくと**」と、松本～長野間や秋田～青森間特急として活躍した「**かもしか**」がある。魚については、定期列車には見あたらないものの、豊橋《とよはし》～下関《しものせき》間で高校生を対象とする修学旅行用臨時列車として1960年代から1970年代にかけて運転された「**わかあゆ**」が記録されている。

山岳や高原などにちなむ列車名

前項でも記したように、定期優等列車に使用された列車名は577だが、そのうち地名（一部建物名）に関するネームはなんと422種におよび、全体の4分の3近くを占める。地名がここまで〝人気〟があるのは、行き先がわかりやすいことや、とくに下り方の終点付近では「おらが町から都会へ行く列車」として利用客にとって親しみやすいこと。それに、命名する側の国鉄本社や鉄道管理局、JR各社にとっても、適当なネームが見あたらない場合は終点の市町村名や駅名でこと足りるという好条件に恵まれていたからだろう。

そうした地名のなかで最も登用数が多いのは、山岳や高原、峠など山に関する列車で、山岳名は「**Max**《マックス》**たにがわ**」や「**スワローあかぎ**」のように接頭語がつくものを含めると81種、高原や峠の名に由来する列車名は13種になる。半世紀以上も前には「**高原**《こうげん》」を名乗る準急が信越本線で運転され、〝高原列車〟として観光客から親しまれていたが、「高原」だけでは具体的にどの高原を指すのか特定できないので、数字には含まないことにする。

さて、そうした山岳や高原、峠に関する列車を表6－1と表6－2にまとめた。山岳名は本来ならすべて記したかったのだが、すべてを網羅するにはスペースの関係もあり、春のセンバツ高校野球の選考資料となる地区大会ではないが全国を10の地域に分け、筆者の独断で各ブロックから3〜4の列車名を選抜した。実際に東北には表から漏れたものに「**あさひ**」「**あづま**」「**いいで**」「**岩木**《いわき》」「**月山**《がっさん》」「**くりこま**」「**五葉**《ごよう》」「**しのぶ**」「**鳥海**《ちょうかい》」「**はやちね**」「**羽黒**《はぐろ》」「**はちまんたい**」「**ひめかみ**」「**むろね**」が存在するので計18種、同様に九州では「**いなさ**」「**かいもん**」「**からくに**」「**九重**《くじゅう》」「**しろやま**」「**高千穂**《たかちほ》」「**つるみ**」「**ひこさん**」「**やたけ**」「**弓張**《ゆみはり》」「**ゆふ**」が選外となっているように、計14種の山岳列車名が並んで狭い門になっている。

甲信越《こうしんえつ》は新潟を除いて海に接する県はなく、山また山ばかりなので山岳ネームが多いと思いきや、登用されたのは計11種だけで、残る7種は「**甲斐駒**《かいこま》」「**きそこま**」「**苗場**《なえば》」「**妙**《みょう》**高**《こう》」「**弥彦**《やひこ》」「**よねやま**」「**かくだ**」である。「甲斐駒」と「きそこま」は双方とも山の名は駒ヶ岳《こまがたけ》だが、実体はもちろん別個の山で、区別するために長野・山梨県境に位置する前者は甲斐《かい》駒ヶ岳（甲斐駒）、長野県上松《あげまつ》近くの後者は木曽《きそ》駒ヶ岳（木曽駒）と呼ばれる。そういえば、駒ヶ岳は『日本大地図帳』（平凡社《へいぼんしゃ》）に載っているだけでも全国で13カ所あり、北海道の渡島《おしま》半島にも鉄道写真でもお馴染みの同名の山があるが、残念ながらこちらは列車

表6-1　山岳名にちなむ列車名一覧（一部抜粋）

地域	山岳名	標高(m)	都道府県	列車名	種別	運行期間	主な運転区間	記事
北海道	大雪山	2290	北海道	**大雪**	急行	1951.4〜1992.3	札幌〜網走	
	樽前山	1038	北海道	**たるまえ**	準急〜急行	1968.10〜1968.10	函館〜旭川（苫小牧経由）	
	ニセコアンヌプリ	1309	北海道	**ニセコ**	急行	1968.10〜1986.11	函館〜札幌（小樽経由）	
東北	八甲田山	1585	青森	**八甲田**	急行	1961.10〜1993.12	上野〜青森	
	岩手山	2039	岩手	**いわて**	急行	1960.6〜1982.11	上野〜盛岡	1965.9まで常磐線経由
	蔵王山	1841	宮城・山形	**ざおう**	急行	1960.6〜1985.3	上野〜山形	
	磐梯山	1819	福島	**ばんだい**	準急〜急行	1959.9〜1984.2	上野〜喜多方	
関東	谷川岳	1963	群馬・新潟	**たにがわ**	幹・特急	1997.10〜現役	東京〜高崎/越後湯沢	
	筑波山	876	茨城	**つくばね**	準急〜急行	1962.10〜1985.3	上野〜勝田（水戸線経由）	
	浅間山	2568	群馬・長野	**あさま**	幹・特急	1997.10〜現役	東京〜長野	
甲信越	八ヶ岳	2899	山梨・長野	**八ヶ岳**	急行	1962.12〜1975.3	新宿〜小諸（小海線経由）	1966.3まで小海線内準急
	穂高岳	3190	長野・岐阜	**穂高**	急行	1965.10〜1968.10	新宿〜信濃森上	1966.3まで大糸線内準急
	白馬岳	2932	長野・富山	**白馬**	急行	1972.3〜1982.11	金沢〜松本（糸魚川経由）	読み方は「はくば」
	乗鞍岳	3026	長野・岐阜	**のりくら**	急行	1968.10〜1990.3	名古屋〜高山/富山	
北陸	立山	3015	富山	**立山**	急行	1956.11〜1985.3	大阪〜富山	
	剱岳	2998	富山	**つるぎ**	幹・特急	2015.3〜現役	富山〜金沢	
	白山	2702	石川・岐阜	**白山**	急行〜特急	1954.10〜1997.10	上野〜金沢（長野経由）	
東海	富士山	3776	静岡・山梨	**富士**	特急	1964.10〜2009.3	東京〜大分	
	赤石岳	3120	静岡・長野	**赤石**	急行	1963.6〜1968.10	新宿〜飯田	1966.3まで飯田線内準急
	天城山	1406	静岡	**あまぎ**	特急	1969.4〜1981.10	東京〜伊豆急下田	
近畿	比叡山	848	京都・滋賀	**比叡**	準急〜急行	1957.11〜1994.2	名古屋〜大阪/神戸	
	六甲山	931	兵庫	**六甲**	急行	1961.10〜1965.10	東京〜大阪	
	生駒山	642	大阪・奈良	**いこま**	急行	1961.10〜1968.10	東京〜大阪	
中国	大山	1729	鳥取	**だいせん**	急行	1968.10〜2004.10	大阪〜出雲市/益田	
	三瓶山	1126	島根	**さんべ**	急行	1968.10〜1997.3	米子〜博多/熊本	
	鷲羽山	113	岡山	**鷲羽**	準急〜急行	1959.9〜1980.10	京都/大阪〜宇野	四国連絡
四国	石鎚山	1982	愛媛	**いしづち**	特急	1988.4〜現役	高松〜松山/宇和島	
	剣山	1955	徳島	**剣山**	特急	1996.3〜現役	徳島〜阿波池田	
	眉山	277	徳島	**眉山**	準急	1961.10〜1962.7	高松〜徳島	
九州	阿蘇山	1592	熊本	**あそ**	特急	1992.4〜2004.3	熊本〜別府（豊肥本線経由）	「**火の山**」も存在
	雲仙岳	1359	長崎	**雲仙**	急行	1968.10〜1980.10	京都〜長崎	
	霧島山	1700	宮崎・鹿児島	**きりしま**	特急	1995.4〜現役	宮崎〜鹿児島中央	標高は韓国岳
総称	日本アルプス	—	山梨・長野など	**アルプス**	準急〜急行	1951.4〜2002.12	新宿〜松本	
	飛騨山脈	—	岐阜・長野など	**北アルプス**	急行〜特急	1970.7〜2001.10	神宮前〜飛騨古川	名古屋鉄道車両使用
	山の峰	—	—	**銀嶺**	準急	1955.10〜1968.7	新宿〜御殿場	富士山の銀嶺から命名

各地域ごとに3または4列車を抜粋。標高は『日本大地図帳』（1993、平凡社）による。

名には無縁である。

その北海道には鉄道建設にも影響を与えた脊梁山脈が東西を二分するように立ちはだかるものの、なぜか山岳列車名となるとわずかに6種を数えるだけにすぎない。自然が豊かで著名観光地や特有の植物も多い土地柄ゆえ、山ばかりに頼る必要性は少ないのだろう。本表から漏れたのは**「ていね」「天都《てんと》」「らうす」**の3種で、手稲山《ていねやま》は札幌オリンピック、羅臼岳《らうすだけ》は知床《しれとこ》観光で知られるようになったが、網走《あばしり》市内の天都山《てんとざん》はどうだろうか。

北海道とは対照的に、首都を抱えるとともに平野部が広がり、山とは縁が薄いように思われる関東には、意外にも甲信越と同じ11の山岳列車名が存在する。しかし、これには長野県と接する山岳に由来する**「たにがわ」**や**「あさま」**を〝関東の山〟と見なしたり、「たにがわ」には「Ｍａｘ」と「新特急」、**「あかぎ」**には「新特急」「新特急さわやか」「スワロー」といった接頭語を持つ列車がグループ内にいて、両列車だけで7票を稼いでいたりするという結果である。したがって、「たにがわ」「あかぎ」以外には、本表内の**「つくばね」**と「あさま」のほか**「白根《しらね》」**と**「はるな」**が残り、本体では6種である。このほか、中国も本表以外には**「ひば」「ひるぜん」「ふたば」**が存在するだけで計6種。それぞれ比婆山《ひばやま》、蒜山《ひるぜん》、二葉山《ふたばやま》で、とくに広島市内の二葉山の標高は139ｍで、隣県の**「鷲羽《わしう》」**（鷲羽山の読みは「わしゅう」）とともに〝低い山の列車名〟でのタイトルを狙っている。３０００ｍ前後の山岳名がずらりと並ぶ甲信越や北陸とは正反対である。

東北や九州などとは対照的に、山岳列車名が著しく少ない地域としては北陸、東海、近畿、四国が挙げられる。このうち、北陸と四国の列車名は表に示す3種だけなので、全員がめでたく無投票当選を勝ち取る。国鉄時代は列車は四国内のみで運転され、優等列車の設定区間が限定されていたためやむなしとしても、北陸がエリート列車名ぞろいとはいえ3種なのは意外な感じだ。東海は「**富士**《ふじ》」を含めて4種のため、落選したのは「**あさぎり**」の前身で小田急《おだきゅう》車両乗り入れの御殿場《ごてんば》線準急「**芙蓉**《ふよう》」。このネームは富士山《ふじさん》の雅称である芙蓉峰《ふようほう》に由来する。つまり、東海道新幹線開業前の１９６０年代前半の時代には、富士山にちなむ列車のうち、そのものズバリの「富士」は東京〜宇野《うの》／神戸間電車特急として12両で、「芙蓉」は新宿〜御殿場間を結ぶ1〜3両の気動車準急で運転されていたわけである。

最後に、近畿は計5種であるため、「**伊吹**《いぶき》」と「**那智**《なち》」を本表から外した。この地域は元から北陸、山陽、山陰方面への起点となるため、地名そのものが列車名に採用されにくく、登用列車はすべて東京または名古屋を起点としている。標高も伊吹山が１３７７ｍである以外は3桁の数字だが、京阪神3都のランドマークというべき山を東海道の急行や準急のネームにあてるとはうまく考えたものだ。

山があればそこに広がる高原があるし、さらにその先へ向かうには峠を越えなければならない。そこで高原や峠にちなむ列車名をまとめたのが表6－2である。こちらは高原が11種、峠は2種だけなので、すべてを載せることができた。高原のうち過半数の6種を甲信越が占めるのは納得だが、妙高山《みょうこうさん》にちなむ「**妙高**《みょうこう》」は高原の部でも顔を見せている。しかし、妙高山と妙高高原は近接し、妙高高原駅からは妙高山も間近に望めるので、これは〝当然〟といったところ。ひとつの列車名で複数のルーツを有する列車は決して少なくない。

九州では、えびの高原は平仮名だが、城島《きじま》、飯田《はんだ》となると、そのままでは「じょうじま」や「いいだ」と読んでしまう。列車名を平仮名にしているのは適切な措置といえる。

次に、山岳や高原などにちなむ列車名の表記のしかただが、たいていは本体のネームだけで通用するせいか、山や岳、高原などは略されたままで使用されている。アイヌ語をそのまま山名にあてているといわれるニセコアンヌプリにいたっては、通称名の「**ニセコ**」だけで、あとに続く半分以上が略されている。前述の「甲斐駒」「きそこま」も通称名である。しかし、山岳列車名のなかには「**立山**《たてやま》」や「**だいせん**」「**八ヶ岳**《やつがたけ》」に見られるように、わざわざフルネームを使っている列車が表6－1以外でも「**月山**《がっさん》」「**ひるぜん**」「**ひこ**

急行〔えびの1号〕 5611D 熊本発宮崎行き キハ58系3連
博多～宮崎間を最短となる肥薩・吉都線経由で運転された。JR発足後も存続したが、高速バスに押されて撤退を余儀なくされた。列車名はえびの高原にちなむ。1989.8.7 田野～門石信号場

表6-2　高原や峠にちなむ列車名一覧

地域	高原・峠名	現都府県	列車名	種別	運行期間	主な運転区間	記事
北海道	狩勝峠	北海道	**狩勝**	準急～急行	1958.6～1990.9	札幌～釧路	
東北	外山高原	岩手	**そとやま**	準急～急行	1965.3～1982.11	盛岡～宮古～釜石～盛岡	循環列車
甲信越	志賀高原	長野	**志賀**	急行	1969.10～1982.11	上野～湯田中	長野電鉄に乗り入れ
	蓼科高原	長野	**たてしな**	急行	1964.10～1965.10	新宿～上諏訪	
	戸隠高原	長野	**とがくし**	急行	1972.3～1988.3	上田～新潟	
	栂池高原	長野	**つがいけ**	急行	1973.7～1982.11	名古屋～南小谷	
	妙高高原	新潟	**妙高**	準急～急行	1958.4～1993.3	上野～直江津	妙高山（2446m）とも関連
	野辺山高原	長野	**のべやま**	準急～急行	1963.3～1975.3	長野～小諸～小淵沢～長野	循環列車
関東	長尾峠	神奈川・静岡	**長尾**	準急	1959.7～1968.7	新宿～御殿場	小田急電鉄車両使用
東海	朝霧高原	静岡	**あさぎり**	準急～特急	1959.7～現役	新宿～御殿場	小田急電鉄車両使用
九州	えびの高原	宮崎	**えびの**	準急～急行	1959.5～2000.3	博多～宮崎（熊本経由）	
	城島高原	大分	**きじま**	準急～急行	1963.7～1968.10	博多～大分（小倉経由）	
	飯田高原	大分	**はんだ**	準急～急行	1963.10～1980.10	門司港～由布院（直方経由）	
（参考）	（総称）	－	**高原**	準急	1951.4～1954.10	上野～直江津	信越沿線の高原を指す？

さん」「**はちまんたい**」「**よねやま**」「**しろやま**」があり、計12種になる。これらは山や岳を省略すると、列車名が何を指すのか意味がわからなくなるので、いたしかたないというよりは当然の措置だろう。なお、「はちまんたい」は八幡平《はちまんたい》そのものが山名である。

富士山にちなむ列車名には「富士」と「芙蓉」の2種が存在することは前述したが、南九州の宮崎・鹿児島両県にそびえる霧島山《きりしまやま》は「きりしま」のほか「**高千穂**《たかちほ》」「**からくに**」と3種の列車名を持つ。これは霧島山が阿蘇山《あそさん》や大雪山《たいせつざん》、八ヶ岳などと同様に連山の総称山岳名であるため、その連山のなかの主峰である韓国岳《からくにだけ》や高千穂峰《たかちほのみね》を列車名に登用しているのである。このうち「からくに」は出水《いずみ》〜宮崎間をいまはなき山野《やまの》線を経由して結ぶローカル気動車急行にすぎなかったが、「高千穂」は東京〜西鹿児島（現・鹿児島中央）間を日豊本線経由で超ロングランする急行として山陽新幹線全通の1975年3月まで活躍を続けた。この「高千穂」の列車名については宮崎県五ヶ瀬川《ごかせがわ》上流の高千穂峡にちなむのではないかという説もあるが、1951年11月に急行「**たかちほ**」（当時は平仮名表記）が設定された際は東京〜都城《みやこのじょう》間の列車であり、当時の急行は下り方始終着付近の旧国名や著名山岳名を名乗っていた実績から、筆者はためらうことなく天孫降臨《てんそんこうりん》神話で名高い高千穂峰に由来するものと解釈している。

山岳・高原列車名の種別については、特急ネームとなった列車には接頭語つきを除くと「**鳥海**《ちょうかい》」「**あさま**」「**白根**《しらね》」「**たにがわ**」「**あかぎ**」「**あさぎり**」「**つるぎ**」「**白山**《はくさん》」「**富士**《ふじ》」「**あまぎ**」「**いしづち**」「**剣山**《つるぎさん》」「**あそ**」「**きりしま**」「**ゆふ**」と15種を数える。しかし、このうち最初から特急としてデビューしたのは「白根」「たにがわ」「富士」「剣山」だけで、ほかはすべて準急や急行からの格上げ組である。特急組もたんなる山ではなく、〝ニッポンの象徴〟でもある「富士」を別格とすれば、優等列車の特急一本化への途上にあった1982年以降に登場した列車ばかりで、ローカル色が濃いのは否定できない。また、格上げ組の11種も1966年以後の登用であるのは、特急の増発で同年を機に〝列車名の法則〟が崩れたのが理由である。このうち、「あさま」「たにがわ」「つるぎ」は北陸・上越新幹線の区間特急として活躍中である。

山岳名となると、どうしても気になるのは標高である。定期列車に登用された列車名のうち、最も高いのは記すまでもなく「富士」の3776mで、以下「**穂高**《ほたか》」「**赤石**《あかいし》」「**のりくら**」「**立山**《たてやま》」と3000m級が続く。逆に、最も低い山名ネームとなると、前述の「鷲羽」や「ふたば」ではなく、「しろやま」の108mである。山というよりは西南戦争の激戦地や、鹿児島市内を一望できる〝丘〟としてのほうが名高い。

海や川にちなむ列車名

いまさら記すまでもないが、日本は四方を海に囲まれている島国である。しかも、その国土の約75％が山地であり、造山活動の結果、いろいろな岩石が浸食を受けて複雑な地形構造を描き出しているため、これらの山地を水源とする川は、数は多いものの急流で短く、しかも流量の季節的変動が激しいのが特徴とされる。要するに、日本は水とは切り離せない国ということである。本項では、そうした海や湖沼、川など「水」に関係する列車名についていて話を進めていくことにする。

まず海だが、日本はまわりを太平洋、日本海、オホーツク海、東シナ海の大海に囲まれているほか、海岸線が複雑なため、内海も数が多い。そのなかで外海に接し、流れが速くて航海が困難なところを「灘《なだ》」、海が陸地に大きく入り込んでいる海面を「湾」、「湾」のうち小規模な海面を「入り江」または「浦」、そして陸地に阻まれた狭い幅の水路となって2つの海域をつなぐ海を「海峡」または「水道」「瀬戸《せと》」という。海ひとつを示すにも、こうした多くの術語が存在するのだ。もっとも、「海」の名がつけられていても、日本海、オホーツク海、東シナ海以外は、形態的にはすべて「湾」である。

前書きが長くなったが、そうした海に関係する列車名は表7－1に示すように、接頭語のつく「**スーパー有明《ありあけ》**」と「**ハイパー有明《ありあけ》**」を含むと23種になる。表面積が100万㎢以上で雄大な「**オホーツク**」や「**日本海《にほんかい》**」から、わずか1・5㎢の九十九《つくも》湾にちなむ「**つくも**」まで、列車名に登用された海も大小さまざまだが、海域がはっきりせず、表面積の測定が困難な海も多い。もっとも、海の場合は埋め立てや干拓などで形態が変化するので、広さを表す数字についてては、さほどこだわる必要がないかもしれない。なお、外房《そとぼう》・内房《うちぼう》線の前身である房総東《ぼうそうとう》・房総西《ぼうそうさい》線では、半島を取り囲む太平洋は「**そとうみ**」、東京湾は「**うちうみ**」の名で急行が運転されていた時期もあった。

この海に関する列車名は、前項の山岳や高原と同様に、かつては急行や準急の花形だったが、国鉄末期以後の特急一本化と総称列車名の採用で、現在では大半が過去帳入りしている。特急に登用された8種のうち、JR発足後に新規参入した「**宇和海《うわかい》**」や接頭語つきの3種以外は急行時代を経験しているが、すべて「海」に由来し、「灘」や「湾」などは、いいところ急行止まりというのも興味深い。海に関係する列車名も、特急になるためには、ある程度の広さが必要なのだろう。

なお、市販の地図帳に載っていない海名としては七浦《ななうら》がある。これは広島県宮島《みやじま》の景勝地として名高い杉《すぎ》ノ浦《うら》、鷹《たか》ノ巣浦《すうら》、腰細浦《こしぼそうら》など7つの浦の総称である。7つともすべて覚えたところで高校や大学の入試問題に出るわけではないので、すべての浦の記述は省略する。高知県の浦戸湾については正式な読み方は「うらどわん」だが、急行「**浦戸**」のヘッドマークにはローマ字で「URATO」と添えられていた。地元では急行を「うらと」と呼んでいたのか、それとも「うらど」だったのか、謎のままである。

次に、湖沼だが、表7－2に示すように、滋賀県の面積の6分の1に相当する琵琶湖《びわこ》から志賀《しが》高原の観光スポットである丸池《まるいけ》まで14が列車名として登用されている。琵琶湖は早い時期に東海道本線の優等列車名に採用されても不思議はなかったが、東京方面からは大津《おお つ》や京都止まりの急行の設定がないせいか、それとも京阪《けいはん》電鉄に「びわこ号」(車両名)が存在したので遠慮したのか、国鉄時代は臨時の快速列車として顔を見せるのが精いっぱいだった。しかし、JR発足後は短距離の通勤・帰宅特急もポピュラーな存在となったため、米原《まいばら》～大阪間の「**びわこエクスプレス**」として登場。「**サンダーバード**」用の683系電車や「**はまかぜ**」用のキハ189系が間合い運用で使用されている。東海道本線が全区間にわたって通勤電車区間となった現在では、同線内を起終点とする唯一の優等列車であると

表7-1　海にちなむ列車名一覧

海名	都道府県	列車名	種別	運行期間	主な運転区間	記事
有明海	福岡・佐賀・熊本・長崎	**有明**	特急	1967.10～現役	博多～長洲	
		スーパー有明	特急	1988.3～1990.3	博多～西鹿児島	783系使用の速達特急
		ハイパー有明	特急	1990.3～1992.7	博多～熊本/西鹿児島	783系使用列車に命名
宇和海	愛媛	**宇和海**	特急	1990.11～現役	松山～宇和島	
オホーツク海	北海道	**オホーツク**	特急	1972.10～現役	札幌～網走	
不知火海	熊本	**しらぬい**	急行	1967.10～1972.3	岡山～熊本	八代海の別名
瀬戸内海	岡山・広島・愛媛など	**瀬戸**	特急	1972.3～1998.7	東京～宇野	1988.4高松延長
		サンライズ瀬戸	特急	1998.7～現役	東京～高松	
日本海	青森・山口など	**日本海**	特急	1968.10～2012.3	大阪～青森	
熊野灘	三重	**くまの**	準急～急行	1963.10～1980.10	紀伊勝浦～京都（草津線経由）	
玄界灘	福岡・佐賀など	**玄海**	急行	1968.10～1975.3	名古屋～博多	1972.3以降は岡山始発
浦戸湾	高知	**浦戸**	急行	1968.10～1966.10	高松～高知	読み方は「うらと」
錦江湾	鹿児島	**錦江**	準急～急行	1961.10～1980.10	宮崎～西鹿児島	鹿児島湾の別名
九十九湾	石川	**つくも**	準急	1966.3～1968.10	金沢～蛸島	
美保湾	鳥取	**美保**	準急～急行	1962.12～1982.7	鳥取～境港	
鞆の浦	広島	**とも**	急行	1968.10～1972.3	新大阪～三原	
七浦	広島	**ななうら**	準急～急行	1959.9～1968.10	京都～広島（呉線経由）	宮島の七つの浦の総称
関門海峡	山口・福岡	**関門**	急行	1964.10～1968.10	新大阪～下関	
鳴門海峡	徳島・兵庫	**なると**	準急	1961.10～1962.7	高松～徳島	
音戸瀬戸	広島	**音戸**	急行	1961.10～1975.3	新大阪～下関	
早鞆の瀬戸	山口・福岡	**はやとも**	急行	1968.10～1975.3	広島～博多	
（太平洋）	千葉	**そとうみ**	急行	1967.10～1968.7	新宿/両国～安房鴨川（勝浦経由）	
（東京湾）	東京・千葉	**うちうみ**	急行	1968.10～1975.3	新宿/両国～安房鴨川（館山経由）	

表7-2　湖沼にちなむ列車名一覧

海名	表面積（km²）	列車名	種別	運行期間	主な運転区間	記事
阿寒湖	13	**阿寒**	急行	1963.6～1968.10	札幌～根室	
猪苗代湖	103	**いなわしろ**	急行	1968.10～1982.11	喜多方～仙台	
河口湖	5	**かわぐち**	急行	1962.4～1986.11	新宿～河口湖	当初は富士急行車両で運転
宍道湖	79	**しんじ**	準急～急行	1960.3～1975.3	岡山～出雲市	
諏訪湖	13	**すわ**	準急～急行	1963.3～1975.3	長野～小淵沢～小諸～長野	循環列車
田沢湖	26	**たざわ**	特急	1982.11～1997.3	盛岡～秋田/青森	
洞爺湖	71	**とうや**	準急～急行	1965.10～1972.3	洞爺～札幌	
十和田湖	61	**十和田**	急行	1954.10～1985.3	上野～青森（常磐線経由）	
中海	86	**なかうみ**	準急～急行	1965.10～1968.10	米子～小倉	
浜名湖	65	**はまな**	準急	1959.9～1965.10	東京～浜松	
檜原湖	11	**ひばら**	準急～急行	1960.6～1968.10	上野～会津若松	
摩周湖	19	**摩周**	急行	1961.10～1964.10	函館～釧路	
丸池	—	**丸池**	急行	1961.10～1968.10	上野～長野	
琵琶湖	670	**びわこエクスプレス**	特急	2003.6～現役	米原～大阪	

表面積は国土地理院『平成26年度全国都道府県市町村別面積調・湖沼面積』より。丸池は資料なし。

同時に、湖沼列車名では唯一の現役列車でもある。

「びわこエクスプレス」以外の13種はすべて1950年代と1960年代に準急か急行として登場。東北新幹線大宮《おおみや》暫定開業時に特急列車名となる「**たざわ**」も、初代は1959年12月に仙台・米沢《よねざわ》〜秋田間を結ぶ気動車準急として新設され、仙台始終着列車は陸羽東《りくうとう》線経由で新庄《しんじょう》から奥羽《おうう》本線に入っていた。当時の田沢湖《たざわこ》線は奥羽山脈を抜ける区間が未開通で、東部分は盛岡〜雫石《しずくいし》間の橋場《はしば》線、西部分は大曲《おおまがり》〜生保内《おぼない》（現・田沢湖）間の生保内線で、ともにタンク式蒸気機関車のC11が牽《ひ》く客車＋貨車で編成される混合列車も見られるという純ローカル線だった。この両線は1966年10月の仙岩《せんがん》トンネル開通によって結ばれ、盛岡〜大曲間の田沢湖線となる。そして1982年6月の東北新幹線開業で盛岡〜秋田間を短絡する〝幹線〟として脚光を浴び、同時に「たざわ」も電車特急に格上げされる。人もうらやむような〝出世列車〟である「たざわ」は、秋田新幹線開業では新幹線特急名に横滑りするものと見られていたが、公募によって「**こまち**」が採用されたため、以後は深い田沢湖の底に眠ったままである。

湖沼名に由来する列車は、その規模とネームからおおむね運転路線を把握できるのが特徴だが、さほど広いとは思えない「**丸池**《まるいけ》」は、海の部で鞆《とも》の浦《うら》にちなむ「**とも**」と同様に観光地（景勝地）としての要素のほうが強い。

さて、本項のまとめとして河川に触れる。人々の生活にとっては、川は山や海以上になくてはならない存在で、主要都市の多くは主要河川の河口か流域に存在する。また、唱歌「ふるさと」ではないが、故郷を離れて生活をしている人にとっては、山と川は心の拠《よ》りどころでもあり、列車で帰省する際には車窓から山が見えた時点で故郷が近づいたことを実感し、川を鉄橋で渡るときに降りる身支度を始めるという。

その河川にちなむ列車名だが、河川の数から見て列車名でも山岳と双璧をなすのではと考えられるが、実際には山岳名が81種なのに対し、河川名は表7－3に示すように「**スーパーあずさ**」と「**スペーシアきぬがわ**」を含めても半数以下の32種である。こうした大差が生じたのは車窓から見える時間とも関係しているのではないかと考える。なかには球磨川《くまがわ》や吉野川《よしのがわ》のように起終点間の大部分が車窓の友となるような河川もあるが、黒部川《くろべがわ》や九頭竜川《くずりゅうがわ》のように鉄橋で渡ればそれでおしまいといった河川も少なくないからである。また、山岳名では最も高い富士山、海や湖では広大なオホーツク海と日本海、それに琵琶湖が、島では主要4島の四国と佐渡島がそれぞれ列車名として登用されているのに、河川では最長の信濃川《しなのがわ》にちなむ列車はなく、流域面積では最大を誇る利根川《とねがわ》も列車名では「**奥利《おくと》**

根《ね》」としてかろうじて一覧表に名を連ねているというのも河川ネームの存在を薄くしているのかもしれない。こう書けば「特急『**しなの**』はどうなるのか」といわれそうだが、「しなの」の場合は運転区間から信濃川に関係するとは思えず、旧国名の信濃にちなむと見なすのが普通である。

この河川列車名も、大半は国鉄時代の1960年代までに準急や急行に採用され、特急に進出するのは規制緩和された1966年以後である。「**あずさ**」はそのトップランナーだが、もちろん準急時代を経験している。特急列車名のうち当初からの特急は「**おおよど**」「**しまんと**」「**きぬがわ**」の3種だけで、「おおよど」は1974年、「しまんと」と「きぬがわ」はJR発足後の参入である。「きぬがわ」がフルネームになったのは東武《とうぶ》鉄道浅草《あさくさ》～鬼怒川《きぬがわ》温泉／鬼怒川公園間に特急「**きぬ**」が運転されており、栗橋《くりはし》以北では同じ線路を走るため、列車名を区別する必要が生じたのが理由と思われる。

また、登用された列車名を眺めると、大部分が過去帳入りしているのは歴史の流れから避けられないが、「**だいや**」と「**にしき**」は区間準急（急行）のイメージが強い列車とはいえ、ネームだけでは由来がつかみにくい。「だいやがわ（大谷川）」や「錦川《にしきがわ》」とするのがベターだったと思われる。

表7-3　河川にちなむ列車名一覧

河川名	長さ(km)	列車名	種別	運行期間	主な運転区間	記事
阿賀野川	210	あがの	準急～急行	1959.9～1985.3	新潟～仙台（磐越西線経由）	
梓川	65	あずさ	特急	1966.12～現役	新宿～松本	「スーパーあずさ」も現役
阿武隈川	239	あぶくま	準急～急行	1963.10～1982.11	白河～盛岡	
石狩川	268	いしかり	特急	1975.7～1980.10	札幌～旭川	北海道初の電車特急
五十鈴川	20	いすず	急行	1966.3～1968.10	岐阜/名古屋～鳥羽	
魚野川	66	うおの	準急～急行	1962.11～1982.11	十日町～新潟	
奥入瀬川	67	おいらせ	急行	1956.11～1965.10	上野～青森（常磐線経由）	
大淀川	107	おおよど	特急	1974.4～1980.10	博多～宮崎（肥薩線経由）	
北上川	249	きたかみ	急行	1968.10～1982.11	仙台～青森（北上線経由）	
鬼怒川	177	きぬがわ	特急	2006.3～現役	新宿～鬼怒川温泉	「スペーシアきぬがわ」も現役
紀ノ川	136	紀ノ川	急行	1980.10～1984.10	京都～和歌山（桜井経由）	
久慈川	124	久慈川	準急～急行	1964.5～1968.10	上野～福島（水郡線経由）	
		奥久慈	準急～急行	1961.3～1985.3	上野～磐城石川	
九頭竜川	116	くずりゅう	急行	1966.12～1985.3	米原～金沢	
球磨川	115	くまがわ	特急	2004.3～2016.3	熊本～人吉	
黒部川	85	黒部	急行	1961.10～1968.10	上野～金沢（長野経由）	
四万十川	196	しまんと	特急	1988.4～現役	高松～高知/中村	
大谷川	30	だいや	準急～急行	1959.9～1968.10	上野～日光	
只見川	145	奥只見	急行	1972.10～1988.3	会津若松～小出	12～3月は定期運休
筑後川	143	ちくご	準急～急行	1961.10～1980.10	長崎～熊本（佐賀線経由）	
天竜川	213	天竜	急行	1961.11～1987.11	新宿・長野～天竜峡	1966.3まで一部区間準急
利根川	322	奥利根	準急～急行	1964.10～1968.10	上野～水上	
錦川	110	にしき	準急～急行	1960.6～1968.10	岡山～岩国	
姫川	60	ひめかわ	準急～急行	1963.10～1982.11	糸魚川～新潟	
富士川	128	ふじかわ	特急	1995.10～現役	静岡～甲府	（ワイドビュー）を冠称
最上川	229	もがみ	準急～急行	1959.12～1986.11	米沢・仙台～酒田	
吉野川	194	よしの川	準急～急行	1963.10～1999.3	徳島～阿波池田	
淀川	75	よど	急行	1961.10～1965.10	東京～大阪	
米代川	136	よねしろ	急行	1986.11～2002.12	秋田～鹿角花輪	
渡良瀬川	108	わたらせ	準急～急行	1962.6～1985.3	上野～高崎（小山経由）	

島や半島にちなむ列車名

前項では「水」に関係する列車名について触れたので、ここでは水が接する陸地である島や半島、それに海岸にちなむ列車名を調べてみよう。

記すまでもなく、日本は島国だが、実際にどれほどの島から成り立っているかといえば、主要4島と沖縄本島を含め、海岸線の延長が100m以上の島は7000に近い数があるといわれる。このうち人が居住する島は約400で、残りはすべて無人島である。実際に著名観光地の遊覧船で「島めぐり」を楽しむと、島の規模や形状などから、無人島がいかに多いかわかるような気もする。

さて、島の名がつけられた列車名は、表8-1に示すように18種が存在する。このうち最も大きな島はもちろん「四国《しこく》」で、その面積は国土の約5%を占める1万8800㎢、逆に最も小さいのは「青島《あおしま》」で4・4haだから0・044㎢。徒歩で10分もあれば島を一周できる。また、北海道には国鉄時代に特急「北海《ほっかい》」が運転されていたが、これは北海道を象徴するような列車名なので、島ではなく都道府県の北海道に由来するものと考えるべき

表8-1　島にちなむ列車名一覧

島名	都道府県	列車名	種別	運行期間	主な運転区間	記事
青島	宮崎	**青島**	急行	1965.10〜1975.3	広島・門司港〜西鹿児島	
天草諸島	熊本	**天草**	急行	1956.3〜1975.3	京都〜熊本	
隠岐諸島	島根	**おき**	特急	1975.3〜2001.7	鳥取/米子〜小郡	
		スーパーおき	特急	2001.7〜現役	鳥取/米子〜新山口	
奥尻島	北海道	**おくしり**	準急	1963.12〜1966.10	函館〜江差	
九十九島	長崎	**九十九島**	準急〜急行	1962.8〜1968.10	博多〜佐世保（松浦経由）	
国後島	北海道	**くなしり**	急行	1966.3〜1968.10	釧路〜根室標津	
桜島	鹿児島	**桜島**	急行	1970.10〜1975.3	東京〜西鹿児島	
佐渡島	新潟	**佐渡**	急行	1956.11〜1985.3	上野〜新潟	
四国	四国4県	**四国**	急行	1961.4〜1965.10	高松〜宇和島	四国初の急行
平戸島	長崎	**平戸**	急行	1968.10〜1988.4	博多〜長崎（松浦経由）	
舳倉島	石川	**へぐら**	準急	1963.4〜1964.10	金沢〜輪島・宇出津	
松島	宮城	**まつしま**	急行	1954.10〜1985.3	上野〜仙台	日本三景の諸島
宮島（厳島）	広島	**宮島**	急行	1956.11〜1972.3	京都〜広島	1962.6〜1964.10は東京始発
屋久島	鹿児島	**屋久島**	急行	1972.3〜1975.3	大阪〜西鹿児島	
屋代島（大島）	山口	**やしろ**	準急〜急行	1962.4〜1972.3	広島〜下関	
利尻島	北海道	**利尻**	準急〜特急	1958.10〜2006.3	札幌〜稚内	
礼文島	北海道	**礼文**	急行	1970.10〜2000.3	旭川〜稚内	

表8-2　半島や岬にちなむ列車名一覧

半島・岬名	都道府県	列車名	種別	運行期間	主な運転区間	記事
足摺岬	高知	**あしずり**	特急	1990.11〜現役	高知〜中村	
犬吠埼	千葉	**犬吠**	準急〜急行	1962.10〜1982.11	新宿/両国〜銚子	
襟裳岬	北海道	**えりも**	準急〜急行	1963.6〜1986.11	札幌〜様似	
男鹿半島	秋田	**おが**	急行	1961.10〜1985.3	上野〜秋田	1963.10までは「**男鹿**」
唐桑半島	宮城	**からくわ**	急行	1972.3〜1982.11	一ノ関〜盛	
紀伊半島	和歌山など	**紀伊**	急行〜特急	1968.10〜1984.2	東京〜紀伊勝浦	
国東半島	大分	**くにさき**	急行	1975.3〜1980.10	大阪〜大分	
佐多岬	鹿児島	**佐多**	急行	1975.3〜1980.10	宮崎〜鹿屋（日南経由）	
下北半島	青森	**しもきた**	急行	1966.10〜1982.11	盛岡〜碇ヶ関（青森経由）	
知床半島	北海道	**しれとこ**	準急〜急行	1961.10〜1986.11	北見〜釧路（網走経由）	
都井岬	宮崎	**都井**	急行	1966.3〜1967.10	宮崎〜鹿屋（日南経由）	
夏泊崎	青森	**なつどまり**	急行	1968.10〜1978.10	鮫・大湊〜青森	
納沙布岬	北海道	**ノサップ**	準急〜急行	1959.9〜1989.4	釧路〜根室	
室戸岬	高知	**むろと**	特急	1999.3〜現役	徳島〜牟岐/海部	
和琴半島	北海道	**わこと**	準急〜急行	1961.10〜1966.3	網走〜釧路	屈斜路湖内の半島
野島崎など	千葉	**みさき**	急行	1972.7〜1975.3	新宿〜安房鴨川〜両国	循環列車

「大隅」「志摩」「津軽」「さつま」「しまね」「宗谷」「丹後」「能登」「伊豆」「房総」「らいでん」は同名の半島や岬があるが、列車名は旧国名や都道府県、振興局（旧支庁）、地域名などに由来するため、記載は省略する。

だろう。

話を「四国」に戻すと、この列車は1961年初頭まで優等列車は準急が最上位だった四国における初の急行であり、列車名の大きさからもフラッグシップトレインとしての期待を背負っていた。しかし、そのネームはわずか4年半で消滅する。1965年10月といえば、特急が主要幹線から地方幹線に活躍範囲を広げる途上にあったので、四国にも近未来を目標に特急運転の機運が高まっていた。そのため、「四国」は特急愛称用に温存されたのである。

しかし、四国特急はなかなか設定されず、やっと誕生した1972年には特急の相対的地位も低下しており、〝重厚な列車名〟は必要とされなくなっていた。そこで四国初の特急は公募によって予讃《よさん》本線（現・予讃線）が「**しおかぜ**」、土讃《どさん》本線（現・土讃線）が「**南風**《なんぷう》」に決定し、「四国」は再登場の機会を失ってしまうのである。

島の列車名として気になるものに九州の「**桜島**《さくらじま》」と「**九十九島**《くじゅうくしま》」が挙げられる。桜島はもともと鹿児島湾に浮かぶ島だったが、1914年の噴火による溶岩流で東側の大隅《おおすみ》半島と陸続きになったため、形態としては半島である。しかし、地図帳などで〝桜島半島〟という文字は見あたらないため、本項では島として分類することにする。

長崎県の西海《さいかい》国立公園内に広がる「九十九島」について、いつも話題になるのは、その数が本当に99かどうかということである。縮尺の大きな地図帳では佐世保《させぼ》市の海岸沿いに小さい島が無数に散らばるのがわかるが、実際には北九十九島と南九十九島に分かれ、合計で208の島があるという。同様に「**まつしま**」の由来である日本三景の松島《まつしま》も松島湾内外に大小260の島々からなる諸島の総称体である。

次に、半島だが、その定義は海のなかに突き出して三方が海で囲まれている陸地のことであり、その小さいものを岬または崎（埼）という。複雑な形の日本列島には半島や岬も数多いが、そのうち〝明らかに〟列車名が半島や岬に由来するものは、表8－2に示すように、「**みさき**」を除いて15種である。

この〝明らかに〟という言葉を使ったのは、半島名そのものが旧国名や現在の地域名と同一になっているところがあり、列車名の由来が旧国名などにちなむものも存在するからである。一例を挙げると、国鉄時代の1950年代後半からJR発足後の1990年代まで上野～青森間を奥羽本線経由で結んだ「**津軽**《つがる》」は、青森県西部の津軽地方出身の人々にとっては故郷に向かう列車であり、現行の特急「**つがる**」ともどもネームの由来は津軽半島を含む津軽地方に関係すると考えるべきだろう。

そうした半島のなかで最も規模が大きいのは、書かずとも知れた紀伊《きい》半島である。何せ近畿地方のうち奈良・和歌山県の全域と、大阪府並びに三重県の大部分がすっぽり収まってしまうほどの広さで、気動車特急時代の「**くろしお**」は名古屋～天王寺《てんのうじ》間をその海岸線に沿って500㎞以上におよぶ道のりを9時間近くかけて結んでいた。1968年10月1日、それまでの急行「**那智**《なち》」「**大和**《やまと》」「**伊勢**《いせ》」をまとめる形で東京～紀伊勝浦《きいかつうら》・王寺《おうじ》・鳥羽《とば》間に急行「**紀伊**《きい》」が登場する。行き先が3つもあるのにあえてひとつの列車名にしたのは、同日の改正で、指定券発売時におけるコンピュータの作業を軽減するため、それまで350前後あった列車名を100近く削減する荒療治が実施されたせいで、3列車の「紀伊」への統合もその一環だった。

それまで紀勢本線の急行には「**紀州**《きしゅう》」「**きのくに**」「**南紀**《なんき》」のように、いかにも和歌山県らしい〝紀〟の文字がつく列車が運転されていたが、旧国名の「紀伊」は登用されていなかった。「紀州」など先に登場した3急行が利用客から親しまれていたため、「紀伊」の出番はなかったのである。しかし、1968年10月改正では「紀州」と「きのくに」が存続するなかで、なぜ東京～紀伊勝浦・王寺・鳥羽間急行には「紀伊」の列車名がつけられたのか。これについては、終点の3駅の位置を地図帳等でごらんいただければおわかりだが、いずれも紀伊半島内に位置する駅（鳥羽は紀伊半島内の志摩《しま》半島）であり、列車は紀伊のうち和歌山県内を15㎞ばかり走るだけで、肝心の和歌山県都の駅には姿を見せない。このことから、列車名の「紀伊」は旧国名ではなく、紀伊半島がルーツである。

雄大な紀伊半島に対し、中学校で使用する地図帳には載っていないのが和琴《わこと》半島。北海道は道東の屈斜路湖《くっしゃろこ》の南岸に突き出た小さい半島である。もちろん湖の半島が列車名に登用されたのは、後にも先にもこれだけだ。知名度からは列車名を〝屈斜路〟にしたほうがよかったかもしれないが、〝くっしゃろ〟ではなんとも語呂が悪く、「**わこと**」に落ち着いたのだろう。このため、1961年10月から約5年半のあいだ、釧網《せんもう》本線では半島にちなむ「**しれとこ**」と「わこと」の両準急が運転される。「しれとこ」は石北《せきほく》本線の北見《きたみ》まで乗り入れるが、「わこと」は釧網本線内列車であるのが違いである。この「わこと」は1966年3月5日に急行に格上げされるが、直後の3月25日改正で列車名が「しれとこ」に統合されてしまう。急行としての存命期間はわずか20日だけだった。

日本三景のひとつである天橋立《あまのはしだて》も形態的には半島の形を持つが、地形としては砂嘴《さし》とされるので、本項からは外す。

水が接する陸地や建物では海岸や橋があるが、列車名に登用された数となれば、表8－

3のように、「**なぎさ**」を除き、三陸海岸の形状を示す「**リアス**」を含めても計6種にすぎない。このうち橋名列車は釧路《くしろ》市内の幣舞橋《ぬさまいばし》に由来する「**ぬさまい**」だけである。海岸では三陸のほか日南《にちなん》海岸がメジャーな存在だが、海岸は地形的に海や島、半島がからんでくるので、単独ではなかなか列車名になりにくいのだろう。

島や半島、海岸などの列車名のうち、特急として運転されたのは6種あるが、最初からの特急列車名は現役の「**スーパーおき**」だけで、「**おき**」「**利尻**《りしり》」「**あしずり**」「**紀伊**《きい》」「**むろと**」はいずれも格上げ組。このうち四国の「あしずり」と「むろと」は四国内特急として現在も地域内輸送に励んでいる。これらの特急列車名も設定時期との関係でローカル色が濃いが、島や半島、岬としては全国的に知られている。

しかし、「**へぐら**」「**やしろ**」「**からくわ**」「**佐多**《さた》」「**都井**《とい》」「**なつどまり**」「**わこと**」「**そそぎ**」「**らいでん**」「**ぬさまい**」となるとどうだろうか。現在ならパソコンで比較的簡単に所在を知ることができるが、筆者が列車名研究に本格的に取り組み始めた40年以上も前はそうした文明の利器はなく、運転区間に照らし合わせながら地図帳や百科事典、人文社《じんぶんしゃ》の『郷土資料事典』に頼るしかなかった。もっとも、そうした地味な作業を繰り返すことによって全国各地の細かな地名まで把握することができたのは記すまでもない。

急行〔青　　島〕404D 西鹿児島発広島・門司港行き キハ58系9連
日豊本線の急行としてハネムーン客からも人気が高かった。列車名は日南海岸の青島に由来するが、島というよりは観光地としてのイメージが強い。1972.5.30 田野〜日向沓掛

表8-3　海岸や橋にちなむ列車名一覧

半島・岬名	都道府県	列車名	種別	運行期間	主な運転区間	記事
曽々木海岸	石川	**そそぎ**	準急	1962.4〜1964.10	金沢〜輪島・宇出津	
日南海岸	宮崎	**日南**	急行	1975.3〜1993.3	博多〜宮崎	
雷電海岸	北海道	**らいでん**	準急〜急行	1962.2〜1984.2	札幌〜蘭越・岩内	
三陸海岸	宮城・岩手など	**さんりく**	急行	1970.10〜1972.3	仙台〜宮古	
		リアス	準急〜急行	1965.3〜1982.11	盛岡〜釜石（宮古経由）	リアス式海岸であることから
—	三重・和歌山	**なぎさ**	準急〜急行	1963.10〜1968.10	鳥羽〜紀伊勝浦	
	熊本・鹿児島	**なぎさ**	急行	1966.3〜1968.10	熊本〜西鹿児島	
	千葉	**なぎさ**	急行	1972.7〜1975.3	新宿〜安房鴨川〜両国	循環列車
幣舞橋	北海道	**ぬさまい**	準急〜急行	1962.4〜1980.10	帯広〜釧路	

列車名に使われた旧国名、使われなかった旧国名

日本の広域地方公共団体は、太平洋戦争中に東京府が東京都になって以来、1都1道2府43県からなるが、明治政府成立後の1871年に廃藩置県が実施されるまでは全国が73の令制国（国）から成り立っていた。九州や四国が数を示す島名なのはそれぞれ9つと4つの国が存在したからである。四国の場合は旧国名の讃岐《さぬき》、伊予《いよ》、阿波《あわ》、土佐《とさ》がそのまま香川、愛媛、徳島、高知の各県を名乗っている。その点、九州は旧国名の肥後《ひご》が熊本県、日向《ひゅうが》が宮崎県だが、薩摩《さつま》と大隅《おおすみ》の2国が鹿児島県となり、福岡県は筑前《ちくぜん》と筑後《ちくご》の全域、それに豊前《ぶぜん》の一部が加わるなどややこしい。佐賀県と長崎県にいたっては離島を除く九州本島内に関するかぎりは全域が肥前《ひぜん》だった。現在の各都道府県の旧国名については表9－1を参照されたい。

これでおわかりのように、現在は県の一部であっても佐渡《さど》、淡路《あわじ》、隠岐《おき》、対馬《つしま》、壱岐《いき》の各島は、かつては立派な〝独立国〟だった。しかし、それとは逆に、東北地方は戊辰《ぼしん》戦争勃発の1868年までは、太平洋側が陸奥《むつ》、日本海側が出羽《でわ》の2国だけで、以後、陸奥は

陸奥《りくおう》、陸前《りくぜん》、陸中《りくちゅう》、岩代《いわしろ》、磐城の5国に、出羽は羽前《うぜん》と羽後《うご》の2国に分割されて計7国になる。読者のなかには、あれっ？　津軽と会津《あいづ》がなぜ漏れているのかと思われる方がおられるかもしれないが、この2つは旧国名ではなく、たんに地方名なので念のため。

さて、150年ほど前に事実上消滅したはずの旧国名だが、都市名では出雲市や伊勢市、美濃《みの》市など、またそれを接頭語に使った武蔵村山《むさしむらやま》市や大和高田《やまとたかだ》市、常陸太田《ひたちおおた》市などかなりの数が存在する。鉄道路線では相模《さがみ》鉄道、伊豆急行、近江《おうみ》鉄道、伊勢鉄道、しなの鉄道といった私鉄や第三セクター鉄道のほか、JRにも越後線が健在である。旧国名を接頭語に持つ駅となると、越後湯沢など「越後」だけでも23駅ある。とくに羽越本線の坂町《さかまち》で分岐する米坂《よねさか》線列車に乗ると、越後大島《おおしま》、越後下関《しもせき》、越後片貝《かたかい》、越後金丸《かなまる》と越後のつく駅が4駅も続く。その次は小国《おぐに》だが、そこは山形県である。つまり米坂線に所属する新潟県内の駅はすべて「越後」がつくわけである。これ以上書くと話が長くなるので切り上げるが、地名や駅名ではまだまだ旧国名が健在であるように、会社名や商店の屋号など具体名を示せば、枚挙にいとまがない。都道府県名ではなく旧国名が使用されるのは、語感がいいうえに堅苦しさがなく、親しみやすいからだろう。

こうした旧国名だが、列車の行き先がよくわかるという利点もあり、列車名としては

1950年11月に「**安芸**《あき》」と「**大和**《やまと》」（こちらは非公式）が登用されたのを皮切りに、ダイヤ改正ごとに急行や準急に命名されるといった感じで、オールドファンには懐かしいあの「サン・ロク・トオ」こと1961（昭和36）年10月1日改正において、すでに48の列車名が『時刻表』に掲載されていた。表9－1には、いったいどれくらいの旧国名が列車名にかかわっているのかを調べる目的もあり、そのあとに登用されたネームはもとより、臨時列車や私鉄の愛称列車名まで範囲を広げてみたところ、73の旧国名中、なんと66がなんらかの形で関係していることがわかった。

旧国名を持つ列車名には、国名が漢字か平仮名かは別にして、そのまま使用されているものが過半数を占めるが、アレンジを加えているものもある。また、紀伊や能登のように、本名はもちろん、それから派生した「**紀州**《きしゅう》」「**きのくに**」「**南紀**《なんき》」や、「**能登路**《のとじ》」「**奥能登**《おくのと》」「**能登かがり火**《のとび》」と3つの分家を持ったリッチな列車名もある。伊豆、信濃、越後も同様である。また、常陸が「**ひたち**」のほか、接頭語つきの「**スーパーひたち**」や「**フレッシュひたち**」、それと表からは除いたが「**さわやかひたち**」や「**ホームタウンひたち**」の4種をグループに収めて常磐線特急群を築いたのは総称列車名化が進むJR発足後の傾向のひとつであり、「**タンゴエクスプローラー**」や「**タンゴディスカバリー**」といった難しい名の列車が急行「**丹後**《たんご》」なきあとの宮津線《みやづ》（現・京都丹後鉄道宮舞線《みやまい》および宮豊線《みやとよ》）を守ったのは、同線の第三セクター鉄道化がもたらした功罪といえよう。

また、1国を表すだけの列車名なのに、本名ではなくアレンジした旧国名を使用している列車がある。「**かいじ**」「**おくみの**」「**ホームライナーいずみ**」「**ひのくに**」がそれである。本来なら「甲斐」「美濃」「和泉《いずみ》」「肥後」として運転されるところなのに、わざわざ本名をいじったのは、「和泉」を除き、平仮名では2文字の「かい」「みの」「ひご」となり、聞こえがいまひとつなので、「かいじ」「おくみの」「ひのくに」としたのだろう。このあたりは鳥や花、山岳などほかのネームとも共通しているが、「ひのくに」には漢字の「肥の国」ではイメージがよくないのか、平仮名は苦肉の策だった。和泉は大阪府内という土地柄、河内《かわち》とともども列車名には縁が薄かったが、国鉄末期の「**ホームライナーいずみ**」の登場で日の目を見る。この列車は和歌山延長によって「**はんわライナー**」となって発展解消するが、その活躍は2011年3月まで続いた。房総半島の先端部に位置する安房《あわ》は、読み方が徳島県の旧国名の阿波と同じせいか、「安房」としては採用せず、太平洋側の「**外房**《そとぼう》」と東京湾側の「**内房**《うちぼう》」に分けている。気動車列車時代は新宿または両国《りょうごく》を起終点とし、安房鴨川《かもがわ》で列車名を表示したヘッドマークを「外房」から「内房」に（逆もあり）変える列車

表9-1　旧国名にちなむ列車名一覧

旧国名	都道府県	採否	列車名	種別	運行期間	主な運転区間	記事
陸奥	青森・岩手	○	むつ	特急	1985.3〜1986.11	秋田〜青森	狭義の「陸奥」
陸中	岩手・秋田	○	陸中	急行	1966.10〜2002.12	盛岡〜釜石/宮古	
羽後	秋田・山形	△	出羽	特急	1982.11〜1993.12	上野〜秋田（羽越経由）	1867年までは東北の日本海側が「出羽」
羽前	山形						
陸前	宮城・岩手	△	みちのく	特急	1972.3〜1982.11	上野〜青森（常磐経由）	1867年までは「陸奥」の一部
磐城	福島・宮城	○	いわき	準急〜急行	1959.9〜1982.11	水戸〜仙台（磐越東線経由）	
岩代	福島	○	いわしろ	準急	1962.6〜1967.7	郡山〜会津若松	
常陸	茨城	○	ひたち	特急	2015.3〜現役	品川/上野〜いわき	
		△	スーパーひたち	特急	1989.3〜2015.3	上野〜平/相馬など	当初651系使用
		△	フレッシュひたち	特急	1997.10〜2015.3	上野〜勝田/高萩など	当初E653系使用
下野	栃木	○	しもつけ	準急〜急行	1958.4〜1968.10	上野〜日光・黒磯	
上野	群馬	私	りょうもう	急行〜特急	1969.9〜現役	（東武）浅草〜赤城	古名の下毛野＋上毛野
下総	千葉	○	しもうさ	普通	2010.12〜現役	大宮〜海浜幕張	
上総		△	総武	準急	1961.10〜1962.10	新宿/両国〜銚子・佐原	
安房		△	内房	急行	1975.3〜1982.11	新宿/両国〜館山	
		△	外房	急行	1975.3〜1982.11	新宿/両国〜安房鴨川	
武蔵	埼玉・東京・神奈川	私	むさし	特急	1976.3〜現役	（西武）池袋〜飯能	
相模	神奈川	私	さがみ	特急	1966.6〜現役	（小田急）新宿〜小田原	
佐渡	新潟	○	佐渡	急行	1956.11〜1985.3	上野〜新潟	実際には佐渡島にちなむ
越後		○	越後	急行	1968.10〜1978.10	大阪〜新潟	
		△	南越後	急行	1985.3〜1988.3	松本〜新潟	
越中	富山	△	加越	特急	1975.3〜2003.10	米原〜金沢/富山	
能登	石川	○	能登	急行	1982.11〜2010.3	上野〜金沢（信越経由）	1997.10から上越経由
		△	能登路	準急〜急行	1960.4〜2002.3	金沢〜輪島など	
		△	奥能登	準急〜急行	1963.4〜1968.10	大阪〜和倉	当初は金沢以北準急
		△	能登かがり火	特急	2015.3〜現役	金沢〜和倉温泉	
加賀		○	加賀	準急〜急行	1961.3〜1968.10	大阪〜金沢	
越前	福井	○	越前	急行	1965.10〜1982.11	上野〜福井（信越経由）	
若狭		○	わかさ	準急〜急行	1961.3〜1999.10	西舞鶴〜金沢	
甲斐	山梨	△	かいじ	特急	1988.3〜現役	東京/新宿〜甲府	
伊豆	静岡	○	伊豆	急行	1964.11〜1981.10	東京〜伊豆急下田・修善寺	当初は157系使用
		△	おくいず	急行	1968.10〜1976.3	東京〜伊豆急下田・修善寺	自由席主体で「伊豆」を補佐
		△	中伊豆	急行	1966.3〜1968.10	修善寺〜大垣	
駿河		○	するが	準急〜急行	1960.6〜1966.3	沼津〜名古屋	
遠江		×					
信濃	長野	○	しなの	特急	1968.10〜現役	名古屋〜長野	1996.7から（ワイドビュー）を冠称
		△	信州	急行	1963.10〜1985.3	上野〜長野	
飛騨	岐阜	○	ひだ	特急	1968.10〜現役	名古屋〜高山/富山	1996.7から（ワイドビュー）を冠称
美濃		△	おくみの	急行	1966.10〜1980.10	名古屋〜北濃	
三河	愛知	臨	奥三河	快速	1970年代	豊橋〜中部天竜	
尾張		私	おわり	特急	1955年頃の一時期	（近鉄）上本町〜近鉄名古屋	近鉄名古屋行きのみ
近江	滋賀	臨	近江路	快速	1970年代	名古屋〜京都	
伊勢	三重	○	伊勢	急行	1953.11〜1968.10	東京〜鳥羽	
伊賀		×					
志摩		○	志摩	準急〜急行	1963.10〜1986.11	鳥羽〜京都（草津線経由）	
紀伊	和歌山・三重	○	紀伊	特急	1975.4〜1984.2	東京〜紀伊勝浦	実際には紀伊半島にちなむ
		△	紀州	急行	1961.3〜1985.3	名古屋〜天王寺（新宮経由）	
		△	きのくに	準急〜急行	1958.12〜1985.3	白浜口〜天王寺	1968.10までは全車指定
		△	南紀	特急	1978.10〜現役	名古屋〜紀伊勝浦	1996.7から（ワイドビュー）を冠称
大和	奈良	○	大和	急行	1950.11〜1968.10	東京〜湊町	
和泉	大阪	△	ホームライナーいずみ	通勤ライナー	1984.9〜1986.11	天王寺〜日根野	
河内		×					
摂津	大阪・兵庫	○	せっつ	急行	1960.6〜1964.10	東京〜大阪	
山城	京都	○	やましろ	急行	1961.10〜1962.6	東京〜大阪	
丹波	京都・兵庫	○	たんば	特急	1996.3〜2011.3	京都〜福知山	

旧国名	都道府県	採否	列車名	種別	運行期間	主な運転区間	記事
丹後	京都	○	丹後	準急～急行	1959.9～1996.3	京都～天橋立・東舞鶴	
		△	タンゴエクスプローラー	特急	1990.4～2011.3	京都～久美浜	KTR001系使用
		△	タンゴディスカバリー	特急	1996.3～2011.3	新大阪～久美浜	KTR8000系使用
但馬	兵庫	○	但馬	準急～急行	1961.10～1996.3	大阪～鳥取（播但線経由）	
播磨		不	はりま	急行	1960.6～1965.10	東京～姫路	
淡路		私	淡路号	急行	1968.10～1993.4	（南海）難波～多奈川	料金不要
備前	岡山	臨	びぜん	準急	1961.1	糸崎～大阪	上りのみ
備中		×					
美作		○	みまさか	準急～急行	1960.10～1989.11	大阪～中国勝山	
因幡	鳥取	○	いなば	特急	1997.11～2003.10	岡山～鳥取（智頭急行線経由）	
		△	スーパーいなば	特急	2003.10～現役	岡山～鳥取（智頭急行線経由）	キハ187系使用
伯耆		○	伯耆	急行	1975.3～1982.7	岡山～米子	
備後	広島	○	びんご	準急～急行	1961.10～1968.10	大阪～三原	
安芸		○	安芸	特急	1975.3～1978.10	新大阪～下関（呉線経由）	初代は1950.11.8に命名
出雲	島根	○	出雲	特急	1972.3～2006.3	東京～浜田	
		△	サンライズ出雲	特急	1998.7～現役	東京～出雲市（伯備線経由）	285系使用
石見		○	石見	準急～急行	1961.3～1985.2	鳥取～益田	
隠岐		○	おき	特急	1975.10～2001.7	鳥取/米子～小郡	実際には隠岐諸島にちなむ
		△	スーパーおき	特急	2001.7～現役	鳥取/米子～新山口	キハ187系使用
周防	山口	○	周防	準急～急行	1961.10～1968.10	広島～小郡	
長門		○	ながと	急行	1985.3～1992.3	浜田～下関	
讃岐	香川	○	さぬき	急行	1964.10～1968.10	東京～宇野	
阿波	徳島	○	阿波	準急～急行	1959.9～1990.11	高松～徳島	
伊予	愛媛	○	いよ	準急～急行	1956.11～1989.7	高松～松山	
土佐	高知	○	土佐	準急～急行	1959.9～1990.11	高松～高知	
筑前	福岡	臨	筑前	急行	1966年度年末年始	新大阪～博多	
筑後		○	ちくご	準急～急行	1961.10～1980.10	長崎～熊本（佐賀線経由）	
豊前	福岡・大分	臨	筑豊	急行	1964.旧盆	大阪～飯塚	
豊後	大分	○	ぶんご	急行	1961.10～1964.10	東京～大分	
肥前	佐賀・長崎	×					
肥後	熊本	△	ひのくに	急行	1961.10～1968.10	大阪～熊本	「肥の国」の意味
対馬	長崎	×					
壱岐		×					
日向	宮崎	○	ひゅうが	特急	2000.3～現役	延岡～宮崎空港	
薩摩	鹿児島	○	さつま	急行	1956.11～1965.10	東京～鹿児島	2晩夜行
大隅		○	大隅	準急～急行	1960.12～1955.10	志布志～西鹿児島	

採否欄凡例：○＝そのままで使用　△＝アレンジして使用　不＝不定期列車　臨＝臨時列車　私＝私鉄で使用　×＝列車名として未使用
接頭語を持つ列車は一部割愛。アミカケは1961年10月1日時点で国鉄の定期または不定期列車として使用されていた列車名。

表9-2　旧国名を合成した名称の列車

旧国名	列車名	種別	運行期間	主な運転区間	記事
阿波＋土佐	阿佐	準急～急行	1962.4～1968.10	小松島港～高知	
羽後＋羽前＋越後	羽越	急行	1968.10～1982.11	新潟～秋田	実際には路線名に由来
加賀＋越中＋越前	加越	特急	1975.3～2003.10	米原～金沢/富山	
羽前＋羽後	出羽	特急	1982.11～1993.12	上野～秋田（羽越経由）	1867年までの国名
常陸＋磐城	ときわ	特急	2015.3～現役	品川/上野～高萩	漢字では「常磐」
陸中ほか東北太平洋側5国	みちのく	特急	1972.3～1982.11	上野～青森（常磐経由）	漢字では「陸奥」
下総＋上総＋安房	房総	準急	1959.7～1962.10	新宿～安房鴨川～新宿（循環）	実際には路線名に由来
下総＋上総＋武蔵	総武	準急	1961.10～1962.10	新宿/両国～銚子・佐原	実際には路線名に由来
伊予＋土佐	予土	準急～急行	1965.6～1968.10	松山～高知（多度津経由）	
筑前＋豊前	筑豊	急行	1964.旧盆	大阪～飯塚	臨時列車
下野＋上野	りょうもう	急行～特急	1969.9～現役	（東武）浅草～赤城	古称は下毛野、上毛野

アミカケは1961年10月1日時点で国鉄の定期または不定期列車として使用されていた列車名。

も見られた。

次に、国鉄~JRの列車名とはあまり縁のない旧国名について話を進めてみよう。まず、単独で定期の優等列車になりえなかった旧国名は意外と多く、羽後、羽前、陸前、上野《こうずけ》、下総《しもうさ》、上総《かずさ》、安房、武蔵、相模、越中《えっちゅう》、遠江《とおとうみ》、三河《みかわ》、尾張《おわり》、近江、伊賀《いが》、和泉、河内、播磨《はりま》、淡路、備前《びぜん》、備中《びっちゅう》、筑前、豊前、肥前、対馬、壱岐と計25も存在する。そこでまったく鉄道から無視されているのかどうかを見きわめるため、臨時列車や快速列車、私鉄特急などでの履歴を『時刻表』で調べてみた。

このうち、武蔵は西武《せいぶ》鉄道、相模は小田急電鉄でそれぞれ特急「**むさし**」「**さがみ**」として現役で活躍。尾張はかつて近畿日本鉄道の近畿日本名古屋行き特急「**おわり**」、淡路は南海《なんかい》電鉄の多奈川《たながわ》行き急行「**淡路号**《あわじごう》」に使用された実績がある。不定期はもちろん臨時列車や快速、普通列車にまで範囲を広げれば、筆者が調査したかぎりでは「**しもうさ**」「**奥三河**《おくみかわ》」「**近江路**《おうみじ》」「**はりま**」「**びぜん**」「**筑前**《ちくぜん》」「**ホームライナーいずみ**」の名が『時刻表』から読み取れる。不定期で80系電車を夜行急行に使った時期もある「はりま」や、臨時快速の「奥三河」と「近江路」は運転機会が多く、よく知られた存在だった。

2つ以上の旧国名を合成した名称の列車名となると、表9－2の11種が挙げられるが、このうち、東北の太平洋側の5国にまたがる広義の「陸奥」と、同日本海側で「羽後」と「羽前」とに分割された「出羽」は長い歴史を誇る国名なので、合成列車名の枠に収めるのは失礼にあたるかもしれない。ともあれ、これによって単独では旧国名ネームになれなかった「羽後」「羽前」「陸前」も列車名にかかわっていることがわかる。なお、陸奥は戊辰戦争後の青森県と岩手県の一部だけを指す場合は「むつ」（官庁では「りくおう」）と読むが、戦争前の5国では「むつ」のほか、「みちのおく」や「みちのく」という読み方もあった。上野～青森間では1950年から1982年まで、一時期を除き「**みちのく**」が急行や特急で運転されていたが、旧国名列車としてはもちろん最大のスケールを誇るネームだった。

北陸では能登が3種の分家を持つほどの大繁盛ぶりなのに、その隣の越中は語呂と「越中ふんどし」のイメージからか、列車名としては敬遠されていたが、加賀《かが》や越前《えちぜん》などと合わせた「**加越**《かえつ》」の登場で、かろうじて無関係状態から免れる。千葉県の下総と上総はお隣の武蔵や安房と組み合わせて「**総武**《そうぶ》」や「**房総**《ぼうそう》」の列車名になる。もっとも、この2つのネームは走行路線から総武本線や房総東・西線にちなむといったほうがいいかもしれない。臨時急行では筑前と豊前を合わせた「**筑豊**《ちくほう》」がある。石炭産業がさかんだった時代には東京や関西から博多を無視してまで筑豊本線に入る急行があったのに、「筑豊」という列車がないのがかえって不思議な感じだった。

現在の群馬県の旧国名は上野で「こうずけ」と読むが、上越線など県内の国鉄～JR線に上野《うえの》駅からの直通列車が設定されていることや、語呂との関係もあって「上野」のネームを持つ列車の設定はなかった。もっとも、群馬県を旧国名でいう場合は、「上野」より「上州《じょうしゅう》」が普通である。では、上野がまったく列車名に関係していないかといえばそうではなく、東武鉄道特急の「**りょうもう**」がある。これはJRの両毛《りょうもう》線も同じだが、上野と下《しも》野《つけ》の両国は、もともと上毛野《かみつけの》と下毛野《しもつけの》が本名であるものの、旧国名は2字を用いるというのが条件だったため、上野と下野とされた。そのため、この両地名を合わせる場合は削除された「毛」の文字を復活させて両毛としたのである。ちなみに、和泉は泉だけでも「いずみ」と読めるのに、サイレント文字の和をつけるのはそのためである。

この結果、列車名と関係のない旧国名としては、遠江、伊賀、河内、備中、肥前、対馬、壱岐の7種が残る。このうち、対馬と壱岐は鉄道が通じていない島嶼国《とうしょこく》なのでやむなしとして、本州に残る5国がなぜ列車名に採用されなかったのか、持論も交えて考察してみたい。まず、旧国名列車はその大半が下り方起終点に近いネームを名乗るが、これら5国の国鉄～JRにおける中心駅は浜松《はままつ》、伊賀上野《うえの》、八尾《やお》、倉敷《くらしき》、佐賀または長崎であり、伊賀、河内、備中の3国は地理的に中心駅を優等列車の終点にしにくいのが致命傷。遠江と肥前は可能だが、浜名湖《はまなこ》や雲仙、出島《でじま》といったインパクトのある観光地が控えているので、何も列車名を旧国名に頼らなくてもいいのが理由だと思われる。なお、肥前は肥後と同様に「ひのくに」の一員で、走行区間に佐賀県鳥栖《とす》市が含まれているとはいっても、「ひのくに」のネームには直接かかわっていないと考えるのが一般的だろう。

こうして一世を風靡《ふうび》したような旧国名列車だが、現在もJR特急として現役を続けているのは「**ひたち**」「**ときわ**」「**かいじ**」「**(ワイドビュー)しなの**」「**(ワイドビュー)ひだ**」「**(ワイドビュー)南紀《なんき》**」「**スーパーいなば**」「**サンライズ出雲《いずも》**」「**スーパーおき**」「**ひゅうが**」の10種にすぎない。鉄道が新幹線時代に突入して久しく、交通機関が多様化した昨今では、郷愁を起こさせるようなネームの減少だけは避けられないようだ。

温泉や観光地にちなむ列車名

日本は火山国であるため、温泉の数は多い。最近では大都市でも天然温泉の設備があるが、元来、日本人は湯治より観光旅行や娯楽を兼ねた温泉めぐりが好きなせいか、全国各地の著名温泉地はいつも賑《にぎ》わっている。交通機関が多様化し、温泉旅行は家族連れがマイカー、団体客は観光バス利用が主体となって久しいが、新幹線がまだ東海道区間だけで高速道路もめずらしかった半世紀前の時代では鉄道が温泉観光客を一手に引き受けていた。当時は新婚旅行の行き先も国内の温泉地周辺が相場だったので、伊豆方面への準急（急行）はもちろん、白浜《しらはま》や別府を沿線に持つ紀勢本線や日豊本線の優等列車は1等車（現・グリーン車）を2〜3両も連結していた。車体窓下に巻かれた薄いグリーンの帯がその存在を引き立てていた。

そうした背景があってか、1960年代の国鉄では温泉行き御用達のような列車が各地で運転され、「**道後**《どうご》」や「**べっぷ**」「**たまつくり**」といった行き先地の温泉名をつけた急行や準急が多数運転されていた。河川や島、半島などとは異なり、どのネームも著名なものばかりだ。

また、特定の温泉を指すのではなく、**「いでゆ」**や**「ゆけむり」「ゆのか」**といったいかにも温泉地行きを漂わせるような列車や、**「草津《くさつ》いでゆ」**のように温泉名と「いでゆ」を合体させたような列車名もあった。1970年代に運転された津山《つやま》～広島間の**「やまのゆ」**は広島から美作《みまさか》三湯と呼ばれる湯原《ゆばら》、湯郷《ゆのごう》、奥津《おくつ》温泉への観光客輸送を目的とした列車だが、ひとつの温泉名だけを列車名にするとケンカになるのか、「やまのゆ」と総称することで三湯の顔を立てていた。

現在にいたるまで温泉名が使用された列車名を表10－1に示すが、ここも特急一本化などの波をまともに受け、現役組は**「きのさき」**と**「草津《くさつ》」**、それにJR九州の**「ゆふいんの森《もり》」**と**「指宿《いぶすき》のたま手箱《ばこ》」**の4種だけである。ただし、「きのさき」には福知山《ふくちやま》や豊岡《とよおか》で打ち切りとなり、名は体を表さない列車もある。

話題は変わって、少数派だが、城、神社、公園に関する列車名を表10－2に示す。これは城と公園が2種だけなのに対し、神宮と神社が7種と圧倒している。これについて、筆者は日本人は信仰心が篤《あつ》いこともあって、参拝のために神社や仏閣を訪れる回数が多いことに関係しているものと考えていた。とくに戦前の時代には国鉄の参宮《さんぐう》線や大社《たいしゃ》線（現在は廃止）はもちろんのこと、私鉄では参宮急行電鉄（現・近畿日本鉄道山田《やまだ》線の全線と大阪線、名古屋線の各一部）や高野山《こうやさん》電気鉄道（現・南海電鉄高野《こうや》線）、大雄山《だいゆうざん》鉄道（現・伊豆箱根《いずはこね》鉄道大雄山線）などのように、寺社への参拝客輸送を目的に建設された鉄道が存在したほどだった。

しかし、急行や準急に登用された7列車は、その運転区間や活躍実績から、神宮や神社への参拝客輸送というより、ビジネス客や用務客、観光客など多様なニーズの旅客に応えていたように思われる。「**大社**《たいしゃ》」を含めて列車の起終点となる地元としては著名な神宮や神社があるので、観光PRも兼ねてそれを列車名にあてたのだろう。なお、関西本線で長らく活躍した「**かすが**」は、愛称命名こそ1958年10月だが、列車そのものは戦後の1949年6月から名古屋～湊町《みなとまち》（現・JR難波《なんば》）間で3往復運転されていた。そのため、長らく〝ノーネーム〟時代が続いたが、沿線では毎日朝、昼、夜の3回やってくる準急として「準急」そのものが列車名として定着していたようだ。筆者が天王寺駅で上り「かすが3号」に出会った1962年1月も、駅ホームのアナウンスは「まもなく、名古屋行き準急が入ります」といったものだったのを覚えている。

ところで、日本は島国で地形が変化に富んでいることもあって、観光地が多いことも特

表10-1　温泉名にちなむ列車名一覧

温泉名	都道府県	列車名	種別	運行期間	主な運転区間	記事
赤倉温泉	新潟	赤倉	急行	1988.3～1997.10	長野～新潟	
伊香保温泉	群馬	伊香保	急行	1969.3～1982.11	上野～渋川	
指宿温泉	鹿児島	指宿のたまて箱	特急	2011.3～現役	鹿児島中央～指宿	
越後湯沢温泉	新潟	ゆざわ	準急～急行	1965.10～1972.3	越後湯沢～新潟	
皆生温泉	鳥取	かいけ	準急～急行	1965.10～1968.10	大阪～米子（因美線経由）	
勝浦温泉	和歌山	勝浦	準急	1961.3～1963.10	紀伊勝浦～京都	
城崎温泉	兵庫	きのさき	特急	1996.3～現役	京都～福知山/城崎温泉	
草津温泉	群馬	草津	特急	2002.12～現役	上野～長野原草津口	
		草津いでゆ	準急～急行	1961.10～1967.7	上野～長野原	全車座席指定
		新特急草津	特急	1985.3～2002.12	上野～万座・鹿沢口	
白浜温泉	和歌山	しらはま	急行	1968.10～1980.10	京都・名古屋～白浜	
玉造温泉	島根	たまつくり	準急～急行	1965.10～1968.10	宇野～出雲市	
道後温泉	愛媛	道後	急行	1961.10～1966.10	高松～松山	
野沢温泉	長野	野沢	準急～急行	1963.3～1986.11	長野～長岡（飯山線経由）	
別府温泉	大分	べっぷ	急行	1968.10～1973.10	新大阪～大分	
三朝温泉	鳥取	みささ	急行	1975.3～1989.3	大阪～鳥取/倉吉	
水上温泉	群馬	新特急水上	特急	1997.10～2002.12	上野～水上	
		水上	特急	2002.12～2010.12	上野～水上	
由布院温泉	大分	ゆふいんの森	特急	1989.3～現役	博多～別府（久大本線経由）	運休日は「ゆふ」が代走
信越沿線の温泉	長野・新潟	信越いでゆ	急行	1965.10～1966.10	上野～長野	全車座席指定
上越沿線の温泉	群馬・新潟	上越いでゆ	準急	1961.5～1962.6	上野～水上・長野原	全車座席指定
美作三湯	岡山	やまのゆ	急行	1972.3～1980.10	津山～広島（新見経由）	
―	―	いでゆ	急行	1975.3～1978.10	大阪～鳥取	東京～伊東間などでも使用
		ゆけむり	急行	1968.10～1985.3	上野～水上	
		ゆのか	急行	1968.10～1982.11	博多～大分	
		ゆのくに	急行	1968.10～1982.11	大阪～金沢/和倉	
		ゆのさと	準急	1960.3～1965.10	上野～水上	

表10-2　城、神社、公園にちなむ列車名一覧

城・神社・公園名	都道府県	列車名	種別	運行期間	主な運転区間	記事
青葉城	宮城	あおば	特急	1971.3～1975.11	仙台～秋田（北上線経由）	
熊本城	熊本	ぎんなん	急行	1975.3～1980.10	博多～熊本	別名の銀杏城にちなむ
鹿島神宮	茨城	鹿島	急行	1975.3～1982.11	両国～鹿島神宮	
春日大社	奈良	かすが	準急～急行	1958.10～2006.3	名古屋～奈良	
出雲大社	島根	大社	急行	1966.10～1982.11	名古屋～出雲市（敦賀経由）	
熊野速玉大社	和歌山	はやたま	準急～急行	1962.3～1968.10	新宮～名古屋（東和歌山経由）	
二荒山神社	栃木	ふたあら	準急	1960.8～1965.10	上野～宇都宮	宇都宮市内の神社
平安神宮	京都	平安	準急～急行	1962.4～1985.3	名古屋/桑名～京都	古都の平安京にもちなむ
八重垣神社	島根	やえがき	急行	1965.10～1968.10	米子～熊本	
兼六園	石川	兼六	急行	1966.10～1975.3	名古屋～金沢	
千秋公園	秋田	千秋	準急～急行	1965.10～1982.11	仙台・米沢～秋田	

筆される。先に述べた温泉や城、神社、公園、それに岬や海岸なども観光地に違いないが、それらの範疇にない渓谷や滝、避暑地などの観光地や施設を表10－3にまとめてみた。著名な場所もあれば、さほどメジャーでない観光地もあるが、旅行好きの方にとっては思い出のある土地が多いことだろうが、これも温泉列車名と同様に1960年代の国鉄が国内の観光客輸送を一手に引き受けていた名残といえよう。鉄道輸送が使命であるはずの国鉄が有料道路名の磐梯吾妻《ばんだいあづま》スカイラインから「**スカイライン**」を命名したのはびっくりだが、その一方、「**にちりんシーガイア**」や「**ハウステンボス**」などは国鉄時代には考えられなかったような列車名である。

この観光地や施設に関係する列車名も、現役組は「**はしだて**」「**スーパーカムイ**」「**サロベツ**」「**にちりんシーガイア**」「**日光**《にっこう》」「**ハウステンボス**」の6種だけで、「はしだて」以外はすべてJR発足後に命名されたネームである。世界的な観光地とされる日光は、国鉄時代には戦前から観光客輸送に力が注がれており、1950年代にはキハ55系や157系電車が準急「日光」用に投入されるが、準急というサービス上の縛りもあって、東京都内～日光間を並走する東武鉄道特急に対抗できず惨敗。現在の特急「日光」はかつてのライバルとタイアップする形で新宿～東武日光間列車として運転されている。

急行〔**ゆのくに2号**〕 6502M 金沢発大阪行き 475系12連
北陸本線老舗急行の一員である。沿線には著名な温泉が多く、列車名はぴったりだった。
1971.9.3 新疋田～敦賀

表10-3　観光地、観光施設にちなむ列車名一覧

観光地名	都道府県	列車名	種別	運行期間	主な運転区間	記事
天橋立	京都	**はしだて**	特急	1996.3～現役	京都～天橋立	日本三景、砂嘴
秋吉台	山口	**あきよし**	準急～急行	1960.3～1985.3	山口～博多	カルスト台地
上高地	長野	**上高地**	準急～急行	1965.10～1968.10	新宿～長野	
神居古潭	北海道	**スーパーカムイ**	特急	2007.10～現役	札幌～旭川	渓谷
軽井沢	長野	**軽井沢**	準急～急行	1962.7～1985.3	上野～中軽井沢	避暑地
草千里ヶ浜	熊本	**くさせんり**	急行	1964.10～1965.10	博多～熊本（小倉・大分経由）	阿蘇山中の草原
西海	長崎	**西海**	急行	1968.10～1980.10	大阪～佐世保	国立公園
サロベツ原野	北海道	**サロベツ**	急行～特急	1992.7～現役	札幌～稚内	
シーガイア	宮崎	**にちりんシーガイア**	特急	1993.3～現役	博多～宮崎空港	リゾート施設
白糸の滝	静岡	**白糸**	準急	1966.3～1968.10	富士～甲府	
帝釈峡	広島	**たいしゃく**	準急～急行	1962.3～2002.3	岡山～広島（新見経由）	
出島	長崎	**出島**	急行	1975.3～1982.11	小倉/博多～長崎	史跡
鳥取砂丘	鳥取	**砂丘**	準急～急行	1962.9～1997.11	鳥取～岡山	
那智滝	和歌山	**那智**	急行	1959.9～1968.10	東京～新宮	那智山（909m）にもちなむ
日本水郷	千葉・茨城	**すいごう**	特急	1982.11～2004.10	両国～銚子（佐原経由）	
日光	栃木	**日光**	特急	2006.3～現役	新宿～東武日光	日光市にちなむ
ハウステンボス	長崎	**ハウステンボス**	特急	1992.3～現役	博多～ハウステンボス	テーマパーク
磐梯吾妻スカイライン	福島	**スカイライン**	準急～急行	1964.5～1968.10	水戸～福島（水郡線経由）	有料道路名
南八幡平	岩手・秋田	**南八幡平**	急行	1966.10～1968.10	盛岡～秋田（田沢湖線経由）	国立公園の一部
文殊堂、文殊菩薩	京都	**文殊**	特急	1996.3～2011.3	新大阪～天橋立	天橋立の智恩寺
屋島	香川	**やしま**	準急	1958.11～1960.2	高松桟橋～松山	溶岩台地、古戦場

地方名や市町村名にちなむ列車名

国鉄〜JRで地名にかかわる列車名には、旧国名とともに地方名（地域名）や市町村名をそのまま使用したネームも数多い。55ページの冒頭でも述べたように、利用客にとっては行き先や経由地がわかりやすいし、運営者側も適切な列車名が見あたらずに行きづまった場合は終点の駅名をつけておけばなんとか急場をしのげるからである。では、どのような列車名が登用されてきたか、まず地方名から調べてみよう。

全国が令制国から成っていた明治までの時代では、本州、四国、九州（島嶼5国を含む）にある73の国を、北から順に東山《とうさん》、北陸、東海、山陰、山陽、南海、西海の7つの「道」と、都（京）に近い「畿内」とに分けて行政がなされていた。このうち畿内は山城、大和、摂津、河内、和泉の5国、北陸、東海、山陰、山陽の4道については同名の鉄道沿線に沿った国と考えればよく、西海道は九州、南海道は四国と淡路・紀伊、東山道は現在の東北地方から関東・中部の内陸部を縦貫し、美濃・近江にいたるまでの広大な地域ということで大まかな位置がおわかりいただけるかと思う。

この7道のうち、「**北陸**《ほくりく》」「**東海**《とうかい》」「**山陽**《さんよう》」は同名の幹線列車名に使用。「北陸」にいたっては古称の「**越路**《こしじ》」や俗称の北国《ほっこく》（列車名は「**きたぐに**」）、それに北部地方の「**北越**《ほくえつ》」がそれぞれ特急や急行として輸送を支えていた。「**西海**《さいかい》」については「道」ではなく西海国立公園に由来するもので、西海道ほどスケールは大きくない。また、7道にはおよばないものの、規模の大きな地方を表すネームとしては「**北近畿**《きたきんき》」と「**西九州**《にしきゅうしゅう》」があるが、ローカル色が濃いせいか、4〜7両といった中規模な編成だった。

地方名でありながら旧国名と間違えそうになるのが「**会津**《あいづ》」「**津軽**《つがる》」と「**筑紫**《つくし》」。筑紫《ちくし》は狭義には筑前と筑後の両国を指し、広義では九州全土の古称なので、地方名としては最大の部類だ。3列車とも国鉄時代には東京都内からそれぞれの地方へのエリート列車として重要な役割を果たし、実績も共通している。

明治政府成立後に本格的な開発が始まった北海道は全体でひとつの「道」だが、これではあまりにも広すぎて行政サービスが行き届かないため、道庁の出先機関として14の地域に総合振興局もしくは振興局が置かれている。2010年3月までは支庁といったので、そのほうが馴染み深いかもしれない。この総合振興局にちなむ列車名には「**いぶり**」「**宗谷**《そうや》」「**そらち**」「**とかち**」「**日高**《ひだか》」「**ひやま**」の6種、「スーパー」を含めれば8種が存在する。「宗谷」と「とかち」は「スーパー」の接頭語を持つキハ261系特急が活躍中だが、ほかの4種は1～2両のローカル準急（急行）のままで消え去ってしまった。

全国の都道府県では北海道、岩手、福島に次いで4位の広さを誇るのが長野県。しかし、令制国では信濃の1国だけで、狭い大阪府が「摂河泉《せっかせん》」と呼ばれるように3国から成り立っているのとは対照的である。その長野県では「**あずみ**」「**伊那**《いな》」「**きそ**」「**ちくま**」の地域名が列車名になり、それぞれの観光開発に貢献を果たした。

そのほかにも、ネームから故郷の訛《なま》りが聞こえそうな地方名を持つ列車があるが、詳細は表11－1をごらんいただきたい。なお、道名列車などとは逆に、狭い地域を示すネームとしては「**みやぎの**」と「**みずしま**」がある。ハギで有名な仙台市東部の宮城野原《みやぎのはら》や、瀬《せ》戸内《とうち》の工業地域として名高い倉敷市内の水島《みずしま》地区に由来する。この両列車は優等列車3種別時代に登場しながらも、準急としての下積み経験がないのが共通している。

地方名列車はこのあたりで切り上げ、今度は都道府県や市町村名に関係する列車を調べてみよう。

まず、都道府県だが、旧国名とは正反対に登用数が少なく、道県名にちなむとははっきり言い切れるのは「**北海**《ほっかい》」と「**とちぎ**」「**しまね**」「**えひめ**」、それに東京都と千葉県が合体

表11-1　地域名にちなむ列車名一覧

地域名	都道府県	列車名	種別	運行期間	主な運転区間	記事
会津	福島	あいづ	特急	1968.10～1993.12	上野～会津若松	
		ビバあいづ	特急	1993.12～2002.12	郡山～会津若松	
飛鳥	奈良	あすか	特急	1965.3～1967.10	名古屋～東和歌山	枕詞で抽象性も併せ持つ
安曇野	長野	あずみ	急行	1961.10～1968.10	名古屋～長野	
伊那	長野	伊那	準急～急行	1961.3～1983.7	名古屋～辰野	伊那盆地を中心とした地域
		伊那路	特急	1996.3～現役	豊橋～飯田	1996.7から(ワイドビュー)を冠称
胆振総合振興局	北海道	いぶり	準急～急行	1962.19～1980.10	札幌～倶知安～伊達紋別～札幌	循環列車
木曽	長野	きそ	準急～急行	1959.9～1985.3	名古屋～長野	長野県南西部
北近畿	京都・兵庫	北近畿	特急	1986.11～2011.3	新大阪～福知山/城崎	
		エーデル北近畿	特急	1990.3～1999.10	新大阪～浜坂	
北国	富山・新潟など	きたぐに	急行	1968.10～2012.3	大阪～青森	旧北陸道の諸国
吉備	岡山	吉備	準急～急行	1960.6～1972.3	岡山～広島（呉線経由）	
頸城	新潟	くびき	準急～急行	1963.10～1968.10	新井～新潟	
越路	富山・新潟など	越路	急行	1952.10～1968.10	上野～新潟	旧北陸道の古称
山陽	岡山・広島など	山陽	急行	1968.10～1975.3	岡山～広島/下関	旧山陽道
相馬	福島	そうま	準急～急行	1960.4～1978.10	水戸～仙台	相馬市・南相馬市一帯
宗谷総合振興局	北海道	宗谷	急行	1961.10～2000.3	函館～稚内	
		スーパー宗谷	特急	2000.3～現役	札幌～稚内	
空知総合振興局	北海道	そらち	急行	1986.11～1990.9	札幌～滝川	
筑摩	長野	ちくま	準急～急行	1959.12～2003.10	大阪～長野	松本市を中心とする地方名
津軽	青森	つがる	特急	2002.12～現役	秋田～青森	
筑紫	福岡	つくし	急行	1956.11～1975.3	新大阪～博多	九州地方の古称
東海	愛知・静岡など	東海	準急～特急	1955.7～2007.3	東京～静岡	1996.7から(ワイドビュー)を冠称
		新東海	準急	1959.9～1961.10	東京～名古屋	全車座席指定
十勝総合振興局	北海道	とかち	特急	1997.3～2009.10	札幌～帯広	
		スーパーとかち	特急	1991.7～現役	札幌～帯広	
浪速（難波）	大阪	なにわ	急行	1956.11～1968.10	東京～大阪	大阪府付近の古称
那須	栃木	なすの	幹・特急	1995.12～現役	東京～那須塩原/郡山	
		Maxなすの	幹・特急	1995.12～2012.9	東京～那須塩原/郡山	
		新特急なすの	特急	1985.3～1995.12	上野～宇都宮/黒磯	
（南の地方）	―	南国	準急	1964.10～1965.10	高松～高知	南国土佐より命名
九州中部	熊本・大分	九州横断特急	特急	2004.3～現役	熊本～別府	
西九州	佐賀・長崎	西九州	準急～急行	1964..4～1980.10	別府～長崎・佐世保（日田経由）	
日高振興局	北海道	日高	準急～急行	1960.4～1966.6	札幌～様似	
檜山振興局	北海道	ひやま	準急	1963.12～1966.10	函館～江差	
北越	新潟	北越	特急	1970.3～2015.3	金沢～新潟	旧北陸道の北部
北陸	富山・新潟など	北陸	急行～特急	1950.11～2010.3	上野～金沢	旧北陸道を指す
宮城野	宮城	みやぎの	急行	1961.10～1965.10	上野～仙台	仙台市東部
水島	岡山	みずしま	急行	1965.10～1968.10	岡山～下関	倉敷市南部の地名
村山	山形	むらやま	準急	1963.10～1964.12	新庄～山形	山形盆地を中心とする地域
（雪が多い地方）	―	ゆきぐに	準急～急行	1959.4～1965.10	上野～長岡	

した「**京葉**《けいよう》」の5種だけ。1960年前後に運転されていた「京葉」が気動車準急だったのは、いまや600万超の人口の過半数が〝千葉都民〟とその家族といわれる千葉県では考えられないが、半世紀前の千葉の鉄道はそれだけ整備が遅れていたのである。「北海」はもちろん北海道に由来するが、設定時における道内での特急の地位から見れば、北海道特急を象徴するような雄大な列車名だった。このほか、県名と同じネームを持つ列車には「**秋田**《あきた》**リレー**」「**いわて**」「**エーデル鳥取**《とっとり》」「**ながさき**」「**みやざき**」があるが、「いわて」は岩手山《いわてさん》、残る4種は県庁所在都市名が列車名の故郷である。

次に都市名となると、表11－2に示すように、秋田、鳥取、長崎、宮崎を含む33市が列車名と関係している。このうちの25市と同名駅が列車の始終着駅を経験しているので〝安直な命名〟といわれてもいたしかたあるまい。そうしたなかで例外的存在は沖縄県都の那覇《なは》市にちなむ「**なは**」である。沖縄県には普通鉄道はなく、もちろん本土から鉄道連絡船も出ていない。では、どうして「なは」が列車名として採用されたのか。これについては、敗戦によって沖縄がアメリカの施政下に入ったものの、1960年代後半になると県民運動が功を奏して日本復帰が実現しそうな気配になったことが関係している。そうした折、1968年10月1日に全国ダイヤ改正が実施されるが、これを機に沖縄の新聞社が独自に

表11-2　都道府県や都市名などにちなむ列車名一覧

自治体名	列車名	種別	運行期間	主な運転区間	記事
北海道	**北海**	特急	1967.3～1986.11	函館～旭川（小樽経由）	
栃木県	**おはようとちぎ**	特急	2002.12～2010.12	黒磯/宇都宮～新宿	1995.12～2002.2新特急を冠称
	ホームタウンとちぎ	特急	2002.12～2010.12	新宿～黒磯	1995.12～2002.2新特急を冠称
島根県	**しまね**	急行	1965.10～1968.10	米子～博多	
愛媛県	**えひめ**	準急	1963.10～1965.10	高松～松山	1964.10までは全車座席指定
東京都＋千葉県	**京葉**	準急	1959.7～1962.10	両国～銚子・安房鴨川・館山	3方面併結列車
秋田県秋田市	**秋田リレー**	特急	1996.3～1997.3	北上～秋田	田沢湖線改軌に伴う代替列車
北海道旭川市	**旭川**	準急～急行	1962.4～1968.10	旭川～名寄～遠軽～旭川	循環列車
徳島県阿南市	**ホームエクスプレス阿南**	特急	2008.3～現役	徳島～阿南	運転距離24.5km
北海道網走市	**あばしり**	準急～急行	1965.10～1968.10	旭川～網走	
愛媛県宇和島市	**うわじま**	準急～急行	1961.10～1990.11	松山～宇和島	
佐賀県唐津市	**からつ**	急行	1966.3～1967.10	博多～佐世保（伊万里・有田経由）	
高知県高知市	**ホームエクスプレス高知**	特急	2007.3～2008.3	土佐山田～高知/須崎	
静岡県御殿場市	**ごてんば**	急行	1968.4～1985.3	東京～御殿場	
長野県駒ケ根市	**こまがね**	急行	1968.10～1986.11	東京～飯田	
鹿児島県薩摩川内市	**川内エクスプレス**	特急	2011.3～2016.3	川内～鹿児島中央	
千葉県佐倉市	**ホームタウン佐倉**	特急	1994.12～1995.12	東京～佐倉	
群馬県高崎市	**新特急ホームタウン高崎**	特急	1993.12～2002.12	新宿/上野～高崎	
香川県高松市	**モーニングEXP高松**	特急	2014.3～現役	伊予西条～高松	
	ミッドナイトEXP高松	特急	2001.3～現役	高松～伊予西条	
岐阜県高山市	**たかやま**	急行	1971.10～1999.12	大阪～高山	
北海道千歳市	**ちとせ**	準急～急行	1959.9～1990.9	室蘭～札幌	
岡山県津山市	**つやま**	急行	1997.11～2009.3	津山～岡山	
鳥取県鳥取市	**エーデル鳥取**	特急	1989.3～1999.10	大阪～鳥取	1994.12までは大阪～倉吉
三重県鳥羽市	**鳥羽**	準急	1961.3～1963.10	鳥羽～京都（草津線経由）	
長崎県長崎市	**ながさき**	準急～急行	1960.5～1968.10	博多～長崎	
沖縄県那覇市	**なは**	特急	1968.10～2008.3	大阪～西鹿児島	
北海道名寄市	**なよろ**	急行	1965.10～1984.2	札幌～名寄	
千葉県成田市	**成田エクスプレス**	特急	1991.3～現役	新宿/横浜～成田空港	実際には成田空港にちなむ
	ホームタウン成田	特急	1995.12～2004.10	東京～成田	
山口県萩市	**はぎ**	急行	1972.3～1975.3	米子～長門市	
大分県日田市	**日田**	準急～急行	1963.10～1985.3	直方～由布院（小倉経由）	
京都府舞鶴市	**まいづる**	特急	1999.10～現役	京都～東舞鶴	
愛媛県松山市	**モーニングEXP松山**	特急	2014.3～現役	新居浜～松山	
	ミッドナイトEXP松山	特急	2001.3～現役	松山～新居浜	
宮崎県宮崎市	**みやざき**	急行	1972.3～1975.3	門司港～宮崎	
京都府宮津市	**みやづ**	急行	1988.7～1996.3	大阪～天橋立（宮福鉄道経由）	
広島県三次市	**みよし**	急行	1985.3～2007.7	備後落合/三次～広島	
岩手県盛岡市	**もりおか**	急行	1972.3～1982.11	上野～盛岡（常磐線経由）	
北海道紋別市	**紋別**	急行	1962.5～1986.11	札幌～遠軽（名寄本線経由）	
北海道夕張市	**夕張**	準急～急行	1961.1～1972.3	札幌～夕張（岩見沢経由）	
北海道留萌市	**るもい**	準急～急行	1963.12～1986.11	旭川～留萌/幌延（留萠経由）	
北海道江差町	**えさし**	準急～急行	1960.10～1980.10	函館～江差	
北海道瀬棚町	**せたな**	急行	1966.10～1984.2	函館～長万部・瀬棚	
島根県津和野町	**つわの**	急行	1975.3～1980.10	小郡～浜田	
青森県深浦町	**深浦**	急行	1968.10～1982.11	深浦～鮫（青森経由）	
北海道増毛町	**ましけ**	準急～急行	1965.10～1980.10	札幌～増毛	
北海道松前町	**松前**	準急～急行	1963.12～1980.10	函館～松前	
宮崎県椎葉村	**しいば**	急行	1972.3～1978.10	別府～西鹿児島・鹿屋	
岩手県大船渡市盛	**さかり**	準急～急行	1963.10～1982.11	盛岡～盛（一ノ関経由）	字名・終点の駅名

表11-3　走行路線名にちなむ列車名一覧

路線名	列車名	種別	運行期間	主な運転区間	記事
羽越本線	**羽越**	急行	1968.10～1982.11	新潟～秋田	
石北線	**石北**	準急～急行	1958.6～1968.10	函館～網走	札幌～北見間準急（急行）
仙山線	**仙山**	準急～急行	1962.7～1982.11	仙台～山形	
池北線	**池北**	準急～急行	1962.10～1980.10	帯広～北見	読み方は「ちほく」
天北線	**天北**	急行	1961.10～1989.5	札幌～稚内	読み方は「てんぽく」
羽幌線	**はぼろ**	急行	1962.5～1986.11	札幌～幌延	
常磐線	**ときわ**	特急	2015.3～現役	品川/上野～勝田/高萩	

列車名公募を行い、そこで決定した「なは」のネームを〝県民の総意〟として国鉄本社に持ち込んだのである。国鉄もこれに応え、京都～西鹿児島間特急「**かもめ**」の上り方を大阪始終着として列車名を「なは」に改称。「なは」は都市名というよりは、沖縄の本土復帰を願う象徴列車名としての登用だが、1972年5月の復帰実現後も列車名は使用され、最終的には関西～九州間の寝台特急としての使命を2008年3月に運命をともにした。

これら都市にちなむ列車名で気になるのは、「**ホームタウン**」とか「**モーニングEXP**《エクスプレス》」とかいった接頭語をつけたネームが多いことである。これはいわずと知れた通勤・帰宅特急で、いずれもJR発足後に設定されているのが特徴である。通勤客のなかには通勤形車両に長時間立ちづめでいるより、多少の料金を払ってもリクライニングシートでくつろぐことを希望する向きがあり、JR各社としてもまとまった需要が期待できるので列車として成り立つのだろう。接頭語＋行き先の都市名の愛称にはうんざりもするが、交通機関が多様化した現在では、JRのみならず、鉄道会社の新しい特急像であるといえよう。ちなみに、都市名列車のうち、現役組の大半はこのタイプの列車群である。

都市ではなく、それより人口が少ない町村名や字《あざ》名を名乗る列車も「**えさし**」「**つわの**」

など8種が記録される。なかでも盛岡〜盛《さかり》間を大船渡《おおふなと》線経由で結んだ「**さかり**」は、盛岡方からはビジネス客の需要があっても観光客の利用はさほど見込めないため、苦しまぎれに終点の盛駅を列車名に採用したといった感じだ。盛駅は大船渡市内にあるので、列車名は「大船渡」でもよかったのだが、5文字と長いために敬遠されたのだろう。しかし、起終点駅が盛岡と盛で似通っているため、急行「さかり」の行き先札は「盛岡⇕さかり」で、盛駅は平仮名にされていた。

さらに、国鉄時代の列車名には、表11－3に示すように走行する路線名を名乗る列車も存在する。北海道に多いが、本州の「**羽越**《うえつ》」や「**ときわ**」は旧国名の合成ネームといっても、実体は走行路線に由来している。「**ごてんば**」や「**たかやま**」「**るもい**」「**えさし**」なども広義では路線名列車だが、ネームに由来する都市や町は、観光地であったり、沿線の主要駅として集客力を持ったりするので、ここでは市町村名にちなむ列車とした。

しかし、表11－2と表11－3を眺めると、路線名の「**池北**《ちほく》」や「**天北**《てんぽく》」「**はぼろ**」はいまやなく、それらと呼応するかのように「**紋別**《もんべつ》」「**えさし**」「**せたな**」「**松前**《まつまえ》」の市や町から鉄道が消えている。表中に掲載の列車も大部分が過去のもので、何か〝追悼抄〟を読んでいるような感じである。

天体や空にちなむ列車名

かつて「夜汽車」といわれた夜行列車は、眠りから覚めて、気がつけば朝靄《あさもや》が漂う田園風景のなかを走っていたり、朝焼けのなか、旅行雑誌などで「名山」として紹介されていた山が車窓に見えたりするなど、いやがうえにも見知らぬ遠くの土地にやってきたという旅情のようなものを感じさせてくれたものだった。そして深夜という非有効時間帯に移動できる便利さが受け、40年以上前の1970年代初頭までは長距離優等列車の主力でさえあった。その夜行列車も新幹線網の整備や航空機、高速バスといった交通機関の台頭、寝台料金の高値やJR各社の消極姿勢などの要因もあって、定期列車としては東京～高松《たかまつ》・出雲市間の「**サンライズ瀬戸《せと》**」「**サンライズ出雲《いずも》**」がかろうじて残っているにすぎない。

さて、そうした夜行列車のネームといえば真っ先に天体名が思い浮かび、実際に国鉄急行列車に列車名がつけられるようになった1950年11月には、東海道筋で既存の「**銀河《ぎんが》**」に加えて「**彗星《すいせい》**」と「**明星《みょうじょう》**」が加わって〝東海道夜行御三家〟と呼ばれたほか、上野～青森間に「**北斗《ほくと》**」が登場するなど輝かしい歴史を誇る。その後の夜行優等列車の発展から、天体に関係する列車名はかなりの数にのぼるのではと思われるが、登用されたネームとなると意外に少なく、範囲を広げて空にちなむ「**おおぞら**」と「**スーパーおおぞら**」を加えても表12のように18種だけである。このなかで日豊本線特急として活躍中の「**にちりん**」は太陽の異名なので、夜行列車に使用しにくいが、れっきとした天体名である。

さて、天体名を持つ列車の数が少ないことには2つの理由がある。まず1つ目は語呂や親しみやすさの関係で列車名にふさわしいネームがなかなか見あたらないことである。筆者は中学生のとき、理科の授業で太陽をとりまく惑星は「水金地火木土天海冥」と暗記させられたが、地球に近い天体で列車名になっているのは「**金星**《きんせい》」だけ。それも実際に「金星」を意味するのは「宵の明星」などにちなむ「明星」のほうで、列車名の「金星」は〝金色に輝く星〟を意味し、どの星のことを指すのかは特定していなかったようだ。また、「銀河」は太陽系を含む天体の集団である「銀河系」に由来し、晴れた夜空に帯状に見えることから「天の川」と呼ばれるのは、いまさら記すまでもない。「**銀河**《ぎんが》**ドリーム号**《ごう》」は宮沢賢《みやざわけん》治《じ》の童話『銀河鉄道の夜』にあやかった釜石《かまいし》線の夜間急行だった。

「北斗」と「**北斗星**《ほくとせい》」はともに大熊《おおくま》座の北斗七星《ほくとしちせい》に由来。「**すばる**」は牡牛《おうし》座のプレアデス星団にちなむ。ただ、「すばる」の列車としての運行期間は1年だけという短命だったので、自動車のブランド名である「スバル」のほうが圧倒的に著名だが、こちらも名前のルーツは同じだ。このほか、地球の唯一の衛星である月から派生する列車名としては「**月光**《げっこう》」と「**夕月**《ゆうづき》」がある。

天体のなかで実際に存在し、星の名前と位置が特定できるのは以上で、「彗星」は夜空を流れるほうき星からの命名で、「**海星**《かいせい》」や「**北星**《ほくせい》」「**新星**《しんせい》」となると、たんに海から見える星や北の空に広がる星、新しい星としての意味しかなさない。地球に身近なはずの「火星」や「木星」「土星」などが列車名として馴染まないように、星は無数にあっても、列車に命名するネームとなるとかぎられているのだ。なお、2015年3月まで上野〜札幌間で運転された「**カシオペア**」は臨時列車。私鉄では南海電鉄の特急「**サザン**」の列車名がサザンクロス（南十字星《みなみじゅうじせい》）に関係している。

2つ目に、天体ネーム列車が少ない理由としては、夜行列車であっても運転区間が限定されることが挙げられる。前述の「銀河」や「彗星」「北斗」は東京〜大阪間に特急「**つばめ**」「**はと**」、上野〜青森間に急行「**みちのく**」という昼行列車が運転されていたので、すんなり天体名を名乗ることができたが、同期の東京〜広島間急行「**安芸**《あき》」や、少し遅れて上野〜青森間を奥羽本線経由で結ぶ急行として登場した「**津軽**《つがる》」などは、そうはいかなかっ

★〔銀　　河〕 102レ 大阪発東京行き 20系12連
夜行列車には天体の列車名が似合う。なかでも最も早く登場し、新幹線開業前は東海道夜行急行の代表的な列車だった。★のマークは寝台特急用のものを白黒反転したもの。
1981.7.21 大井町〜大森

表12　天体や空にちなむ列車名一覧

列車名	種別	運行期間	主な運転区間	記事
天の川	急行	1963.4〜1985.3	上野〜新潟	「銀河」の別名
海星	急行	1965.10〜1967.10	新大阪〜博多	
銀河	急行	1949.9〜2008.3	東京〜大阪	太陽系を含む天体の集団
銀河ドリーム号	急行	1991.3〜1992.3	花巻〜釜石	釜石行きだけ。試行列車
金星	特急	1968.10〜1982.11	名古屋〜博多	太陽系の惑星
月光	特急	1967.10〜1975.3	新大阪〜博多	「光」にちなむ列車名にもかかわる
新星	急行	1964.10〜1982.11	上野〜仙台	
彗星	特急	1968.10〜2005.10	新大阪〜宮崎	ほうき星
すばる	急行	1963.10〜1964.10	東京〜大阪	牡牛座のプレアデス星団
北星	急行〜特急	1963.10〜1982.11	上野〜盛岡	
北斗	特急	1965.10〜現役	函館〜札幌	大熊座の7つの星
北斗星	特急	1988.3〜2015.3	上野〜札幌	北斗七星と同じ
明星	特急	1968.10〜1986.11	新大阪〜熊本	金星の異名
夕月	急行	1965.10〜1968.10	新大阪〜宮崎	
にちりん	特急	1968.10〜現役	大分〜宮崎空港	太陽の異名
ドリームにちりん	特急	1993.3〜2011.3	博多〜南宮崎	夜行列車
おおぞら	特急	1961.10〜2001.7	函館/札幌〜釧路	「**スーパーおおぞら**」は現役
スーパーおおぞら	特急	1997.3〜現役	函館/札幌〜釧路	

車両名や施設名を接頭語・接尾語に持つ「ハイパーにちりん」「ソニックにちりん」「にちりんシーガイア」は省略する。

た。つまり「安芸」や「津軽」は起終点相互間では唯一の優等列車なので、下り方の旧国名や地方名が優先され、夜行列車であっても天体名が授けられることはなかったのである。
したがって、天体名を持つ列車は、表12の運転区間から「銀河ドリーム号」を除けばすべてがエリート列車であることがよくわかる。とくに東海道新幹線が開業する前日まで、在来線の東京〜大阪／神戸間には気象現象に由来する愛称名を含むと、〝東海道七星〟よろしく「銀河」「彗星」「明星」「月光」「金星」「**あかつき**」「すばる」の寝台急行が運転されていたが、以後は廃止された「すばる」と、在来線寝台急行として残務整理にあたった「銀河」以外は、名古屋／関西〜九州間寝台特急にカムバックした。寝台列車のうち、「銀河」のほか「**天《あま》の川《がわ》**」「海星」「新星」「すばる」「北星」「夕月」は急行が最高位だったが、実力では特急並みの列車であることは、鉄道ファンの誰しもが認めるところである。

表中の「北斗」は上野〜青森間急行として生を受け、1959年9月に東京以北最初の寝台列車となりながらも、1965年10月には北海道内の昼行特急に転身している。その「北斗」（「**スーパー北斗**」を含む）が、いまや九州の「にちりん」とともに天体列車のネームを守り続けている。「北斗」は本来の夜行列車から身を引いたことで、還暦を過ぎたいまなお健在というのは皮肉な結果である。

速達列車が多い抽象的な列車名

第2章では列車名のルーツについて、かなり多くのページを割いて記述してきたが、前項までは多くのジャンルがあっても、目に見えたり、つかめたり、あるいは位置が確認できたりするなど、〝具体的なもの〟ばかりだった。それに対し、この項では、はっきりわからないもの、つまり抽象的な事項に由来する列車名について取り上げることにする。

この種の列車名が登場するのは敗戦後のことで、そのトップランナーは1949年9月15日に東京～大阪間で運転を開始した特急「**へいわ**」である。国鉄特急の歴史は、戦争が激化し、日本の敗色が濃くなった1944年4月に途切れているため、約5年半ぶりの復活で、列車名は〝不戦の誓い〟を込めて命名されたものだが、当時、わが国を間接統治していた連合国軍に気を使った感がありありだった。翌1950年10月1日には戦後初の全国ダイヤ改正が実施され、四国の高松桟橋（現在は高松駅に統合）～須崎《すさき》間に新設された準急に「**南風**《なんぷう》」のネームがつけられる。特急や急行の運転が国鉄本庁で決定されるのに対し、準急は当該の鉄道管理局に任されているので、四国鉄道管理局独自の命名だった。

その後、時代は下って、1956年11月に戦後初の夜行特急として東京〜博多間に「**あさかぜ**」、1958年11月には東京〜大阪／神戸間に電車特急「**こだま**」2往復が登場する。前者は「目覚めれば心地よい朝風」、後者は「車両が東京〜大阪間をこだまする（1往復する）」と列車の性格をうまく捉えており、利用客から大好評を博した。12ページの項で触れた特急には「抽象的な名称、またはわが国を……（以下略）」の〝列車名命名の法則〟もこのころに決定されたようだ。そのため、以後も抽象的な列車名は特急を中心に命名される。

では、抽象的な列車名にはどのようなものがあるのか。筆者はそれに属すると思われるネームを「風」「気象現象」「海（潮や波）」「光」「音」「色」「人」「時間帯」「枕詞」「願望」、そして「その他」の11に分類して表13にまとめてみた。このうち、「時間帯」はJR発足後の通勤・帰宅特急用、分類が難しい「その他」の3種や片仮名のつく列車名は「**ホワイトアロー**」を除いてすべてJR発足後の命名である。また、前項までの表に掲載したが、広い地域の「**ゆきぐに**」や「**南国**《なんごく》」、いかにも温泉らしい「**いでゆ**」や「**ゆけむり**」、海岸の広い砂地を表した「**なぎさ**」や、千葉県にある〝岬〟を示すものの場所を特定しない「**みさき**」、スキーヤーが喜びそうな「**銀嶺**《ぎんれい》」などは〝半抽象名列車〟と呼んでもよさそうだ。

これら抽象ネームのなかで、最も列車名に登用されたのは、「海」に関連した「**あさし**

表13　抽象的な列車名一覧

分類	列車名	種別	運行期間	主な運転区間	記事
風	あさかぜ	特急	1956.11～2005.3	東京～博多	
	いそかぜ	特急	1985.3～2003.3	米子～博多	
	さちかぜ	急行	1971.7～1975.7	小樽～旭川	1950年代に特急に使用
	しおかぜ	特急	1988.4～現役	岡山～松山/宇和島	
	南風	特急	1988.4～現役	岡山～高知/中村	
	はまかぜ	特急	1972.3～現役	大阪～鳥取（播但線経由）	
	はやて	幹・特急	2002.12～現役	東京～盛岡	
	はやとの風	特急	2004.3～現役	吉松～鹿児島中央	
	まつかぜ	特急	1961.10～1986.11	京都～博多（大阪・福知山経由）	「**スーパーまつかぜ**」は現役
気象現象	あかつき	特急	1965.10～2008.3	新大阪～西鹿児島・長崎	
	あけぼの	特急	1970.7～2014.3	上野～青森（奥羽本線経由）	
	あさぎり	準急～急行	1959.5～1980.10	門司～天ヶ瀬	御殿場線列車は高原名
	しらぎり	準急～急行	1962.3～1968.10	米子～広島（伯備線経由）	
	ゆうなぎ	特急	1964.10～1968.10	新大阪～宇野	
海に関係	あさしお	特急	1972.10～1996.3	京都～米子	
	うしお	準急～急行	1959.7～1968.10	名古屋～紀伊勝浦	
	うずしお	特急	1988.4～現役	岡山/高松～徳島	
	オーシャンアロー	特急	1997.3～2012.3	京都/新大阪～新宮	
	くろしお	特急	1965.3～現役	名古屋～天王寺（新宮経由）	
	くろしお	準急	1963.10～1965.10	両国～安房鴨川（勝浦経由）	座席指定列車に命名
	黒潮	急行	1961.10～1965.10	高松～窪川	
	さざなみ	特急	1972.7～現役	東京～館山/千倉	
	しおさい	特急	1975.3～現役	東京～銚子	
	しおじ	特急	1964.10～1975.3	新大阪～下関	
	わかしお	特急	1972.7～現役	東京～安房鴨川（勝浦経由）	
光	ひかり	幹・特急	1964.10～現役	東京～新大阪	1972.3までは幹・超特急
	きらめき	特急	2000.3～現役	門司港～博多	
	かがやき	幹・特急	2015.3～現役	東京～金沢	
	あさひ	幹・特急	1982.11～2002.12	東京～新潟	当初は大宮始発
	サンライズ出雲	特急	1998.7～現役	東京～出雲市（伯備線経由）	大分類では地名列車
	サンライズ瀬戸	特急	1998.7～現役	東京～高松	大分類では地名列車
音	こだま	幹・特急	1964.10～現役	東京～新大阪	各駅停車タイプ
	ソニック	特急	1997.3～現役	博多～大分	
	ひびき	特急	1961.10～1964.10	東京～大阪	定期化は1963.4
	やまびこ	幹・特急	1982.6～現役	東京～盛岡	当初は大宮始発
色に関係	あおば	幹・特急	1982.6～1997.10	東京～仙台	木々の清々しい青葉に因む
	しらゆき	特急	2016.3～現役	新井/上越妙高～新潟	
	こがね	準急～急行	1960.10～1972.3	名古屋～富山～高山～名古屋	循環列車・外回り
	しろがね	準急～急行	1960.10～1972.3	名古屋～高山～富山～名古屋	循環列車・内回り
	ホワイトアロー	特急	1986.3～1990.9	千歳空港～旭川	
	みどり	特急	1976.7～現役	小倉/博多～佐世保	
人に関係	踊り子	特急	1981.10～現役	東京～伊豆急下田	
	こまち	幹・特急	1997.3～現役	東京～秋田	
	はやと	急行	1965.10～1968.10	門司港～鹿児島	
時間帯	おはようエクスプレス	特急	2001.10～現役	福井～金沢	
	おやすみエクスプレス	特急	2003.3～現役	金沢～福井	
	ミッドナイトEXP	特急	2000.8～2001.3	高松～伊予三島	行き先駅名つきで現役
枕詞	あすか	特急	1965.3～1967.10	名古屋～東和歌山	「飛ぶ鳥の明日香」
	やくも	特急	1972.3～現役	岡山～出雲市	「八雲立つ出雲」
願望	へいわ	特急	1961.10～1962.6	大阪～広島	
	のぞみ	幹・特急	1992.3～現役	東京～博多	
その他	くにびき	特急	1988.3～2001.7	米子～益田	出雲風土記の国引き伝説にちなむ
	はるか	特急	1994.9～現役	京都～関西空港	
	みのり	特急	1999.3～2002.12	高田～新潟	稲や果実の実りにちなむ

「サンライズ出雲」「サンライズ瀬戸」を除き接頭語・接尾語を持つ列車名は省略する。

お」など11種。このうち、「**くろしお**」はなんと1965年3月から9月末までのあいだは同名の列車が全国3カ所で運転されていた。それも紀勢本線は特急、四国は急行「**黒潮**《くろしお》」、房総は準急といった具合に、である。一覧表のなかでは漢字の急行と平仮名の準急がお互いの顔を立てながら共存共栄するなかを南紀特急が割って入った感じだが、特急と同名の列車が存在するのは好ましくないのか、1965年10月改正で四国急行と房総準急はほかのネームに改名されてしまった。なお、現在も外房線特急として活躍中の「**わかしお**」も「くろしお」の同義語である。183系電車が活躍していた時代には381系「くろしお」によく似たイラストマークをつけていた。

「くろしお」3列車や「わかしお」は列車名どおりに黒潮が流れる位置に近い海岸を走るが、ネームに即していないのが「**あさしお**」。金沢〜出雲市間で運転されていた急行時代を含め、もっぱら日本海側の海岸線をたどっていた。いまは過去の車両になったキハ181のヘッドマークには水平線から昇る朝日が描かれていたが、実際にはこうした光景を眺めることはできなかった。「**うしお**」と「**うずしお**」はよく似ているが、漢字では潮と渦潮で、「うしお」は潮の総称、「うずしお」は鳴門《なると》海峡の渦潮にちなむ。とくに「うずしお」は高徳《こうとく》本線（現・高徳線）特急にぴったりのネームだが、四国連絡特急時代の先代「うずしお」を知るファンにとっては、もっと車両を連結してほしいところだ。

抽象ネームでの登用第2位は「風」に関連する9種。表中では「**さちかぜ**」だけが急行だが、これは最後に運転されたデータを示したもので、実際には1950年代に短期間ながら東京～長崎間特急として運転された実績がある。このため、〝風シリーズ〟はすべて特急のエリート集団であり、「**スーパーまつかぜ**」を含めれば、なんと6種が現役だ。JR九州の観光特急のはしりとなった「**はやとの風**《かぜ》」は「はやと」と「風」の合成。「はやと」は経由地の隼人《はやと》駅や隼人町（現・霧島市）より、鹿児島県人を象徴する「薩摩隼人」にちなむものと解釈したほうがよさそうである。

抽象ネームでは、気象現象、光、音、色にちなむような列車もそれぞれ4～6種あり、健闘している。

「気象現象」は5種。夜明けを意味する「**あかつき**」と「**あけぼの**」はいずれも寝台特急で終焉《しゅうえん》。「**あさぎり**」は1959年から1980年まで20年以上にわたって同名列車が九州と関東に両立したが、霧に関係するのは九州列車のほうで、日田《ひた》盆地に発生する朝霧にちなむ。中国山地を走った「**しらぎり**」も同義語の列車だが、こちらは三次《みよし》盆地の白霧がネームの故郷だった。しかし、気象現象の霧にかかわる列車は時間の経過とともに消滅し、朝霧高原にちなむ特急だけが現役として残っている。

「光る」を含む「光」関連は6種で、なかでも超特急の種別を経験した「**ひかり**」はこのなかでもピカイチ的存在であることは記すまでもない。「**あさひ**」はもともと山岳名だったが、新幹線特急への登用で「昇る朝日」にちなむ抽象名に転身。このあたりは色に関係する「**あおば**」も同じだが、詳細は次項で解説することにする。また、現役唯一の寝台列車「**サンライズ出雲**《いずも》」と「**サンライズ瀬戸**《せと》」の「**サンライズ**」は、実際には285系電車の車両名であり、広義には地名ネームの列車である。

「音」にちなむネームは4種で、「こだま」と「**やまびこ**」はもちろん同義語。出自の差異はあるが、東海道並びに東北新幹線では開業時から使用されている。「**ひびき**」は新幹線開業前の東海道本線特急として活躍したものの、響きが騒音公害につながるせいか、その後はお呼びがかからない。「**ソニック**」は「音、音速の」を意味する英語の〝sonic〟に由来。「ソニック」はJR九州初の振り子式電車883系の車両名で、最初は「**ソニックにちりん**」として運転されていたのだが、車両名が列車名を乗っ取った形になった。

「色」に関係する列車は6種あり、「**みどり**」はなんと色そのものを示す。当時とすれば思い切った列車名だったが、新緑のようなさわやかさが受けたのか、いまも健在。１９６０

年代に名古屋始終着の中部循環列車として名を馳《は》せた金銀コンビは、先に北陸本線に入る「**こがね**」は穀倉地帯の稲穂、高山本線に進路を取る「**しろがね**」は飛騨《ひだ》山脈の銀嶺にちなむという秀逸な命名だった。

このほか、少数勢力組としては、人や時間帯、枕詞、願望が由来と思われるもの、そして、それらのどれにも属さず、「その他」にひとくくりにした列車名がある。

明らかに人名が特定されるJR九州の〝人名特急〟はさておき、「人」にかかわるのは3種で、「**踊り子**《おどこ》」は伊豆方面への優等列車の特急一本化に際して川端康成《かわばたやすなり》の小説「伊豆の踊子」から命名。当時は列車名としてふさわしいかどうか、識者と呼ばれる人たちのあいだで賛否両論の意見が渦巻いていた。「**こまち**」は平安時代の歌人・小野小町《おののこまち》や、米のブランドである秋田小町などに由来するが、秋田行きの新幹線特急のイメージとして好感が持たれたことで列車名に登用される。1960年代の一時期に鹿児島本線の夜行急行として運転されていた「**はやと**」については薩摩隼人が列車名のルーツだった。運転区間からは現役の「はやとの風」より由来がはっきり読み取れる。

「**やくも**」と「**あすか**」はどう考えても特定の地域がイメージされ、島根県には平成の大合併まで八雲《やくも》村が存在したし、奈良県には明日香《あすか》村が現存するので、地名列車と見なされてもしかたがない。しかし、この両特急が設定された1965年はまだ〝列車名命名の法則〟が生きていた時代なので、ローカル地名の登用などとうてい考えられなかった。では、地名でなければ、ネーム由来の落としどころをどこにしたのか。答えは「枕詞」である。この詳細については12ページの項を参照されたい。

「へいわ」と「**のぞみ**」は抽象ネームの代表ともいえるもの。由来などは記す必要もないようだ。「のぞみ」と同義語になる「**きぼう**」も国鉄時代に関西から東京方面への修学旅行専用列車のネームとして使用されていた。

「時間帯」に関する列車名については、いまさら記述する必要もないので省略させていただく。残る〝無所属〟の3種はJR発足後の特急ネームだが、列車名が簡潔で奇抜性もなく、好感が持てる。「**くにびき**」は山陰地方のローカル特急にふさわしく、出雲風土記の国引き伝説より命名。「**はるか**」は空港アクセス特急らしく、旅客は終点から〝はるかかなた〟の目的地を目指す。「**みのり**」は列車そのものが成熟しないうちに枯れてしまった感じで、実りの秋が終わった沿線の田畑はやがて「**しらゆき**」に覆われる季節を迎えている。

以上で抽象的な列車名の記述を終わる。本書のタイトルではないが、何かと〝謎〟が多いのも、この種のネームの特色でもある。

新幹線の列車名に見られる法則とは

第2章のまとめとして、新幹線の列車名にも時系列的に触れておきたい。一覧は表14に示した。1956年11月の全線電化後は年々輸送量が増加する東海道本線（狭軌）の線増政策として、標準軌（広軌）別線の高速鉄道である東海道新幹線が開通したのは1964年10月1日のこと。地方幹線では蒸気機関車が牽く優等列車の姿も見られた当時、東京〜新大阪間を200㎞／h以上のスピードで日帰りも楽々可能な4時間で結ぶ新幹線は、まさに〝特別な鉄道〟だったが、それから半世紀以上を経た現在ではミニ新幹線を含む9路線を有し、気軽に乗れる便利な高速鉄道として定着している。

さて、新幹線の列車名だが、東海道新幹線建設の段階では愛称はつけず、たんに「超特急○○号」といった列車番号だけで旅客案内をしたり、特急券（指定券）を発売したりする方法が検討されていたようだが、すでに国鉄では列車名が定着していたこともあり、公募で速達の超特急は「**ひかり**」、各駅停車の特急は「**こだま**」と決定される。当時、東京〜新大阪だけでも十数本ずつの設定がある超特急と特急を種別ごとの2つのネームだけにまとめるというのは、列車番号をそのまま号数番号に流用するという方式が採用されたとはいえ英断だった。「ひかり」は九州の気動車急行からの転用、「こだま」は東海道在来線からの横滑りだが、光速と音速との見事なコンビができあがり、とくに「ひかり」は「HIKARI」として世界に通じる日本国鉄の看板列車名にまで成長する。

東海道新幹線は新大阪から西は山陽新幹線として延長され、1972年3月に岡山、1975年3月には九州の博多に達するが、列車は東京から通しで運転されたこともあり、2本建ての列車名は相変わらずだった。しかし、1972年3月に山陽区間での「ひかり」の停車駅が多様化したため料金は一本化され、「ひかり」の種別は特急に変更される。

1982年には新幹線は東京以北に延伸され、東北新幹線と上越新幹線が開業する。列車名は、東北の速達型が「**やまびこ**」、各駅停車型が「**あおば**」、上越の速達型が「**あさひ**」、各駅停車型が「**とき**」と命名される。「あさひ」は急行からの栄転だが、ほかの3種は在来線特急でも馴染みのあるものばかりだった。このうち「とき」が各駅停車型に回ったのは、当時、トキ（朱鷺）が絶滅寸前だったのが理由。「あおば」と「あさひ」は在来線時代にそれぞれ青葉城《あおばじょう》と朝日岳《あさひだけ》に由来するネームとして親しまれていたが、超エリートの新幹線列車名に地名に類似する愛称はふさわしくないせいか、「あおば」は「木々の青葉の

表14　新幹線特急の列車名一覧

列車名	新幹線名	運行期間	主な運転区間	記事
のぞみ	東海道・山陽	1992.3〜現役	東京〜博多	速達列車・別体系料金
ひかり		1964.10〜現役	東京〜岡山	1972.3までは超特急
こだま		1964.10〜現役	東京〜名古屋	東海道と山陽に分かれて運転。各駅停車列車
みずほ	山陽・九州	2011.3〜現役	新大阪〜鹿児島中央	速達列車・別体系料金
さくら		2011.3〜現役		
つばめ	九州	2004.3〜現役	博多〜熊本	各駅停車列車
やまびこ	東北	1982.6〜現役	東京〜盛岡	
Maxやまびこ		1994.7〜2012.9		
あおば		1982.6〜1997.10	東京〜仙台	各駅停車列車
Maxあおば		1994.7〜1997.10	東京〜那須塩原	各駅停車列車
なすの		1995.12〜現役	東京〜郡山	各駅停車列車
Maxなすの		1995.12〜2012.9	東京〜那須塩原	各駅停車列車
はやて	東北・北海道	2002.12〜現役	東京〜盛岡	
はやぶさ		2011.3〜現役	東京〜新函館北斗	速達列車・別体系料金
つばさ	東北・山形	1992.7〜現役	東京〜新庄	
こまち	東北・秋田	1997.3〜現役	東京〜秋田	東北新幹線内は別体系料金
スーパーこまち		2013.3〜2014.3		E6系＋E5系で東北新幹線内300km/h運転
あさひ	上越	1982.11〜2002.12	東京〜新潟	
Maxあさひ		1994.7〜2002.12		
とき		2002.12〜現役		新幹線初代は1982.11〜1997.10。各駅停車タイプ
Maxとき		2002.12〜現役		初代は1994.7〜1997.10。各駅停車タイプ
たにがわ		1997.10〜現役	東京〜越後湯沢	
Maxたにがわ		1997.10〜現役		
かがやき	北陸	2015.3〜現役	東京〜金沢	速達列車・料金別体系
はくたか		2015.3〜現役		
あさま		1997.10〜現役	東京〜長野	
つるぎ		2015.3〜現役	金沢〜富山	在来線特急接続のシャトル列車

Maxを接頭語とする列車はオール2階建てのE1系またはE4系で運転。

すがすがしさ」、「あさひ」は「昇る太陽の明るく新鮮なイメージ」にちなむと発表された。「あおば」と「あさひ」が抽象列車名に転身した瞬間でもある。

やがて国鉄が解体し、ＪＲの時代を迎えるとともに、新幹線は航空機への対抗もあり、さらなる高速時代を迎える。１９９２年3月には、その第1陣として東海道新幹線に最高速度を在来車より50㎞／ｈアップした２７０㎞／ｈとし、東京〜新大阪間の2時間30分到達を可能とする３００系電車が登場。スピードアップの見返りに〝割増料金〟を徴収するため列車名を一新することになり、「**のぞみ**」と命名される。これによって「ひかり」は速達型から主要駅停車型に使命を変える。

また、フル規格新幹線とは別に、山形や秋田など新幹線の建設ルートから外れている都市には狭軌の在来線を標準軌化して新幹線車両を乗り入れさせるミニ新幹線方式が採用され、山形には「**つばさ**」が、秋田には「**こまち**」が直通する。「つばさ」は奥羽本線特急で実績ある愛称だが、人名や米のブランド名で知られた「こまち」は初登場だった。さらに、これとは別に東北・上越新幹線の混雑対策用として１９９４年にオール2階建てのＥ１系が登場。Ｅ１系使用列車は車両愛称名である「**Max**《マックス》」を接頭語としてつけるため、「**Max**《マックス》**やまびこ**」などの列車名が現れる。同様の例としては、ＪＲ西日本の「ひかり」で、１００

系V編成の（グランドひかり）、0系リニューアル車の（ウエストひかり）、700系特別仕様車の（ひかりレールスター）などがあるが、こちらはサブネーム扱いなので、一人前の列車名としては認められないのは残念なところである。

1995年12月には意表をつくような形で東京～那須塩原間の各駅停車型として「**なすの**」が登場する。これだけは、どんな言い訳をしても地名に由来する列車名である。この背景には、国鉄末期から上野～仙台間で「やまびこ」の停車駅が多様化したことによって「あおば」の利用率が低下し、区間特急ともいうべき東京～那須塩原間列車が増加したのが理由である。東北新幹線利用客にとって、「仙台行き列車」のイメージが強い「あおば」のネームは、那須塩原止まりでは誤乗する客も出るなど、命名の不適切さが指摘されるようになり、急遽《きゅうきょ》「なすの」の出番となったのである。もっとも、旅客にとっては列車名の由来などはどうでもよく、行き先と途中停車駅だけがわかればいいのである。

1997年10月には北陸新幹線のうち高崎～長野間が長野行新幹線として先行開業する。東京～長野間特急の列車名は「**あさま**」が在来線から横滑りする。もちろん浅間山にちなむネームである。この改正でJR東日本新幹線では列車名の命名基準を従前の速達と各駅停車による区別から下り方の行き先別に変更され、東北新幹線は仙台以北行きが「やまびこ」、那須塩原までの列車は「なすの」とされる。同様に、上越新幹線は新潟直通が「あさひ」、越後湯沢までの区間列車は「**たにがわ**」となる。「たにがわ」も谷川岳《たにがわだけ》にちなむ在来線特急からの転用で、JR東日本は地名新幹線時代を迎える。これにともなって「あおば」と「とき」の列車名は消滅する。

その後、しばらく動きがなかったが、2002年12月になって東北新幹線が八戸延長を迎える。新幹線が青森県に達したこともあって、東京〜八戸間列車の愛称公募が行われ、「**はやて**」と命名される。また、長野行新幹線開業以来、東京〜大宮間では列車名が平仮名で1字しか違わない「あさひ」と「あさま」の相互間で誤乗が相次いだため、上越新幹線では「あさひ」に代わって「とき」が5年ぶりに復活する。そして2004年3月には九州新幹線新八代《しんやつしろ》〜鹿児島中央間が飛び地的に開業し、JR九州のフラッグシップトレインである「**つばめ**」がそのまま列車名を担当する。

2010年から2011年にかけては東北・九州両新幹線の新青森・博多への延伸開業が実現。東北新幹線は新青森開業の2010年12月時点では列車名の変更はなかったが、2011年3月5日から新製E5系による「**はやぶさ**」が運転を開始する。わざわざ東日本には運転実績のない鳥名列車を持ってきてまで東京〜新青森間での列車名を「はやて」

と区別したのは、将来的に最高速度320㎞／hでの運転を行い、それによる付加価値分を料金として上乗せするのが狙いだった。同様に、「はやぶさ」と併結の「こまち」にも最高速度をE5系並みに向上したE6系が投入されるが、2013年3月から2014年3月までのあいだは東北新幹線内での最高速度が275㎞／hのE3系が併用されたため、E6系使用で最高速度300㎞／h運転を行う列車は「**スーパーこまち**」の名で運転され、特急料金が区別された。わずか1年間だけだったといえ、「スーパー」のつく列車が新幹線内を走ったのは、現在のところ「スーパーこまち」だけである。

九州新幹線も2011年3月12日に博多〜鹿児島中央間が全通し、山陽新幹線との相互直通運転が開始される。注目の列車名は山陽・九州直通の速達列車が「**みずほ**」、主要駅停車が「**さくら**」と、かつての九州ブルートレインから転身する。「つばめ」は九州内の各駅停車型として残ったため、東海道・山陽と比較すると、「のぞみ」と「みずほ」、「ひかり」と「さくら」、そして「こだま」と「つばめ」が同格となる。

新幹線の波は2015年3月には北陸にも押し寄せ、東京〜金沢間の直通運転が実現する。同区間の列車名は速達型が「**かがやき**」、主要駅停車タイプが「**はくたか**」と、いずれも金沢（一部福井）以東の在来線特急として活躍した実績があり、北陸地方ではとくに人気を誇るネームが登用される。「かがやき」はつかみどころのないような抽象列車名の代表だが、列車名に〝かが（加賀）〟が先頭に立つことで、速達列車への採用が決定したときには、金沢をはじめとする石川県人は大喜びだったのではなかろうか。「はくたか」はいわずと知れた架空の鳥（鷹《たか》）である。また、並行在来線の第三セクター鉄道化の影響で、金沢～富山間にもシャトル特急として「**つるぎ**」が設定され、かつて大阪～新潟間のブルートレインに採用されていた山岳列車名が蘇《よみがえ》る。

そして2016年3月26日、新幹線はいよいよ北海道に線路を延ばすが、北海道内の区間が短く、終点も寒駅だった新函館北斗（旧・渡島大野《おしまおおの》）のせいか、残念ながら新列車名の設定はなかった。

こうして新幹線の列車名を見ていくと、起終点が1本の線でつながっている東海道・山陽・九州特急は、かつての〝命名法則〟に則《のっと》った「抽象名や花（植物）、鳥」で占められているのに対し、JR東日本を中心とする新幹線は途中で何カ所かの枝分かれをしているせいか、抽象名や鳥名のほか、地域名や山岳名も加わってバリエーションが豊かである。しかし、「かがやき」や「こまち」「とき」のように地名やそれに関連する愛称でなくても、行き先をそれとなく示しているのはほほえましい感じがする。

第3章
列車名なんでもランキング

長い列車名、短い列車名

国鉄～ＪＲでは、90年近く前の昭和初期の時代から現在にいたるまで、定期優等列車（毎日運転の不定期または臨時列車を含む）に命名された列車名だけで５７７種を数える。これは「**くろしお**（**黒潮**）」や「**あさぎり**（**朝霧**）」「**なぎさ**」のように同じ時期に全国の複数個所で運転されていた列車や、同音名の列車であっても平仮名と漢字の違いのほか、列車名のルーツもまるっきり異なる「**よど**」（淀川）と「**予土**《よど》」（伊予＋土佐）なども同一のネームと見なしての数字であることを、まずお断りしておきたい。また、１９６０年前後の一時期、総武本線や房総東・西線の多層建て（１９２ページの項参照）準急に見られた行き先を示す補助愛称や、現在もＪＲ東海の在来線特急でお馴染みの（**ワイドビュー**）の接頭語など、カッコつき部分は列車名数から外した。つまり、新宿発車時は「房総（犬吠《いぬぼう》）」「房総（内房）」「房総（外房）」の３階建て列車で銚子《ちょうし》・安房鴨川方面に向かう列車であっても、本項では列車名は「**房総**《ぼうそう》」とした。また、中央西線《ちゅうおうさい》（中央本線の名古屋側の通称）では３８１系と３８３系とが併用され、「**しなの**」と「**（ワイドビュー）しなの**」の双方が走っていた時期があったが、ひとくくりに「しなの」と表記させていただくことをご理解願いたい。

では、列車名のランキングを話題とする第3章では、手始めに古今577の列車名のロングとショートから述べるが、列車名の字数と本数との関係を表15－1にまとめてみたので、ごらんいただきたい。この字数については、漢字表記や列車名にローマ字部分を持つ列車は平仮名または片仮名に直して文字数を数えたほか、促音や拗音《ようおん》、長音も1字として文字数を計算したことも記しておく。

さて、数ある列車名で3字や4字のものが圧倒的に多いのは、地名や名字などと同じような関係があるのか、全体の70％近くを占める。これに2字を加えると437種になって4分の3を超えるが、これについては、列車名は短いほうが簡潔でわかりやすいほか、1960年代の前半までは電話（携帯ではなく固定電話）のある家庭が少なく、急な連絡には電報が使われていたことが挙げられる。当時の『時刻表』では⊖の記号がつく駅が多数見られ、それらの駅で電報を取り扱っていた。電報料金は電文の字数で決まるため、列車名は短いほうが利用客から都合がよかったのである。

さて、最も短い列車名だが、さすがに1字だけというのは存在せず、2字の40列車が該当する。スペースもさほど取らないので五十音順に列挙すると、**「あい」「安芸《あき》」「阿佐《あさ》」「あそ」「阿波《あわ》」「伊豆《いず》」「伊勢《いせ》」「伊那《いな》」「いよ」「おが」「おき」「加賀《かが》」「紀伊《きい》」「きそ」「吉《き》備《び》」「佐多《さた》」「佐渡《さど》」「志賀《しが》」「志摩《しま》」「すわ」「瀬戸《せと》」「出羽《でわ》」「都井《とい》」「とき」「土佐《とさ》」「鳥羽《とば》」「とも」「那智《なち》」「なは」「能登《のと》」「はぎ」「はと」「日田《ひた》」「ひだ」「ひば」「富士《ふじ》」「美保《みほ》」「むつ」「ゆふ」「よど」**となり、馴染み深いネームが並ぶ。このうち、「とき」「ひだ」「ゆふ」は新幹線や在来線の気動車特急として現在も活躍中だ。

平仮名にすると2字になる列車名のうち、ローマ字に直すと最も短いのは「あい」で、こちらも「ＡＩ」の2文字になる。この「あい」は１９９０年代後半の一時期に徳島線で運転された特急だが、短い列車名のタイトルを有するほか、国鉄～ＪＲの列車名を五十音順に並べても必ずトップに名を連ねるという幸運の持ち主でもある。

短い列車名はこのくらいにして、長い列車名に話を移そう。まず、国鉄時代の１９７０年代までは前述のような事情もあり、長い列車名は7字の**「九十九島《くじゅうくしま》」「信越《しんえつ》いでゆ」**、8字の**「上越《じょうえつ》いでゆ」「西九州《にしきゅうしゅう》」**、9字の**「南八幡平《みなみはちまんたい》」**が目立つ程度だった。

このうち、「南八幡平」は１９６６年10月の田沢湖線全通にともなって盛岡～秋田間で2往復の運転を開始した気動車急行である。沿線には線名となった田沢湖があるので**「たざ**

表15-1　列車名の字数

字数	列車名数		字数	列車名数	
	数	割合(%)		数	割合(%)
2	40	6.9	10	11	1.9
3	182	31.6	11	4	0.7
4	215	37.3	12	3	0.5
5	33	5.7	13	0	–
6	18	3.1	14	2	0.3
7	27	4.7	15	3	0.5
8	21	3.6	16	4	0.7
9	13	2.3	17	1	0.2
			全	577	100.0

わ」を名乗るのがベストだったが、「たざわ」のネームは上野～秋田間急行に使用中だったのでボツ。では沿線に近い「八幡平」とするにも花輪《はなわ》線列車のイメージがあるので、結局はその南側を走る列車として「南八幡平」に落ち着いた。ここで当時の国鉄としては最長の列車名ができあがるが、なんとも苦しまぎれの設定といえた。この「南八幡平」は1968年10月改正で念願の「たざわ」に変更されたため、列車名はお蔵入りするが、以後も長い列車名のタイトルホルダーとしての地位は揺るぎなかった。

しかし、国鉄末期の1985年3月14日改正では高崎線と東北本線上野～黒磯《くろいそ》間に「**新特急**」を接頭語に持つ列車が登場する。その経緯については36ページの項に記したので重複を避けるが、「新特急」だけでも7字となるため、当該の「**新特急谷川《たにがわ》**」「**新特急なすの**」などは10字以上となり、「南八幡平」をあっさり抜いてしまう。

さらに、JR時代になると、JR各社は新車やグレードアップ車、あるいは通勤・帰宅列車を利用客にアピールするため、特急に「**スーパー**」や「**エーデル**」「**サンライズ**」「**ハイパー**」「**ビュー**」「**Max**《マックス》」「**おはよう**」「**さわやか**」「**ホームタウン**」などの接頭語や「**エクスプレス**」といった接尾語をベタベタとつける。JR九州では格助詞である「の」でつないだ列車名まで登場する。なかには接頭語を2つも有するネームまで生まれ、10文字以上の列車名などはめずらしくなくなり、まさに収拾がつかない状況になる。もう一度、表15－1をごらんいただきたい。列車名の字数は4字をピークに、5字は33、6字は18と減少する。1970年代までなら7字以上は数えるくらいしかなく、以後は尻すぼみになるのだが、表では7字は27となって息を吹き返している。これらのうち、「九十九島」など前述した列車名以外はすべて「新特急」登場後に命名されたものばかりである。

では、現在までで最も長い列車名は何かといえば、高崎線の帰宅列車として運転されていた「**新特急ホームタウン高崎《たかさき》**」で、2つの接頭語を有するため、字数は17である。以下、

表15-2　長い列車名一覧

字数	列車名	種別	運行期間	主な運転区間	記事
17	**新特急ホームタウン高崎**	特急	1993.12.1～2002.12.1	新宿・上野～高崎	下りのみ
16	**スーパーくろしおオーシャンアロー**	特急	1996.7.31～1997.3.8	京都/新大阪～新宮	283系電車使用
	新特急ホームタウンとちぎ	特急	1995.12.1～2002.12.1	新宿～黒磯	下りのみ
	ミッドナイトEXP高松	特急	2001.3.1～現役	高松～伊予西条	下りのみ
	ミッドナイトEXP松山	特急	2001.3.1～現役	松山～新居浜	上りのみ
15	**九州横断特急**	特急	2004.3.13～現役	熊本～別府	
	モーニングEXP高松	特急	2014.3.15～現役	伊予西条～高松	上りのみ
	モーニングEXP松山	特急	2014.3.15～現役	新居浜～松山	下りのみ
14	**新特急さわやかあかぎ**	特急	1997.10.1～2002.12.1	前橋～新宿	上りのみ
	新特急おはようとちぎ	特急	1995.12.1～2002.12.1	黒磯/宇都宮～新宿	上りのみ

14字以上の列車名を記載。EXPはJR四国では「エクスプレス」として旅客案内をしているため6字とする。

14字までの列車名を表15－2にまとめてみた。この表には土曜・休日運転の「**新特急ウイークエンドあかぎ**」や、JR西日本で一時期運転された「**スーパー雷鳥《らいちょう》（サンダーバード）**」は含んでいないのでご承知いただきたい。

こうした長い列車名だが、14字未満でも「**成田《なりた》エクスプレス**」は「N'EX《ネックス》」、「**指宿《いぶすき》のたまて箱《ばこ》**」は「IBUTAMA《いぶたま》」と車両にペンキ書きされているように、実際には現場でも略したネームで通称されているようだ。北海道旭川《あさひかわ》市に住む筆者の義母の弟が十数年前に大阪にやってきたとき、「旭川から新千《しんち》歳《とせ》空港まで『**スーパーホワイトアロー**』の指定券を買うときは、窓口ではどういうんですか」と尋ねたところ、「エル特急（スーパーホワイトアローやライラックのこと）は絶対に座れるので安い自由席に乗る。指定席を取る人は『10時のエル特急1枚』などといって切符を買ってるよ」との返事だった。だいたい、ヘリコプターを「ヘリ」というように言葉を略して使うことが好きな日本人が、長い列車名の切符を求めるのに、わざわざフルネームを使うといったことはないと見るのが自然だろう。

ＪＲ発足前後の時代からしばらくのあいだ、長い列車名と呼応するかのように、第三セクター鉄道や地方の中小私鉄では話題づくりを目的に、やたらと長い駅名が生まれる。しかし、話題づくりへの取り組みは買われたところで、長い駅名については否定する向きが圧倒的に多かったのは動かしがたい事実である。同様に、接頭語がベタベタと並ぶ超ロングの列車名も評価に値するものではないとして切り捨てておきたい。

長寿の列車名、短命の列車名

１９５０年代には〝夢の超特急〟とまでいわれた新幹線電車が東京～新大阪間で運転を開始したのは１９６４年10月1日のこと。当時の列車名は速達の超特急が「**ひかり**」、各駅停車の特急が「**こだま**」だったが、この列車名はそれから半世紀以上を経た現在も『時刻表』に載っている。しかも、両列車とも同じネームの先代は図らずも１９５８年に東海道電車特急や九州の気動車急行として登場し、新幹線開業と同時に〝栄転〟しているので、「ひかり」と「こだま」の列車名は60年近くも途切れることなく線路上を走っているわけである。国鉄～ＪＲを代表する名列車は長寿を誇る列車でもある。しかし、列車名の長寿番付をつくると、この「ひかり」と「こだま」でも9位と10位で、ベストテンに入るのがやっとといった状態なのだから、上には上があるのだ。

では、最も長寿を誇るのはどの列車なのか。答えは現在もＪＲ四国特急で活躍中の「**南**《なん》**風**《ぷう》」である。戦後最初の全国ダイヤ改正が実施された１９５０年10月に四国鉄道管理局が土讃本線準急に命名したこの列車名は、その後も土讃本線の看板列車として君臨するが、

1968年10月には高松〜須崎／窪川《くぼかわ》間急行名が「**あしずり**」に統合されたため九州に渡り、別府〜西鹿児島・鹿屋《かのや》間急行に活躍の場を見いだす。しかし、1972年3月の四国特急新設に際しては土讃本線特急に最もふさわしいネームとして四国に里帰りし、現在も山陽新幹線接続の岡山始終着列車として14往復が運転されている。「南風」は登場後、この5月で65年7カ月になり、日本人でいうところの〝前期高齢者〟だが、四国では新幹線建設の計画がなく、岡山〜高知間では安定した乗車率を誇っているので、よほどのことがないかぎり、この先も長寿記録の更新が続きそうだ。

第2位は北海道特急の「**北斗**《ほくと》」。ネームの命名が「南風」より約1カ月遅れたのは、国鉄本庁がダイヤを決める急行では1950年10月当時、「**銀河**《ぎんが》」以外の列車に命名のような話はなく、11月になって決定したのがその理由。上野〜青森間では戦前からの夜行急行の流れを汲《く》む「北斗」は1965年10月になってネームが北海道昼行特急にコンバートされるが、それが縁で今日にいたっている。しかし、車両は国鉄設計のキハ183系で老朽化が問題となっており、全列車がキハ261・281系使用の「**スーパー北斗**《ほくと》」に置き換えられれば、その時点で列車名が消滅する恐れがあって、今後の動向から目が離せない。

第3位の「**有明**《ありあけ》」は列車名が示すように九州の生まれ。一時期は岡山〜熊本間の電車急

〔南風3号〕 33D 岡山発中村行き JR四国2000系7連
1950年の登場以来、準急・急行・特急と種別が変わっても絶えることなく活躍を続ける。還暦を過ぎたいまも、どこまで寿命を延ばすか注目される。1997.8.17 岡山

表16-1　長寿列車名一覧　　2016年5月1日現在

順位	列車名	設定時			廃止時			在位期間	記事
		設定年月日	種別	運転区間	廃止年月日	種別	運転区間		
1	南風	1950.10.1	準急	高松桟橋～高知	現役	特急	岡山～高知/中村/宿毛	65年7カ月	
2	北斗	1950.11.8	急行	上野～青森	現役	特急	函館～札幌	65年5カ月	1965.10から北海道内特急
3	有明	1951.11.25	準急	門司港～熊本	現役	特急	博多～長洲	64年5カ月	
4	しなの	1953.11.11	準急	名古屋～長野	現役	特急	名古屋～長野	62年5カ月	1996.7から〈ワイドビュー〉を冠称
5	日本海	1950.11.8	急行	大阪～青森	2012.3.17	特急	大阪～青森	61年4カ月	
6	北陸	1950.11.8	急行	上野～長岡～大阪	2010.3.13	特急	上野～金沢	59年4カ月	
7	銀河	1949.9.15	急行	東京～大阪	2008.3.15	急行	東京～大阪	58年6カ月	
8	ひだ	1958.3.1	準急	名古屋～富山	現役	特急	名古屋～高山/富山	58年2カ月	1996.7から〈ワイドビュー〉を冠称
9	ひかり	1958.4.25	急行	博多～小倉～別府	現役	幹・特急	東京～岡山など	58年	
10	こだま	1958.11.1	特急	東京～大阪/神戸	現役	幹・特急	東京～名古屋など	57年6カ月	

末端が普通になる列車は優等列車として運転の区間を記す。

行として運転された時期もあったが、1967年10月に九州内初の特急に抜擢されて以来、鹿児島本線内に定着している。2011年3月の九州新幹線全通では去就が注目されたが、博多〜長洲《ながす》間の通勤・帰宅特急としてなんとか生き長らえている。

第4位の「**しなの**」は誕生から現在までほぼ一貫して名古屋〜長野間で活躍。蒸気機関車牽引《けんいん》の客車準急として登場した列車は、沿線の発展と時代の流れに歩調を合わせるかのように、気動車での急行や特急時代を経て、電車特急へと進化を遂げている。第8位の「**ひだ**」も誕生時から高山本線で活躍中だが、生まれが1958年とあって気動車列車で登場。黄色地に赤い帯を巻いたキハ55系が気動車準急ブームを巻き起こしたのも、電車特急「こだま」と同様に、いまや〝大過去〟の話である。

第5位から第7位までは近年姿を消した寝台列車が入る。かなり前から北陸新幹線開業時点で廃止の噂《うわさ》があった「**北陸**《ほくりく》」は別として、「**日本海**《にほんかい》」は航空機や新幹線ではカバーできない区間が存在し、「**銀河**《ぎんが》」は潜在需要が大きい巨大都市をバックボーンとすることで、関係のJR会社がサービス改善に力を入れれば十分に存続する可能性があっただけに、引退は残念だった。これら3列車は、これから先も運行期間が止まったままなので、近いうちに長寿列車一覧表から姿を消す運命となる。代わって1959年生まれの「**やまびこ**」

「やくも」「オホーツク」が虎視《こし》眈々《たんたん》とベストテン入りをうかがっている。

これら長寿列車については表16－1に掲げるが、列車名が長持ちするには、そのネームが沿線の利用客から親しみやすいものであるのがいちばんであることは記すまでもない。このほか、新幹線の動向に影響されない地方幹線で運転されていることは、長寿には欠かせない要素になるし、逆に新幹線が開業しても新幹線特急ネームとして採用されれば、よほどのことがないかぎりは長命を保つことができそうだ。

ここまでは半世紀以上におよぶ長寿列車について述べてきたが、今度は逆に短命列車について話を進めよう。

最近では、２０１３年3月16日改正で登場した秋田新幹線Ｅ６系特急**「スーパーこまち」**の列車名が、わずか1年後の２０１４年3月15日に**「こまち」**に統合されて消滅したことは記憶に新しい。しかし、「スーパーこまち」のように運行期間が1年以下に終わったネームは国鉄～ＪＲの長い歴史のなかではさほどめずらしいことではなく、筆者が調べたかぎりでは定期列車だけで50近くが存在する。そのなかで運行期間をさらに絞り、10カ月未満の列車を表16－2にまとめてみたので、ごらんいただきたい。

この短命列車名については、鉄道ファンのあいだでは戦後の特急として最初に復活した

「**へいわ**」（初代）の3カ月半というのがあまりにも有名だったが、筆者は毎日運転の臨時列車も定期列車の一員と見なしているので範囲を広げてみると、その「へいわ」より短命な列車名が見つかった。1964年10月1日から11月末までの2カ月間、西舞鶴《にしまいづる》～福井間で運転された「**臨時《りんじ》わかさ**」である。1964年10月改正で、北陸本線では電車特急「**雷《らい》鳥《ちょう》**」や「**しらさぎ**」とともに、金沢～出雲市間を日本海沿いの小浜《おばま》・宮津線経由で結ぶ気動車急行「**あさしお**」が新設されるが、新幹線車両の製造を急いだのか、3列車とも車両がダイヤ改正に間に合わず、運休を余儀なくされた。

　このうち、「あさしお」は、当時の北陸本線を含む走行区間の大部分が単線であることや、1964年10月の在来線ダイヤの改正は既存ダイヤに挿入する形であったため、全区間で新規のダイヤを設定するのは難しく、福井～西舞鶴間は既存の準急「**わかさ1－2号**」のダイヤを活用した。そこで問題となるのが「わかさ1－2号」の扱いで、ローカル準急とはいえ利用率が好調な列車を運休させるわけにはいかないし、かといって福井～西舞鶴間だけを急行「あさしお」として運転すれば料金が跳ね上がり、利用客からの反発は必至である。「あさしお」登場までは「わかさ1－2号」をそのままの列車名で走らせれば丸く収まるのだが、逆時間帯の姉妹列車である「わかさ2－1号」は1964年10月改正で号数

表16-2　短命列車名一覧

順位	列車名	設定時			廃止年月日	運行期間	記事
		設定年月日	種別	運転区間			
1	**臨時わかさ**	1964.10.1	準急	西舞鶴～福井	1964.12.1	2カ月	金沢～出雲市間急行「**あさしお**」に格上げ
2	**へいわ①**	1949.9.15	特急	東京～大阪	1950.1.1	3カ月16日	「**つばめ**」に改称
3	**臨時南紀**	1960.10.28	準急	新宮～天王寺	1961.3.1	4カ月4日	「**南紀3-1号**」に改称
4	**二荒**	1958.4.14	準急	上野～黒磯・日光	1958.10.1	5カ月17日	同時間帯に上野～福島間準急「**あぶくま**」設定
5	**スーパーくろしおオーシャンアロー**	1996.7.31	特急	京都～新宮	1997.3.8	8カ月8日	「**オーシャンアロー**」に改称
6	**ふたば**	1959.9.22	準急	広島～長崎	1960.6.1	8カ月9日	同時間帯に岡山～博多間急行「**山陽**」設定
6	**くにさき**	1959.9.22	急行	京都～大分	1960.6.1	8カ月9日	都城に延長。「**日向**」に改称
6	**へいわ③**	1961.10.1	特急	大阪～広島	1962.6.10	8カ月9日	東京に延長。「**つばめ**」に改称
6	**やましろ**	1961.10.1	急行	東京～大阪	1962.6.10	8カ月9日	下り「**第1宮島**」、上り「**第1なにわ**」に改称
10	**うちうみ**	1967.10.1	急行	新宿～安房鴨川	1968.7.1	9カ月	房総西線経由。「**うち房**」に改称
10	**そとうみ**	1967.10.1	急行	新宿～安房鴨川	1968.7.1	9カ月	房総東線経由。「**そと房**」に改称
12	**なると**	1961.10.1	準急	高松～徳島	1962.7.18	9カ月17日	下り「**阿波3号**」、上り「**むろと1号**」に改称
12	**眉山**	1961.10.1	準急	高松～徳島	1962.7.18	9カ月17日	下り「**阿波2号**」、上り「**むろと2号**」に改称
14	**平和②**	1958.10.1	特急	東京～長崎	1959.7.20	9カ月19日	「**さくら**」に改称

在位期間が10カ月未満の列車を記載。運行期間に廃止当日は含まない。○数字は代数。

番号を外した「わかさ」に改称されているので、それも具合が悪い。そこで窮余の策として、「わかさ1－2号」は「臨時わかさ」の名で1964年10月改正を乗り切る。そして2カ月後にキハ58系の急行「あさしお」が運転を開始すると、つなぎの列車としての使命を終えた「臨時わかさ」は姿を消した。

同じ臨時がつくネームでも、短命3位の「**臨時南紀**《りんじなんき》」は設定の事情が異なる。まず1960年当時の紀勢本線といえば、その前年に東西分断が解消した全通フィーバーもあり、とくに旧紀勢西《きせいさい》線（和歌山市側）区間の準急は年間を通して高い乗車率を誇っていた。海水浴を含む観光シーズンともなると全車座席指定の「**きのくに**」には指定券買い占めのダフ屋が横行。自由席車で編成される「**南紀**《なんき》」は通路まで満員で、乗れない旅客は普通列車を利用するため、C58も重連で10両ほどの客車を牽いていた。マイカーなど夢の時代で道路も整備されていなかったので、観光地の多い紀勢本線は繁盛していたのである。そうした準急の混雑緩和のため、キハ55系の増備車の落成に合わせて1960年10月28日に新宮《しんぐう》～天王寺間に気動車準急1往復が新設され、「臨時南紀」と命名される。当時、「南紀」は2往復あり、既存列車の号数番号を変更したくなかったのと、1961年春に紀勢本線では急行新設を含めたダイヤ改正が予定されていたため、毎日運転の列車でありながら「臨時」の名で当面をしのいだのである。

短命4位の「**二荒**《ふたあら》」と6位の「**ふたば**」は聞き慣れない列車名だが、両列車とも登場後、さほど時間がたたないうちに実施されたダイヤ改正で同じ時間帯に長距離準急や気動車急行などが設定されたため、ダイヤを譲る形で廃止される。このうち、「ふたば」は1955年10月に広島～門司《もじ》間準急として運転を開始した当時はノーネームだったが、1959年9月の命名後は時間帯のよさが受けて気動車化が優先され、東区間は岡山～博多間急行「**山**《さん》**陽**《よう》」、西区間は博多～長崎間準急「**ながさき**」に置き換えられる。まさに種をまいてやっと出たふたばが〝本葉〟になる過程のうちに摘み取られてしまった感じだった。

ともに10位の「**うちうみ**」と「**そとうみ**」は、1967年10月改正で、それまでの房総東・西線気動車急行「**外房**《そとぼう》」「**内房**《うちぼう》」のうち、安房鴨川で可変式ヘッドマークをひっくり返して循環運転を行う5往復を線内止まりの列車と区別するためにネームを変更する。しかし、「うちうみ」と「そとうみ」の列車名は漠然としているのか、それとも海水浴臨（臨時列車）のイメージが強いのか、房総地区ではなかなか馴染まず、翌年7月には「**そと房**《ぼう》」と「**うち房**《ぼう》」に再度改称される。結果的には意味のない列車名変更だった。

12位は高徳本線の「**なると**」と「**眉山**《びざん》」。1961年10月改正で同線準急「**阿波**《あわ》」グループ5往復のうち、宇高《うこう》連絡船（宇野～高松間）を介して本州内特急「**富士**《ふじ》」に接続する列車を「なると」、急行「**瀬戸**《せと》」接続を「眉山」とし、列車名を「阿波」から分離。要するに四国支社は高徳本線準急のうち、この2列車を本州連絡のエリート列車として育てるつもりだった。しかし、1962年7月には徳島から先の牟岐《むぎ》線にも準急が「**むろと**」の列車名で直通するようになり、混乱を避けるため高松～徳島間準急は「阿波」に一本化され、「なると」と「眉山」のネームもあっけなく消滅してしまう。

さて、短命列車名を語る場合に避けて通ることができないのが「へいわ」。漢字の「**平**《へい》**和**《わ》」を含め、この列車名は国鉄時代に3度登場するが、いずれも1年ももたずに列車名の改称で姿を消している。理由などを分析すれば、まだまだページがいるので詳細は割愛するが、要するに「戦争」という文字が見え隠れする「へいわ」のネームについては人によって受け取り方がそれぞれ異なり、列車名として不適切と見る向きも少なくないのだろう。とくに大阪～広島間の気動車特急として登場した3代目「へいわ」は1961年10月の設定時ですら三原《みはら》までは架線の下を走っており、広島まで電化が完成すれば同区間の電車特急にならないかぎりはネームともども追われる運命であり、短命は最初から約束されているようなものだった。その3代目「へいわ」につきあう形で運命をともにしたのが東京～大阪間電車急行の「**やましろ**」である。

残る2列車名のうち、大分県の国東《くにさき》半島にちなむ急行「**くにさき**」は列車の都城延長でネームがそぐわなくなって「**日向**《ひゅうが》」に改称。JR発足後に登場した「**スーパーくろしおオーシャンアロー**」は283系電車の車両愛称でもある「オーシャンアロー」だけで列車の性格がわかるせいか、本来の列車名を示す部分が削り取られてしまった。

短命列車については、長寿列車より長々と解説したが、設定時期とのかかわりもあってか、ほとんどの列車名が発展的な解消を遂げており、運行期間が短かったとはいっても不名誉なものではない。

運行本数の多い列車名

現在、JRの特急は「**サロベツ**」や「**サンライズ出雲**《いずも》」などのように号数番号を有しない列車以外は原則として複数本数が設定されている。では、実際にどの列車の設定本数が最も多いのか、まず新幹線から調べてみたい。

新幹線は、記すまでもなく特急だけが走る超エリート路線であり、そのなかでも東海道・山陽新幹線は列車密度が抜群に高いため、列車本数第1位はその主軸列車である「**のぞみ**」で、なんと片道の下りだけで76本が設定されている。とくに東京〜新大阪間では、ビジネス客の利用が多い朝夕の時間帯に1時間あたり10本の設定が可能なダイヤが組まれているほか、日中も毎時4本の列車が運転されているのだから、この本数は当然といえよう。なお、本項では列車本数について、特別な場合を除いて下りの本数で表記することにする。

新幹線の第2位は各駅停車の「**こだま**」で74本。上りの本数いかんによっては「のぞみ」を逆転する可能性があるので、こちらも調べてみたが、同数であるため、追い抜くことはできなかった。東海道新幹線では日中毎時2本運転の「こだま」の本数が合計では「のぞみ」に迫るのは、新大阪を境に運転区間が東海道と山陽とに分かれており、直通の多い「のぞみ」と違い、まったく別個の列車として設定されているのが理由である。東海道区間は主に700系の編成で16両。これに対して山陽側は500系や700系「レールスター」車両による8両が標準の編成である。

第3位は東北新幹線の「**やまびこ**」で45本。新青森全通以後は「**はやぶさ**」に看板列車の座を譲っているが、本務といえる東京〜盛岡間列車を担当するほか、東京〜仙台間列車の一部は山形方面直通の「**つばさ**」を併結。自由席も連結され、利用しやすい列車として好評で、東北新幹線の主力列車であることはいまも変わらない。

「**ひかり**」は第4位になってやっと登場。国鉄時代からJR発足直後までは名実ともに東海道・山陽新幹線の花形だったが、「のぞみ」登場後は看板列車の座を譲ったうえに、品川駅が開業した2003年10月改正では「のぞみ」中心のダイヤパターンが組まれたため、列車本数も追い抜かれてしまった。現在では34本が設定され、日中は毎時2本の東京〜新大阪/岡山間運転が基本。山陽新幹線を終点の博多まで通しで運行するのは3往復のみで、それも名古屋または新大阪始終着である。

第5位はJR九州の「**つばめ**」。九州内運転の各駅停車特急がこの位置にランクインとは意外な気がするが、８００系6両主体の短編成であっても、博多〜熊本間での列車本数を確保しようとするJR九州の経営姿勢が31本の数字に表れているようだ。

JR九州では山陽新幹線からやってくる「**さくら**」も27本で6位に顔を見せる。こちらは新大阪〜鹿児島中央間直通のほか、九州内で完結する列車も設定。後者の大半は熊本〜鹿児島中央間が各駅停車となり、南部区間旅客の便宜を図る。

第7位は「はやぶさ」。東北新幹線内の宇都宮〜盛岡間で国内最速の３２０㎞／h運転を行い、いまやJR東日本のフラッグシップトレイン的存在だ。23本という本数もまずまずといったところだが、これは東京〜盛岡間や仙台〜新函館北斗間などの〝区間列車〟を含めた数字で、東京〜新函館北斗間直通となると、半数以下の10本にすぎない。需要促進のためには最低でも1時間あたり1本の計算となる14本は欲しいところである。

新幹線で本数20本以上の列車名はこの7種だけ。上越新幹線の「**とき**」がランクインしていないのは不思議な感じだが、これは「**Max**《マックス》**とき**」を別愛称として扱ったのが理由で、両方を合わせれば28本になる。

逆に、新幹線特急で本数が少ないのは、3本（上り2本）の「**たにがわ**」を筆頭に、「**はやて**」の5本（上り4本）、「**みずほ**」の6本が続く。ちなみに、1桁の本数の列車名はこれだけである。

「たにがわ」が極端に少ないのは大半の列車がE4系の「**Max《マックス》たにがわ**」として運転されるためだが、そのE4系は老朽廃車が進行中で、JR東日本でも今後は2階建て新幹線車両の増備予定がないため、「たにがわ」は「とき」とともに、これからは本数を増やすものと思われる。その一方、東北・北海道新幹線で〝最高速度275㎞／h以下で、かつ全車座席指定〟といった厳しい条件をクリアした列車のみに授けられる「はやて」の前途は厳しいが、北海道直通の2本のみは当面存続することは確実だ。博多〜鹿児島中央間を途中熊本だけに停車する「みずほ」は現状の本数が妥当といったところだろう。

新幹線はこのあたりでさておき、在来線に目を移すと、こちらも20本以上設定の列車名は偶然にも新幹線と同じ7種である。そのうち4位までの顔ぶれは「**ソニック**」「**はるか**」「**かもめ**」「**成田《なりた》エクスプレス**」で、JR九州特急と空港アクセス特急とが、それぞれ2種ずつで勢力を分け合っている。

「ソニック」と「かもめ」が30本前後の本数を誇るのは、九州の首都ともいえる福岡（博多）と中・西九州の中心都市である熊本・大分・長崎の各市とのあいだは国鉄時代から高速バスの発展が著しく、国鉄〜JRでは対抗上、列車の編成両数を短くしても本数を増やすことでサービス向上に努めてきたのが理由である。いまや新幹線の活躍の舞台となった博多～熊本間は日中毎時3本、在来線の大分や長崎には毎時2本（長崎は1本の時間帯もある）の特急を運転。これが「ソニック」や「かもめ」の本数となって数字に反映している。しかも両列車には振り子式の883系や885系を投入することでスピードアップにも力を注いでいるのである。

空港アクセス特急では関西空港行きの「はるか」が30本、成田空港行きのその名も「成田エクスプレス」が27本設定されている。「はるか」は1994年9月の登場時から毎時30分ヘッド（間隔）の計30本運転がセールスポイントだったが、2011年3月改正で利用率の低い日中の6本を削減。しかし、その後の外国人観光客の増加で、この2016年3月には元の本数に戻されている。一方の「成田エクスプレス」も日中は毎時30分ヘッドが確保されているが、朝晩に1時間ヘッドとなる時間帯があったり、成田空港での初発列車の時刻が関西空港より遅く、逆に終着列車は早かったりすることもあって、「はるか」より少ない本数に甘んじている。いずれにしても、空港アクセス特急がこれだけ繁盛しているということは、外国との往来がさかんであることの証しだが、一方では新幹線鉄道といえども長距離輸送では限界が見えているということでもある。

5位から7位までは「**サンダーバード**」「**スーパーカムイ**」「**ときわ**」といったJR西日本、北海道、東日本3社の看板電車特急が並ぶ。「サンダーバード」は北陸新幹線全通までのつなぎの特急としてはもう少し本数が欲しいところ。「スーパーカムイ」は2010年12月までは28本運転だったが、輸送力過剰なのか、同改正で日中の列車が削減され、まだ当時の本数には復していない。常磐線の「ときわ」は速達型「**ひたち**」の補完的列車といった性格だが、小回りが利くせいか、本数では「ひたち」の15本をしのいでいる。以上、多本数列車については表17－1と表17－2も参照していただければ幸いである。

なお、在来線で本数の少ない列車としては、冒頭の2種のほか、「**日光**《にっこう》」「**きぬがわ**」「**ホームエクスプレス阿南**《あなん》」「**サンライズ瀬戸**《せと》」が1往復きり。「**あかぎ**」は下りの設定がなく、上りが2本なので、本数的には1往復と同じだ。

さらに、これより少ない列車としては、片道のみ1本という列車がある。北陸本線では下りの「**おはようエクスプレス**」、上りの「**おやすみエクスプレス**」が該当。JR四国では『時刻表』予讃線ページの下りに「**モーニングEXP**《エクスプレス》**松山**《まつやま》」と「**ミッドナイトEXP**《エクスプレス》**高松**《たかまつ》」、上りに「**モーニングEXP**《エクスプレス》**高松**《たかまつ》」と「**ミッドナイトEXP**《エクスプレス》**松山**《まつやま》」が顔をのぞかせている。早朝と深夜とで1往復する通勤・帰宅列車では、こうした運転形態もやむなしといっ

表17-1　多本数列車名一覧（新幹線）
2016年5月1日現在

順位	列車名	新幹線名	主な運転区間	設定本数			記事
				下り	上り	合計	
1	**のぞみ**	東海道・山陽	東京〜新大阪/博多	76	77	153	
2	**こだま**	東海道・山陽	東京〜名古屋	74	74	148	東海道と山陽とで独自に運転
3	**やまびこ**	東北	東京〜仙台/盛岡	45	43	88	
4	**ひかり**	東海道・山陽	東京〜新大阪/岡山	34	36	70	博多乗り入れは3往復だけ
5	**つばめ**	九州	博多〜熊本/鹿児島中央	31	30	61	
6	**さくら**	山陽・九州	新大阪〜鹿児島中央	27	26	53	
7	**はやぶさ**	東北・北海道	東京〜新函館北斗	23	24	47	

定期列車のみ。片道（下り）20本以上の列車名を掲載。

表17-2　多本数列車名一覧（在来線）
2016年5月1日現在

順位	列車名	路線名	主な運転区間	設定本数			記事
				下り	上り	合計	
1	**ソニック**	鹿児島・日豊	博多〜大分	32	32	64	
2	**はるか**	東海道・阪和	京都〜関西空港	30	30	60	
2	**かもめ**	長崎	博多〜長崎	29	31	60	下り4本・上り6本は通勤特急
4	**成田エクスプレス**	総武・成田	大船・池袋〜成田空港	27	27	54	
5	**サンダーバード**	湖西・北陸	大阪〜金沢	24	24	48	
6	**スーパーカムイ**	函館	札幌〜旭川	23	23	46	
7	**ときわ**	常磐	品川/上野〜勝田	23	22	45	上野口で「**ひたち**」と合わせ30分ヘッド

定期列車のみ。片道（下り）20本以上の列車名を掲載。

たところか。

このほか、座席指定車を連結する快速列車は指定券発売の関係で列車名と号数番号を有する。そのなかでも新千歳空港〜札幌／小樽《おたる》間の「**エアポート**」は下り59本・上り57本、岡山〜高松間の「**マリンライナー**」は下り39本・上り36本の本数を誇るほか、「**関空《かんくう》快速《かいそく》**」や「**シーサイドライナー**」のように号数番号を持たない多本数運転の快速も存在する。

しかし、本書では列車名の範囲を定期の優等列車と定めているため、これ以上の記述は控えさせていただくことにする。

「はやぶさ」は九州から北海道へ……〝転勤族〟の列車名

東北新幹線では２００２年12月の八戸延伸開業後、Ｅ２系の「**はやて**」が東京〜八戸間を最速２時間56分で結んでいたが、将来の新青森や北海道への延長運転時における航空機との対抗を考慮すれば、この数字でもまだまだ不満が残った。そこで２０１０年度の新青森延伸時を目標に東北新幹線内での最高速度を３２０㎞／ｈに引き上げ、東京〜新青森間での２時間台運転を可能とするＥ５系電車が開発・設計される。そのＥ５系特急はスピードアップの見返りとして既設の「はやて」などとは別レートの料金を徴収するため、新列車名が公募され、２０１０年５月に「**はやぶさ**」と発表される。このネームはその前年まで東京〜九州間寝台特急として使用されており、とくに漢字では「隼」と書くため鹿児島特急のイメージが強いとあって、一部の鉄道ファンのあいだからは非難の声も聞かれた。

しかし、ハヤブサという鳥は、個体数こそ多くないものの、北海道を含む日本全国で見られる留鳥（季節移動をしない鳥）であり、東京から北に向かう列車に命名したところで別段の違和感はない。それどころか、鳥類ではもちろん、動物のなかでも最も速いスピード（推定390km／h）を出す能力があるといわれるハヤブサは、日本一のスピード列車となるE5系特急にぴったりのネームであるといえよう。かくして東北新幹線新青森延伸後の2011年3月5日から運転を開始した「はやぶさ」は2015年3月26日に北の大地に足を踏み入れる。これによって「はやぶさ」の名を持つ列車は新幹線と在来線の違いはあっても、新幹線北端の新函館北斗と南端の鹿児島中央（当時は西鹿児島）の両駅間を駆け抜けたわけである。「はやぶさ」こそ稀《まれ》に見るスケールの大きい列車名である。

「はやぶさ」と同じく九州ゆかりの列車名が北海道に転身した例としては「**さちかぜ**」がある。1956年11月に東京〜博多間で運転を開始し、中間の関西を深夜に通過したダイヤで結ぶ夜行特急「**あさかぜ**」が大好評で迎えられたため、その増発列車として、翌年には東京〜長崎間に「さちかぜ」が増発される。しかし、漢字では「幸風」と書くこの列車だが、幸せな日は長く続かず、1年後の1958年10月には「**平和**《へいわ》」に改称されてしまう。列車名が「あさかぜ」と似ているため、旅客の誤乗や切符購入時の間違いが少なくなかったというのが列車名廃止の理由だった。

その後、「さちかぜ」の列車名は鳴りを潜めていたが、約13年後の1971年7月になって北海道の札幌〜旭川間で再登場する。同区間の711系電車急行「**かむい**」は俊足と乗り心地のよさで人気を集めていたので、グループの総帥格列車としてノンストップ列車を設定することになり、「さちかぜ」のネームが選ばれたのである。急行ながら特急より速い列車として「さちかぜ」はビジネス客から好評を博すが、１９７５年７月には電車特急の波は北海道にも押し寄せる。この時点で「さちかぜ」の名は実績から特急にスライドで格上げされる予定だったが、それでは増収政策があまりにも露骨なのか、列車名には「**いしかり**」が登用される。こうして特急へのカムバックを逃した「さちかぜ」の愛称は現在にいたるまでお蔵入りしたままだが、北海道では７１１系とともに根強い人気を保っている。

本州から北海道に転身した列車には「**おおとり**」と「**北斗《ほくと》**」、それに函館乗り入れの「**白《はく》鳥《ちょう》**」がある。「おおとり」は１９６１年10月改正で東京～名古屋間電車特急として登場するものの、１９６４年10月の東海道新幹線開業であえなく廃止。しかし、１日とてブランクをつくることなく、函館～網走・釧路間の気動車特急に転身する。「おおとり」のネームは「はばたくこと三千里、つむじ風にのること六万里」という想像上の巨大な鳥に由来するが、まさにそれを地で行った感じだった。「おおとり」はＪＲ発足後もしばらく存続したので、東海道での活躍のほうがいまや伝説である。「北斗」と「白鳥」については１３３ページの項と48ページの項を参照していただくこととして記述を省略する。

特急〔おおとり〕 3028D 網走発函館行き キハ80系10連
東海道新幹線開業で一夜にして東海道本線から北海道に移動した特急「おおとり」。鳥名に由来する列車名だからこそ大移動も可能だ。1986.8.2 苗穂～白石

北海道と同様に四国もＪＲ発足直後の１９８８年４月までは鉄道が本州から孤立していたため、本州などから列車名が転入すれば、それだけで〝大移動〟だった。現在、予讃線や高徳線で特急を張っている「**しおかぜ**」や「**うずしお**」も本州からの転身組である。「しおかぜ」は１９６５年10月に新大阪～広島間の電車特急として２往復が登場するが、１９６８年10月改正での列車名統廃合で「**しおじ**」に一本化されて姿を消す。しかし、山陽新幹線岡山開業の１９７２年３月には土讃本線の「**南風**《なんぷう》」とともに「しおかぜ」のネームは四国初の特急に登用され、高松～宇和島《うわじま》／松山間で３往復の運転を開始。瀬戸大橋《せとおおはし》線開業後は岡山で新幹線に接続する予讃線特急

として不動の地位を築いている。
「うずしお」は前述の「おおとり」と同様に、「サン・ロク・トオ」で大阪〜宇野間の電車特急として登場。この「うずしお」は3往復にまで成長するが、1972年3月で行き場がなくなって廃止される。しかし、瀬戸大橋線開業の1988年4月改正では高徳線にも特急が新設されることになり、沿線に近い鳴門海峡で見られる「うずしお」のネームが抜擢される。11往復中1往復は岡山始終着となって本州にも16年ぶりに姿を見せたほか、現在も高松〜徳島間を中心に下り17本・上り16本が運転され、四国特急としては「**宇和海**《うわかい》」とともに最多本数を誇っている。

このほか、四国の〝転勤族〟には「南風」があるが、こちらは133ページの項で記述したとおり、生粋《きっすい》の四国生まれの列車である。一時期は九州に転出したものの、四国特急新設で故郷に呼び戻され、1988年4月以後は岡山始発の土讃線特急として活躍中。これによって「南風」は四国、九州、本州の主要3島を制覇するが、そうした類いの列車となると本州、九州、北海道を走った前述の「さちかぜ」と「はやぶさ」だけである。定期列車で主要4島を制覇するには、四国に新たな運転系統の特急を新設し、その列車に「さちかぜ」を命名しないかぎりは難しい。

北海道や四国に対し、九州は戦前の関門《かんもん》トンネル開業で本州とのレールがつながっているため、本州内の列車名が九州内だけを走る列車に転出した例は、逆の場合を含めても意外と少ない。有名なのは「**ひかり**」で、九州内急行から東海道新幹線超特急へと2階級を躍進。1975年3月の山陽新幹線全通で博多への里帰りは果たしたものの、急行時代の終点だった熊本と鹿児島中央（当時は西鹿児島）への直通は「**のぞみ**」時代の現在では望みが絶たれている。国鉄の老舗特急のひとつである「**つばめ**」は、生まれは東海道本線特急だが、新幹線の延伸に追われるように西に移動。1992年以後は九州内に定着して新幹線特急の座にある。

1960年代後半から1980年代前半にかけて名古屋〜博多間の寝台電車特急として一世を風靡した「**金星**《きんせい》」は、1961年に東海道本線の夜行電車急行として登場するが、その後は客車による寝台急行になったり、大阪〜富山間に転出したりして目まぐるしい変遷を繰り返すが、最終的には九州行きに定着する。このほか、「**いそかぜ**」は大阪〜宮崎間特急だったのが、1968年10月の関西〜九州間特急再編のあおりを受けて、わずか3年で姿を消す。その後、国鉄末期に山陰西部特急として再起するものの、JR発足後は運転区間を縮小するなど不遇だった。JR発足後に本州から九州へ渡ったのは「**きらめき**」。

北陸本線の速達列車としては大成しなかったが、２０００年3月に九州入りしてからは鹿児島本線の北九州地区で都市間連絡特急として頑張っている。

本州内のみを移動した列車名としては、代表例として「**あさひ**」と「**いでゆ**」「**いなば**」を挙げた。「あさひ」は仙台～新潟間のローカル急行だったのが、一躍、上越新幹線特急名に抜擢されるという幸運児。湘南・伊豆急行から山陰急行に転じた「いでゆ」は、列車が走行する沿線や終点近くに温泉があれば全国のどこでも列車名として通じる見本でもある。主要4島制覇を達成するには最もたやすい列車名であることはたしかだった。

最後に、「いなば」は設定こそ１９６４年10月と古くないが、列車名が消滅する２００３年10月までなんと4度も運転区間を変え、運転距離も伸びたり縮んだりしている。しかし、東京～米子間の寝台特急だった3代目以外はすべて因幡《いなば》の鳥取を始終着駅とし、設定が可能な区間の優等列車として、列車名に恥じない責務を果たしている。２００３年10月以後も岡山～鳥取間ではキハ１８７系の「**スーパーいなば**」が運転されているので、実質的には現役同然であるといえよう。

以上、列車名の転勤族について記述したが、全国の広い地域で活躍する列車となると、ネームは抽象的なものや鳥名、天体名などに限定されるのはいたしかたないところだろう。

表18　地域を移動した主な列車名一覧

列車名	代	運行期間	種別	主な運転区間	記事
あさひ	1	1960.11.1〜1982.7.1	準急〜急行	仙台〜新潟	山形経由。「**べにばな**」に改称
	2	1982.11.15〜2002.12.1	幹・特急	大宮〜新潟	1991.6.20 東京延伸
いそかぜ	1	1965.10.1〜1968.10.1	特急	大阪〜宮崎	
	2	1985.3.14〜2005.3.1	特急	米子〜博多	廃止時は益田〜小倉
いでゆ	1	1949.10.1〜1968.10.1	準急〜急行	東京〜伊東	1954.10.1 定期化
	2	1975.3.10〜1978.10.2	急行	大阪〜鳥取	
いなば	1	1964.10.1〜1968.10.1	準急〜急行	鳥取〜広島	木次線経由。下り昼行、上り夜行
	2	1972.3.15〜1975.3.10	急行	大阪〜鳥取	「**いでゆ**」に改称
	3	1975.3.10〜1978.10.2	特急	東京〜米子	「**出雲**」に改称
	4	1996.3.16〜1997.11.29	特急	鳥取〜米子	「**くにびき**」に改称
	5	1997.11.29〜2003.10.1	特急	岡山〜鳥取	智頭急行線経由。「**スーパーいなば**」で現役
うずしお	1	1961.10.1〜1972.3.15	特急	大阪〜宇野	四国連絡特急
	2	1988.4.10〜現役	特急	岡山/高松〜徳島	
おおとり	1	1961.10.1〜1964.10.1	特急	東京〜名古屋	
	2	1964.10.1〜1988.3.13	特急	函館〜網走・釧路	1970.10.1から網走行き単独
きらめき	1	1988.3.13〜1997.3.22	特急	米原〜金沢	「**加越**」グループの速達特急
	2	2000.3.11〜現役	特急	岡山〜高松	
金星	1	1961.3.1〜1965.10.1	急行	東京〜大阪	当初は夜行電車列車
	2	1965.10.1〜1968.10.1	急行	大阪〜富山	
	3	1968.10.1〜1982.11.15	特急	名古屋〜博多	寝台電車特急
さちかぜ	1	1957.10.1〜1958.10.1	特急	東京〜長崎	「**平和**」に改称
	2	1971.7.1〜1975.7.18	急行	札幌〜旭川	ノンストップ運転
しおかぜ	1	1965.10.1〜1968.10.1	特急	新大阪〜広島	
	2	1972.3.15〜1988.4.10	特急	高松〜宇和島	四国初の特急
	3	1988.4.10〜現役	特急	岡山〜宇和島	
つばめ	1	1950.1.1〜1964.10.1	特急	東京〜大阪	1960.6.1電車化
	2	1964.10.1〜1975.3.10	特急	新大阪〜博多	1972.3から岡山始発
	3	1992.7.15〜2004.3.13	特急	門司港〜西鹿児島	
	4	2004.3.13〜現役	幹・特急	新八代〜鹿児島中央	2011.3.12博多延伸
南風	1	1950.10.1〜1968.10.1	準急〜急行	高松桟橋〜高知	
	2	1968.10.1〜1972.3.15	急行	別府〜西鹿児島・鹿屋	
	3	1972.3.15〜1988.4.10	特急	高松〜中村	四国初の特急
	4	1988.4.10〜現役	特急	岡山〜中村	本州進出
白鳥	1	1960.12.28〜1961.9.15	準急	秋田〜鮫	青森経由
	2	1961.10.1〜2001.3.3	特急	大阪〜青森・上野	1965.10.1から青森行き単独
	3	2002.12.1〜2016.3.26	特急	八戸〜函館	2010.12.4から新青森始発
はやぶさ	1	1958.10.1〜2009.3.14	特急	東京〜西鹿児島	
	2	2011.3.5〜現役	幹・特急	東京〜新青森	2016.3.26新函館北斗延長
ひかり	1	1958.4.25〜1964.10.1	急行	博多〜別府	1958.8.1〜1962.10.1は準急
	2	1964.10.1〜現役	幹・超特急	東京〜新大阪	1972.3.15から特急
北斗	1	1950.11.8〜1965.10.1	急行	上野〜青森	夜行列車
	2	1965.10.1〜現役	特急	函館〜旭川	昼行気動車特急

特急〔新特急ホームタウン高崎3号〕 4033M 上野発高崎行き 185系7連
列車名の長さだけは第1位。音数が多いことは評価されるものではないが、記録は後世にも残る。1999.8.25 上野

L〔ソニック2号〕 3002M 大分発博多行き JR九州883系7連
博多～大分間を中心に32往復も運転される。都市間の移動にも便利な特急だ。現在はエル特急指定は解除されている。2003.8.25 東郷～東福間

第4章

幸運な列車名、悲運の列車名

逆転した「みずほ」と「さくら」「つばめ」の関係

大相撲では大関に昇進した力士が、その後、目ぼしい成績を上げられないうちに、平幕だった力士が追いつき追い抜いて横綱にまでのぼりつめるといった例はよく見られる。列車名の世界でも、こうした事例は過去からいくつもあり、近年では九州新幹線の「**みずほ**」が老舗ネームの「**つばめ**」や「**さくら**」より上位の速達列車として君臨しているのが代表例といえよう。本項では、こうした列車名の地位逆転について、現役の列車を中心に具体例を挙げて話を進めていこう。題して「列車名の下剋上《げこくじょう》」……。

まず、冒頭の「みずほ」「さくら」「つばめ」の3列車について述べる。これら3列車はいずれも種別が特急なので同格のはずだが、特急ばかりの九州新幹線では、速達特急が「みずほ」、主要駅停車が「さくら」、各駅停車が「つばめ」となっている。では、これら3列車は過去にはどういう位置づけがされていたのか、戦前まで時計の針を戻してみよう。

いまから80年以上も前の1930年10月1日、当時の国鉄で愛称つきの列車は東京〜下関間特急「**富士**《ふじ》」と「**櫻**《さくら》」、そしてこの日から運転を開始した東京〜神戸間特急「**燕**《つばめ》」のわ

表19　主要路線・列車名上下関係の変遷

路線または区間	運行開始日	種別	動力	列車名	主な運転区間	記事
東京～九州	1930.10.1	特急	客車	燕	東京～神戸	1～3等、〝超特急。
		特急	客車	櫻	東京～下関	3等特急
	1957.10.1	特急	客車	つばめ	東京～大阪	1～3等特急
		特急	客車	さくら	東京～大阪	2・3等、不定期列車
	1961.10.1	特急	電車	つばめ	東京～大阪	151系電車特急
		特急	客車	さくら	東京～長崎	20系寝台特急
		特急	客車	みずほ	東京～熊本	一般形客車、不定期列車
	1992.7.15	特急	電車	つばめ	門司港～西鹿児島	787系電車特急
		特急	客車	さくら	東京～長崎・佐世保	14系寝台特急
		特急	客車	みずほ	東京～熊本・熊本	14系寝台特急
	2011.3.12	幹・特急	電車	みずほ	新大阪～鹿児島中央	速達列車
		幹・特急	電車	さくら	新大阪～鹿児島中央	主要駅停車
		幹・特急	電車	つばめ	博多～鹿児島中央	各駅停車
紀勢本線	1961.10.1	急行	気動車	紀州	名古屋～天王寺	
		準急	気動車	きのくに	白浜口～天王寺・難波	座席指定
		準急	気動車	南紀	新宮～天王寺・難波	
		準急	客車	くろしお	白浜口～天王寺・難波	週末運転
	1965.3.1	特急	気動車	くろしお	名古屋～天王寺	
		急行	気動車	紀州	名古屋～天王寺	
		準急	気動車	きのくに	白浜～天王寺・難波	座席指定
		準急	気動車	南紀	新宮～天王寺・難波	
	1968.10.1	特急	気動車	くろしお	名古屋～天王寺	
		急行	気動車	紀州	名古屋～天王寺/紀伊勝浦	東側区間急行の総称愛称に登用
		急行	気動車	きのくに	新宮/白浜～天王寺	西側区間急行の総称愛称に登用
	1974.8.1	特急	気動車	くろしお	名古屋～天王寺	
		急行	気動車	紀州	名古屋～天王寺/紀伊勝浦	
		急行	気動車	きのくに	新宮/白浜～天王寺	
		普通	客車	南紀	新宮～天王寺	寝台券発売による措置
	1978.10.2	特急	電車	くろしお	新宮～天王寺	381系電車化
		特急	気動車	南紀	名古屋～紀伊勝浦	東側区間特急愛称に登用
		急行	気動車	紀州	名古屋～天王寺/紀伊勝浦	
		急行	気動車	きのくに	新宮/白浜～天王寺	
信越本線（上野～直江津）	1961.10.1	急行	気動車	志賀	上野～長野	1962.3.1から編成の一部が湯田中直通
		準急	客車	妙高	上野～直江津	2往復、昼行・夜行各1往復
		準急	気動車	あさま	長野～新潟	
	1962.12.1	急行	気動車	志賀	上野～長野・湯田中	
		急行	気動車	妙高	上野～直江津	急行に格上げ
		準急	客車	あさま	上野～長野（～直江津）	夜行。1963.10.1「**丸池**」に改称
	1963.10.1	急行	電車	信州	上野～長野	
		急行	電車	志賀	上野～長野・湯田中	
		急行	気動車	妙高	上野～直江津	
	1966.10.1	特急	電車	あさま	上野～長野	
		急行	電車	信州	上野～長野	
		急行	電車	志賀	上野～長野・湯田中	
		急行	電車	妙高	上野～直江津	
中央本線（中央東線）	1960.4.1	準急	客車	アルプス	新宿～松本（～長野）	夜行
		準急	客車	白馬	新宿～松本	
		準急	客車	穂高	新宿～松本	
		準急	客車	あずさ	新宿～松本	夜行。臨時列車。4.25「**白馬**」に改称
	1960.4.25	急行	気動車	アルプス	新宿～松本	2往復
		準急	気動車	白馬	新宿～松本	2往復。夜行は座席指定
		準急	気動車	穂高	新宿～松本（～長野）	3往復。うち1往復は夜行
	1961.10.1	急行	気動車	アルプス	新宿～松本	2往復
		急行	気動車	上高地	新宿～松本	2往復
		急行	気動車	白馬	新宿～松本	2往復。上り1本以外は夜行
		準急	客車	穂高	新宿～松本（～長野）	2往復。うち1往復は夜行
	1965.10.1	急行	電・気	アルプス	新宿～松本	8往復
		急行	気・電	白馬	新宿～糸魚川/信濃森上	下り1本・上り2本。大糸線直通。昼行
		急行	電車	穂高	新宿～信濃森上	1往復。夜行
		準急	客車	上高地	新宿～松本（～長野）	1往復。夜行。1966.3.5急行に格上げ
	1966.12.1	特急	電車	あずさ	新宿～松本	2往復
		急行	電・気	アルプス	新宿～松本	7往復
		急行	気・電	白馬	新宿～糸魚川/信濃森上	下り1本・上り2本。大糸線直通。昼行
		急行	電車	穂高	新宿～信濃森上	1往復。夜行
		急行	客車	上高地	新宿～松本（～長野）	1往復。夜行。1966.3.5急行に格上げ

ずか3種だけだった。しかし、「富士」は1等展望車や1・2等寝台車（いずれも現・A寝台）などを連結したエリート特急だったのに対し、「櫻」は食堂車を除けば3等座席車（現・普通車）のみで構成される〝平民向けの特急〟だった。では、「燕」はとなると、設備的には1等展望車（当初は1等寝台車で代用）と2・3等座席車で組成され、「富士」と「櫻」の中庸を守っていた。しかし、この「燕」の売りものは〝超特急〟とまでいわれた東京〜大阪間を8時間20分で結ぶスピードで、9時間以上を要する「富士」と「櫻」はおよばなかった。「富士」はさておき、この時点で「燕」が「櫻」より上位列車であるのは明らかだった。

戦後、「燕」と「櫻」は平仮名の「**つばめ**」「**さくら**」で東京〜大阪間昼行特急として復活する。しかし、「つばめ」が「**へいわ**」の改称とはいえ1950年1月から運転を開始したのに対し、「さくら」は少し遅れて臨時特急として登場する。あくまでも「つばめ」の補佐的存在で、車両も急行形のものが長く使用されていた。

長らく日陰者扱いが続いた「さくら」がイメージチェンジを果たすのは1959年7月のことである。当時、東京〜博多間で運転されていた20系客車寝台特急「**あさかぜ**」は〝走るホテル〟の異名を取るほど好評だったので、続けとばかりに東京〜長崎間特急「**平和**《へいわ》」

も20系化され、同時に列車名も「さくら」に変更される。昼行の「つばめ」とは列車の性格が異なるので比較は難しいが、1等展望車連結という豪華さでは「つばめ」、3等寝台（現・B寝台）が主体であるものの、オール空調という実質的なサービス面では「さくら」がまさっていた。「つばめ」も1960年6月からは電車化されて空調完備の編成になるとともに、展望車に代わるパーラーカーが大阪方先頭につく。この時点では編成中に2等車（同年7月から1等車、1969年5月からグリーン車に変更）の比率が高い「つばめ」に軍配が上がった。

さあ、いよいよ全国特急ネットワーク構築の1961年10月1日改正。東京〜九州間寝台特急の増発に「みずほ」が登場する。しかし、「みずほ」は「あさかぜ」「さくら」など20系特急の混雑緩和を目的としたため、一般形車両を使用した不定期列車だった。その「みずほ」は翌年に定期化され、1963年6月には20系に置き換えられて一人前の姿になるが、運転区間は一時の例外を除いては東京〜熊本間が主体だった。1972年3月改正で、「みずほ」は「さくら」ともども14系寝台客車化されて編成は同一になるものの、九州寝台特急時代は最後まで補助特急というイメージから脱却することはできなかった。そのせいか、JR発足後に全国的に寝台特急の統廃合が実施された際も、東京〜九州間列車では最初に廃止されるといった憂き目にあう。要するに、九州行き寝台列車として「みずほ」は「さくら」より上位に立つことは一度もなかった。

この間、「つばめ」は1964年10月の東海道新幹線開業で東京を追われ、働き場所を西へ西へと移して普通車が主体の大衆的な編成になる。そして1975年3月の山陽新幹線博多開業では行き場を失って廃止されるものの、JR発足後の1992年7月からはJR九州の豪華車両787系を使用した門司港《もじこう》〜西鹿児島間の特急として復活を果たす。当時の九州内では「さくら」や「みずほ」は低迷状態だったので、運転区間等に関係なく、「つばめ」が寝台2列車より上位であることは間違いなかった。

そして2004年3月13日の九州新幹線新八代〜鹿児島中央間開業では「つばめ」のネームは新幹線特急に〝昇格〟。九州内に寝台特急「みずほ」の姿はなく、「さくら」も2005年3月に廃止されるので、3列車名の〝競争〟は、ここにいちおうのピリオドが打たれる。

しかし、飛び地的な開業だった九州新幹線も、2011年3月12日には博多〜鹿児島中央間が全通。山陽新幹線との直通が可能となることで、当初は新設の新大阪〜鹿児島中央間列車はすべて「さくら」と命名される予定だった。しかし、航空機への対抗もあって、

「さくら」とは別料金レートでの速達特急も運転することになり、九州に馴染みのある列車名ということで「みずほ」が抜擢される。九州新幹線として先輩格の「つばめ」は九州内での各駅停車列車として残されたため、ここに列車名の大逆転劇が起こり、東京～九州間時代は不遇だった「みずほ」に、ようやく脚光を浴びるときが訪れたのである。

次に、紀勢本線列車名の変遷について述べる。地図帳をごらんいただければおわかりのように、紀伊半島の南半分はほぼ全域がリアス式海岸であるため鉄道の発達は遅く、紀勢本線が全通したのは１９５９年7月15日のことだった。

当時の優等列車は準急ばかりだったが、１９６１年3月になって名古屋～天王寺間を大回り（南紀一周）する気動車急行「**紀州**《きしゅう》」が設定される。準急には全車座席指定の「**きのくに**」のほか、自由席列車の「**南紀**《なんき》」、週末運転の「**くろしお**」が運転されていたため、列車間での序列をつけるとトップが「紀州」で、以下「きのくに」「南紀」「くろしお」の順になることに異論はなかった。

しかし、新幹線時代が到来し、特急も大衆化の傾向に差しかかると、紀勢本線にも特急新設の機運が起こり、１９６５年3月に南紀一周の「くろしお」が運転を開始する。ここに週末準急だった「くろしお」は「紀州」以下の列車を一気に追い抜く。

「くろしお」の躍進によって急行や準急のまま残った列車名のうち「きのくに」と「南紀」は1966年3月に急行に格上げ。さらに、1968年10月の列車名統合で紀勢本線急行は名古屋口が「紀州」、天王寺口が「きのくに」の総称ネームを名乗る。この結果「南紀」の愛称は消滅するが、1974年8月からは寝台車連結の新宮～天王寺間夜行普通列車に列車名をつける関係で「南紀」のネームが復活する。寝台券をコンピュータに収めて発売するための措置で、優等列車を経験している「南紀」にとっては不本意な命名といえた。しかし、結果的にはこれが幸運をもたらす。

国内有数の観光路線でありながら近代化が遅れていた紀勢本線も、1978年10月に新宮～和歌山間が電化され、「くろしお」は新宮～天王寺間の電車特急に転身。一方、東側の名古屋～紀伊勝浦間で残る気動車特急には「南紀」が抜擢され、夜行普通列車は、かつて準急～急行ネームだった「**はやたま**」に改称された。これによって「南紀」の列車名は普通列車から特急まで〝4階級制覇〟を果たす。急行のままで置いてきぼりを食らった「紀州」と「きのくに」は以後、勢力の衰えは隠せず、JR発足を見ることなく姿を消した。

ところで、あまり目立たない列車名がある日突然に強者《つわもの》どもをはね除けて一躍特急に躍り出た例として、「**あさま**」と「**あずさ**」が挙げられる。

国鉄時代の信越本線は、1963年まで横川《よこかわ》～軽井沢《かるいざわ》間のアプト式（歯車を利用して急坂を登る方式）が輸送上のネックとなっていた。しかし、それでも上野～長野間には「**志賀**《しが》」など気動車急行が設定され、輸送確保に全力が注がれていた。長野から先の金沢方面へは特急「**白鳥**《はくちょう》」や急行「**白山**《はくさん》」が設定されていたが、ここでは上野～長野／直江津間に話を絞るため記述は避ける。

では、当時の「あさま」はどういう列車だったかといえば、表19に示すとおり、1961年3月の新設から1962年12月までは長野～新潟間の気動車準急。以後は上野～長野間の夜行準急に転身するが、アプト式廃止の1963年10月改正では夜行準急が急行に格上げされて「**丸池**《まるいけ》」に改称されたために列車名が消滅してしまう。日陰者扱いもいいところだった。

1963年10月改正以後、上野～長野間は電車列車の時代となり、急行「**信州**《しんしゅう》」や「志賀」が肩で風を切るように快走する。しかし、そうした信越本線にも1966年10月に電車特急が新設され、列車名は公募の結果、「あさま」に決定する。こうして「信州」や「志賀」、それに直江津急行の「**妙高**《みょうこう》」を追い抜き、一躍トップ列車に躍り出た「あさま」は、在来線での使命を終えたあとは北陸（長野行）新幹線に進出し、現在も東京～長野間の区間特急として活躍中である。

中央東線《ちゅうおうとう》（中央本線の東京側の通称）の「あずさ」となると、甲府《こうふ》以西に未電化区間を残していた1960年代初頭の時代は、日陰者や不遇というよりは存在感すら薄い列車だった。1960年1月当時の中央東線優等列車は客車準急のみで、新宿～松本間で昼行の「**白馬**《はくば》」と「**穂高**《ほたか》」、夜行の「**アルプス**」が勢力を分け合い、「あずさ」はスキーや登山シーズンに「アルプス」を補佐する臨時列車だった。しかし、同年4月にキハ55系が入ると「アルプス」は急行に格上げされ、一方「あずさ」は夜行準急のまま定期化されて「白馬」に改称。これでネームはあっけなく消滅してしまう。

その後の中央東線は体質改善が著しく、キハ55系がキハ58系に置き換えられるのもつかの間、電化の進展によって1965年10月からは電車急行の時代に入る。「アルプス」をはじめ、急行の仲間入りを果たした「白馬」「穂高」がヘッドマークつきの165系で運転された。翌1966年12月には、この新宿～松本間にも電車特急の新設が決定し、こちらも公募の結果、「あずさ」に決定する。「アルプス」など同区間でも人気と実績のあるネームを抑えての抜擢だった。この「あずさ」はローカル地名（梓川）が由来であるため、当初は鉄道ファンを中心に批判の声も起こったが、歌謡曲のヒットなどもあって一躍全国区的な人気列車名に躍り出る。現在もJR東日本では在来線特急の代表格のひとつである。

「あさま」と「あずさ」はシンデレラ的な列車名だが、こうした強運をつかんだのは、①抽象名を原則としていた特急列車名が増発によって底をついたので地名にも拡大しなければならなかった、②「志賀」「アルプス」といった急行列車名を特急にスライドさせることは当時の風潮では増収目的の格上げと捉えられて利用客からの反発が予想されるので踏み切れなかった、③「あさま」と「あずさ」のネームは列車名公募が実施された1966年の時点で空いていた、といった国鉄側の事情も見逃せなかった。世の中でも出世する人は実力以外の運にも恵まれているが、これは列車名の世界についてもいえることである。

なお、前述の列車名とは逆に中央西線の「**しなの**」や高山本線の「**ひだ**」、常磐線の「**ひたち**」には「**きそ**」「**ちくま**」「**のりくら**」「**ときわ**」「**そうま**」などのライバルが並走していたが、この3列車名はいつの時代も路線の看板列車として君臨していた。「ひたち」と「ときわ」は現在も共存共栄しているが、「ひたち」は上野〜水戸間での速達特急である点で「ときわ」との力関係は変わらない。ただ、列車名については茨城県の旧国名に由来する「ひたち」より、茨城県プラス福島県浜通りを示す「ときわ」のほうがスケールが大きく、なぜ「ひたち」のほうがつねに優遇されてきたのかは列車名の謎のひとつである。

準急から特急や新幹線に出世した幸運な列車名

国鉄の戦後黄金時代である1960年代を知っている鉄道ファンのあいだからは、現役の在来線特急は当時の準急並みかそれ以下だという声がよく聞かれる。たしかに現在ではJRの優等列車はすべて特急であり、実際に「サン・ロク・トオ」こと1961年10月の『時刻表』を開くと「**ひだ**」「**南紀**《なんき》」「**南風**《なんぷう》」「**かいじ**」「**日光**《にっこう》」など現在の特急名がほぼ同じ路線の準急として掲載されているのだから、それも一理あると考えていいだろう。

さて、現行の特急列車名で準急から急行を経て特急に昇格したものは、表20に示すように22種が存在する。この数字が多いかどうかは別にして、こうした3種別制覇の列車名が存在するのは、①1966年3月の運賃・料金改定で大半の準急が急行に格上げされた、②同年10月のダイヤ改正で山岳名に由来する特急「**あさま**」が新設され、それまで抽象ネームが主体だった特急列車名の命名規制が緩和された、③国鉄時代の1980年10月以後、在来幹線では昼行優等列車の特急一本化が推進され、JR発足後も継続されたことが主な理由である。つまり、準急列車名として生を受けても、1966年3月とJR発足という2

〔あさま12号〕3012M 長野発上野行き 189系9連
準急から「急行知らず」のまま在来線特急、さらに新幹線にも出世した。碓氷峠をEF63と協調運転されていたのも、いまやふた昔も前の話である。1997.2.16 軽井沢

表20　現役特急列車名の種別の変遷

設定時から特急列車名に登用				
［のぞみ］	こだま	みずほ	さくら	つばめ
はやぶさ	［はやて］	つばさ	［こまち］	とき
たにがわ	はくたか	［かがやき］	いなほ	さざなみ
わかしお	しおさい	［きぬがわ］	踊り子	［はるか］
［ダイナスター］	［サンダーバード］	しらさぎ	はまかぜ	［こうのとり］
［まいづる］	［宇和海］	しおかぜ	［しまんと］	うずしお
［剣山］	かもめ	みどり	［ハウステンボス］	［きらめき］
［かいおう］	［ソニック］			
準急として設定、急行を経て特急列車名に登用				
なすの	つるぎ	オホーツク	草津	あかぎ
ひたち	ときわ	日光	かいじ	しなの
あさぎり	ふじかわ	南紀	ひだ	はしだて
きのさき	いしづち	あしずり	南風	むろと
ゆふ	有明			
急行として設定、そののち特急列車名に登用				
ひかり *1	すずらん	北斗	［サロベツ］	つがる
しらゆき	［伊那路］ *2	にちりん	ひゅうが	きりしま
準急として設定、急行を経ずに特急列車名に登用				
やまびこ	あさま	あずさ *2	くろしお *2	やくも

アミカケは新幹線特急。［　］はJR発足後に登場の列車名。接頭語・接尾語つきの列車名や、「成田エクスプレス」「能登かがり火」などの複合ネームは、すべてJR発足後に特急として設定されているため省略する。
*1 急行として登場後、準急に格下げ。再び急行に戻ったのち新幹線特急（当初は超特急）に転身。
*2 格上げ前は臨時列車。

つの関門を突破することができれば、〝年功序列〟のような形で特急ネームになりえたのである。しかし、その間の1968年10月に列車名の統廃合が実施されたほか、新幹線開業やローカル急行の廃止で消滅したネームも数多く存在するので、そうしたピンチをかいくぐった現行の22種は長寿と幸運とを持ち合わせた列車名といえよう。新幹線の代表的ネームである「**ひかり**」は、スタートこそ毎日運転の臨時急行だが、準急時代も経験しているので、実質的にはこの仲間である。

急行から特急ネームに格上げされた列車名は「ひかり」を除けば9種存在する。こちらは「**北斗**《ほくと》」や「**きりしま**」のように〝急行愛称第1期生〟が加わるほか、「**すずらん**」や「**津軽**《つがる》」「**日向**《ひゅうが》」「**しらゆき**」といった著名急行からの論功行賞組もあり、格調の高さを感じさせる。そのなかで「**伊那路**《いなじ》」と「**サロベツ**」はJR発足後の生まれで異色の存在だ。

準急から急行飛ばしでそのまま特急ネームに抜擢された強運の持ち主は5種である。ここで興味深いのは、抽象ネームの「**やまびこ**」「**くろしお**」「**やくも**」の3種は1965年10月改正までに特急（「やくも」の運転開始は同年11月）に格上げされているのに対し、「**あさま**」と「**あずさ**」はそれより遅い1966年10月と12月ということである。本書でも何度も述べているように、法則に則《のっと》った特急ネームのストックが1965年10月に尽きたのが理由である。したがって、準急〜急行からの格上げ組で地名に由来するネームはすべて1967年10月以後の登用である。

現役特急のうち、生まれついての特急列車名は表20の37種のほか、接頭語や接尾語つきのネームや複合列車名を加えると、なんと69種に達する。接頭語つきなどの32種はさておき、スタンダード列車名37種のうち半数近くにおよぶ19種がJR発足後の命名というのは驚きである。**「のぞみ」**や**「はやて」「こまち」「かがやき」**の新幹線組はさすがに抽象ネームで固められているが、在来線となると、**「はるか」**のように秀逸と思われるネームがある半面、**「まいづる」「宇和海《うわかい》」「しまんと」「剣山《つるぎさん》」**は1960年代の生まれなら、いいところ準急止まりだろう。**「かいおう」**のように人名ネームが現れたり、一度聞いただけでは由来がわかりにくい**「ダイナスター」**や**「ソニック」**なども新しい傾向といえる。

では、この章のタイトルにも関係する「最も幸運な列車名」となると、どのネームに栄冠が輝くのだろうか。これについては新幹線を含む現役の特急列車名106種をノミネートしたはがきを本書の付録としてつけ、実際に読者の方に投票してもらうのがベストかもしれないが、時間や手数などからそうしたことはできないので、筆者が代表して選考すると、第1位はローカル準急から一気に特急に抜擢され、いまも新幹線列車名である「あさま」。第2位は国鉄末期に突如特急として登場し、現在は新幹線特急の一員となっている「**たにがわ**」、第3位は経歴は同期の「あさま」と似ているが、走行路線から在来線特急止まりの「あずさ」といったところだろうか。

「**のぞみ**」や「**こまち**」「**はやて**」のように、国鉄～JRで過去の実績がなく、いきなり新幹線特急に抜擢というのも強運だが、ストーリー性から上位3位までへの入賞は厳しいように思われる。「はやて」がその後、「**はやぶさ**」の登場で本数を減らしてしまったのは残念だ。このほか、184ページの項で触れるが、「**しおかぜ**」「**きのさき**」などのように「ヨン・サン・トオ」の統廃合で一時は消滅しながらものちに復活して現在も現役を続けている列車や、地域間を移動しながらもいまなお現役として頑張る「**いなば**」や「南風」なども幸運な列車名として上位にランクインされる存在である。

筆者が「幸運な列車名」として上位に選んだネームには準急からの成り上がり組が存在するほか、最初から特急として登場していても、すべて〝名列車〟と呼ばれる列車ばかりではない。しかし、国鉄末期やJR発足後に生まれた地名特急が〝貫禄《かんろく》が感じられない列車名〟であっても、「**銀河**《ぎんが》」のように特急になれない（ならなかった）うちに鉄路から去っていった事例を思えば、幸運な星の下に生を受けたことだけは間違いないだろう。

格下げやたび重なる廃止を味わった悲運の列車名

国鉄～ＪＲの優等列車のネームは、１９６５年10月時点で特急（新幹線を含む、以下同じ）が35種、急行が１２６種、準急が１８２種だったが、列車名の統廃合と準急の全廃が実施された１９６８年10月には、特急が47種、急行が２２１種となり、さらに国鉄最末期の１９８６年11月には、特急が71種、急行が60種となって勢力が逆転。そして２０１６年3月には定期の急行が消滅している。こうしたことから、前項で述べたように、準急や急行に使用されていた列車名が特急に出世していくのは、鉄道をとりまく背景は別として、自然の流れといったものだろう。

しかし、何ごとにも例外はつきもので、列車名の世界にも特急に使用されていた列車名が急行に、急行列車名が準急に格下げ転用された例が少ないながらもある。ここでは、そうした悲運の列車名について探っていこう。

まず、「**ひかり**」といえば、押しも押されもせぬ新幹線列車名のパイオニアで、国鉄～ＪＲの看板ネームのひとつでもあるが、なんと2度も格下げを味わっている。この「ひかり」の列車名が九州内に登場するのは1958年4月25日のこと。当初は博多〜別府間の運転だが、優等列車は蒸気運転のなかにあって、キハ55系気動車で編成された「ひかり」は煙の心配がないうえに、博多〜小倉間では特急「**かもめ**」や「**あさかぜ**」並みのスピードで走破するということや、試行列車的な意味合いもあって、種別は急行とされた。そして5月1日からは下り方が大分から豊肥《ほうひ》本線に入って熊本まで直通する。こうして、全国でも初の気動車急行として華々しく登場したはずの「ひかり」だが、旅客が別府や大分で入れ替わるほか、最低料金距離が300㎞までの急行料金は利用客への負担が大きく、3カ月後の8月1日からは博多・門司港〜熊本間の2階建て運転になると同時に、種別も準急に格下げされた。

この措置によって利用しやすい列車となった「ひかり」は、観光客の増加もあり、門司港からの付属編成を延長するような形で日豊本線南部に進出。1959年9月からは博多・門司港〜熊本・西鹿児島間と九州全土を逆E字型に走るスケールの大きい列車となる。以後は気動車優等列車の増発や急行の大衆化もあって、「ひかり」は1962年10月1日からは再び急行として運転された。

「ひかり」が九州内で実績を上げているあいだに、東海道新幹線の建設工事は着々と進み、

表21　格下げを経験した列車名・「ひかり」と「越前」

列車名	代	運行期間	種別	主な運転区間	記事
ひかり	1	1958.4.25～1958.8.1	急行	博多～別府（小倉経由）	臨時列車（毎日運転）。5.1から熊本延長
	2	1958.8.1～1962.10.1	準急	博多・門司港～熊本	定期列車に格上げ
	3	1962.10.1～1964.10.1	急行	博多・門司港～西鹿児島・熊本	
	4	1964.10.1～1972.3.15	超特急	東京～新大阪	新幹線速達列車名に登用
	5	1972.3.15～現役	特急	東京～岡山	超特急の種別廃止
越前	1	1962.6.10～1963.4.20	急行	大阪～金沢	気動車列車
	2	1963.4.20～1964.10.1	準急	敦賀～金沢	電車列車
	3	1964.10.1～1965.10.1	急行	大阪～金沢	電車列車
	4	1965.10.1～1982.11.15	急行	上野～福井（長野経由）	夜行客車列車

格下げを経験した列車名のうち、「上高地」は表19、「さちかぜ」は表18に変遷を記したので記述を省略する。

1964年10月1日に東京～新大阪間が開業。「ひかり」のネームは同区間を途中名古屋・京都にのみ停車する超特急に抜擢される。各駅停車の特急となった「**こだま**」と料金を区別するための政策でもあった。しかし、1972年3月15日に山陽新幹線が岡山開業を果たすと、新大阪～岡山間では各駅に停車する「ひかり」も設定しなければならなくなり、同区間での料金は一本化する必要が生じたため、超特急の種別は廃止され、「ひかり」は特急となる。「ひかり」にとっては2度目の〝格下げ〟だが、東海道新幹線では開業直後から「ひかり」と「こだま」の列車名は、利用客はもちろんのこと、現場でも種別の役目を兼ねていたため、この格下げ劇はほとんどといっていいほど話題にならなかった。

その後の「ひかり」は、1975年3月の博多延伸で東京～博多間主体の運転となり、JR発足前後からは2階建て車両を連結した100系が運用に入り、ゆったりしたリクライニングシートの普通車と展望食堂車が人気を博す。21世紀に入ってからは後輩の「**のぞみ**」に主役を明け渡し、東京～新大阪／岡山間などの主要駅停車特急として活躍を続けている。「ひかり」の列車名は、現状での立場や2度の格下げを食らった事実からすれば〝悲運〟の側面を持ち合わせているが、そうした陰の部分がさほど目立たないのは、東海道新幹線開業からJR発足直後まで国土軸の輸送を支えた功績があまりにも大きく、これだけは「のぞみ」とて超えるだけの余地はあるまい。

九州時代の「ひかり」と同様に急行から準急への格下げを経験した列車名には、北陸本線の「**越前**《えちぜん》」と中央東線の「**上高地**《かみこうち》」がある。まず「越前」から話を進めよう。

1961年10月当時の大阪～金沢間は、日本海縦貫の気動車特急「**白鳥**《はくちょう》」こそ4時間11分で結んでいたが、庶民の優等列車である急行「**立山**《たてやま》」や準急「**ゆのくに**」は客車列車とあって6時間前後を要していた。そうした折、北陸トンネル開通の1962年6月改正で登場した気動車急行「越前」は大阪～金沢間を4時間25分で走破する。北陸と大阪を行き来するビジネスマンに便利なダイヤも好評だった。

しかし、そうした北陸本線も、翌1963年4月には金沢までの電化が完成し、大阪～金沢間には電車急行として全車座席指定の「ゆのくに」と自由席列車の「**加賀**《かが》」が設定される。これによって「越前」ははみ出す格好となり、行き場を敦賀《つるが》～金沢間準急に求める。当時、471系電車は敦賀を基地としていたため、出入りの関係で同区間の列車が必要だったのである。こうして、登場後1年もたたぬうちに準急格下げという屈辱を味わった「越前」だが、富山まで電化された1964年10月改正では電車急行の富山進出にともなって北陸本線急行はすべて別愛称とすることになり、大阪～金沢間には1962年6月当時とほぼ同じダイヤで電車急行「越前」が入る。これで「越前」はめでたく元の鞘《さや》に収まったわけだが、その1年後の1965年10月改正で昼行電車急行は大阪～富山間が「立山」、同～金沢間が「加賀」とされたため、「越前」は再び大阪口から追われる結果になる。

本来ならこれで「越前」の列車史にはピリオドが打たれ、正真正銘の悲運の列車名となるところだったが、1965年10月改正で上野～福井間に信越本線経由の夜行急行が新設されたことで「越前」のネームがシフトされ、以後、上越新幹線開業の1982年11月まで活躍を続ける。結局、「越前」は夜行客車急行に落ち着くまで北陸本線南部区間で振り回されたわけだが、この3年あまりという期間は近代化が急ピッチで進む北陸本線にとっても激動の時代といえた。

話は変わるが、1950年代終盤から1960年代前半にかけての数年間はキハ55系やそれに続くキハ58系が登場し、未電化区間に無煙化とスピードアップの改革をもたらした時代だった。そのなかで最も恩恵を受けた路線のひとつが中央東線で、1961年10月改正では気動車急行をそれまでの「**アルプス**」2往復から6往復に増発。増発の急行は「上高地」と「**白馬**《はくば》」各2往復とされ、新宿駅では午前中に「第1アルプス」と「第2アルプス」、午後に「第1上高地」と「第2上高地」、そして夜行として「第1白馬」と「第2白馬」が発っていくダイヤができあがった。3列車名とも号数を「第2」までに抑えたのは急行の格を重視したのが理由だった。優等列車3種別制の当時は準急より格上の急行は、号数番号の取り決めはもちろんのこと、編成に最低でも1両の1等車を連結し、それも指定席と自由席とに分けるなど細かい取り決めがなされていたのである。

しかし、そのような中央東線も、優等旅客の増加や大糸《おおいと》線直通列車の設定、さらには電化の延伸などで号数番号のルールなど守っていられなくなる。そして松本まで電化された1965年10月改正では、急行は電車・気動車の区別なく、松本行きが8往復の「アルプス」、大糸線直通の昼行は「白馬」、夜行は「**穂高**《ほたか》」とされた結果、「上高地」のネームは行き場を失い、それまで「穂高」の列車名だった新宿～松本（～長野）間客車準急に落ち着く。列車名からどうしても行き先が特定される「上高地」には臨時や不定期として松本電鉄（現・アルピコ交通）の島々《しましま》（現在は廃駅）まで直通させる手があるが、定期では新宿～松本間以外への設定が難しいことが準急に格下げという結果を招いてしまった。「上高地」はその半年後の1966年3月に急行に復帰するが、それもつかの間、1968年10月改正では中央東線客車急行の廃止と運命をともにする。

なお、このほかの列車名の格下げ例としては東京～九州間特急から北海道内急行に転身した「**さちかぜ**」があるが、詳細については150ページの項をごらんいただきたい。

こうした列車名の格下げ転用とは別に、特急「**へいわ**」など短命に終わった列車名や、急行列車名第1期生ながら何度も設定時間帯や運転区間の変更を繰り返し、最高の嫁ぎ先と思われた新幹線でも真っ先に線路から追われた「**あおば**」。さらに、列車名公募ではつねに上位にランクインしながらも最終選考では落選を繰り返し、ようやく2002年12月に東京～八戸間の新幹線特急として日の目を見たものの、「**はやぶさ**」の登場で現在では少数の本数に甘んじている「**はやて**」も悲運の側面を持ち合わせた列車名といえるだろう。

最後に「**富士**《ふじ》」の列車史を簡単に記述することで、この稿のまとめとしたい。

「富士」は鉄道史に興味を持つ方なら誰しもがご存じのように、わが国初の特急列車であると同時に、最初のネームドトレインでもある。その前身が登場したのは明治末期の1912

年6月15日と100年以上も昔にさかのぼり、列車名命名も昭和初期の1929年9月15日というのだからおそれ入る。命名時は東京～下関間の1・2等急行として君臨し、終点では釜山《プサン》への関釜《かんぷ》連絡船に接続、遠くヨーロッパを目指す国際列車でもあった。神奈川・静岡両県をショートカットする丹那《たんな》トンネル開通の1934年12月改正では長年の伝統を破って3等車を連結するものの、トップ列車の地位には変動がなかった。1942年11月には関門トンネルを抜けて長崎へ直通するも、戦火によって1944年4月に廃止の憂き目を見たのはいたしかたないとはいえ、戦前では最後まで特急の地位を守った。

戦後は1961年10月改正で東京～宇野／神戸間電車特急として2往復の運転を開始。キハ80系によって全国特急網が築かれた時期なので、老舗列車名としてはかなり遅い復活だが、これにはわけがあった。つまり「富士」は国鉄で最も由緒ある列車名なので、1949年の「へいわ」や1956年の「あさかぜ」登場の際も「もっといい列車ができるまで」と温存されたのが仇《あだ》になって再登場の機会を逃していたため、「もう待ち切れない」とばかりに「サン・ロク・トオ」で電車特急としては最長距離を走る列車にネーミングされたのである。

しかし、この電車特急も1964年10月の東海道新幹線開業で廃止。列車名は「**みず**

ほ」付属編成の独立によって単独列車となった東京〜大分間寝台特急に転用される。「富士」のネームを下りは車窓に富士山が見えない夜行列車に使うのはどうかとか、九州特急でも後発の日豊本線列車にあてるのは適切かなどといった意見も出されたようだが、「富士」の列車名を存続させる以上は東京始終着で東海道本線を経由しなければ意味がなく、当時とすれば大分行き以外に適当な使用先はなかった。電車特急からブルートレインに衣替えした「富士」は、1965年10月から1980年9月末までの15年間は西鹿児島に進出し、〝日本一長い距離を走るブルートレイン〟としてプライドを保つが、以後は長距離客の減少もあって運転区間が短縮される。そして2009年3月14日改正で寝台特急だけでも40年以上の歴史にピリオドを打つが、最晩年は設定当時の東京〜大分間での運転で、門司までは熊本行き「はやぶさ」との併結だった。

その後、相方の「はやぶさ」は東北新幹線特急として復活するが、「富士」だけは列車名が重すぎるのか、現状では復活の噂は聞かない。富士山の姿を車窓から眺められるからといって、中央東線や身延《みのぶ》線特急への転用などはどだい無理な話だろう。世界に誇ることができる列車名だからといって、その名を命名された特急が幸せな列車人生を送ることができるかといえば、それは別問題である。

「ヨン・サン・トオ」の大整理で姿を消した人気列車名

国鉄の列車名が数のうえでピークを迎えるのは1968年6月のことで、現役のネームだけでも特急、急行、準急を合わせて定期列車だけで360に達していた。当時の鉄道ファンにとっては、『時刻表』の北陸本線ページを開いただけでも、わずかひとつのページに**「つるぎ」「金星《きんせい》」「能登《のと》」「しらさぎ」「白鳥《はくちょう》」「雷鳥《らいちょう》」「くずりゅう」「ひめかわ」「よねやま」「加越《かえつ》」「しらゆき」「わかさ」「白山《はくさん》」「はくたか」**の名前が載っているので楽しいことこのうえなかったが、国鉄としては列車名が多いのは悩みの種だった。

というのは、優等列車には多少の料金を支払っても座席確保を望む旅客が多く、前述の列車のなかで、特急はもちろん、急行もローカル色の濃い「ひめかわ」「よねやま」「わかさ」の3列車を除いて指定席を連結していた。

しかし、同時期のコンピュータの能力では増加する列車名に発券の対応が追いつかなかった。年配の方や切符に興味のある方ならおわかりかと思うが、当時のマルス（旅客販売総合システム）対応の特急券や座席指定券は縦長で、印字できるのは数字とローマ字で表記できる号数番号や乗車日、等級、号車と座席番号、それに値段ぐらいで、駅名や列車名には金属製の長いゴムスタンプのような形の活字棒が使用されていた。乗車駅の発車時刻については、なんと手書きだった。つまり超アナログ的なコンピュータなので、発券にも時間と手間がかかったのである。

そこで「ヨン・サン・トオ」こと1968（昭和43）年10月1日ダイヤ改正では、全国の主要路線で特急が増発されるのを機に、同じ系統で同じような性格を持つ優等列車には可能なかぎり総称愛称と号数番号を併用。「○○1号」「○○2号」のように呼称して列車名を整理する方法が採用される。また、利用率の低い列車は思い切って廃止し、総称愛称として使用するネームも既存のものとすることによって、同改正では表22に示す94（南紀地区と九州の両方に存在する「**なぎさ**」を別個とすると95）の列車名が姿を消した。

これらのなかには、当時としては非常に長い列車名で利用客からも不評だった「**南八幡《みなみはちまん》平《たい》**」や「**九十九島《くじゅうくしま》**」のほか、地理にくわしくない者にとっては、愛称だけでは由来はもちろん、どの路線を走っているかわからないような列車もあったが、逆に「残しておいたほうがよかったのに」と廃止が悔やまれる愛称も多々あった。

優等列車の大半が客車だった当時からの急行で、全国でも名を知られている「**大和《やまと》**」「**な**

にわ」「**まりも**」「**越路**《こしじ》」「**アカシヤ**」や、抽象ネームゆえにほかの特急や急行への転用が利きそうな「**いそかぜ**」「**しおかぜ**」「**あさしお**」「**しらぎり**」「**夕月**《ゆうづき》」、それに花名の「**はまなす**」や「**ライラック**」などである。

「なにわ」や「大和」のように列車の全区間または一部区間が廃止されてしまっては引退に追い込まれるのはいたしかたないが、では、なぜ両列車を除く前記の列車名は消滅したのか。ここでは「いそかぜ」と「しらぎり」「夕月」「はまなす」「ライラック」に絞ってその経緯を述べることにしよう。

1968年10月改正前、関西から九州行きの気動車特急として京都〜西鹿児島・長崎間「かもめ」と、大阪〜佐世保・宮崎間「いそかぜ」が設定されていた。しかし、同改正では沖縄の本土復帰を願う愛称として「**なは**」が大阪〜西鹿児島間に登用されることになったため、長崎・佐世保・宮崎行きの列車は再編を迫られ、「**かもめ**」は京都〜長崎・佐世保間特急となる。では、「なは」と併結になる宮崎編成はとなると、行き先から西鹿児島行きの「なは」を名乗るわけにはいかなかった。ここに、特急は併結でも同一ネームの原則が崩れ、宮崎行きは旧国名の「**日向**《ひゅうが》」に改称され、「いそかぜ」は消滅する。「いそかぜ」は「なは」誕生の犠牲になったわけである。

表22　1968年10月1日改正で消滅した列車名

種別	動力	消えた列車名	主な運転区間	新しい列車名	後
特急	気	いそかぜ	大阪～佐世保・宮崎	かもめ・日向	○
	電	しおかぜ	新大阪～広島	しおじ	◎
	電	ゆうなぎ	新大阪～宇野	うずしお	×
急行	電	赤石	新宿～飯田（辰野経由）	こまがね	×
	気	アカシヤ	函館～札幌	すずらん	×
	気	阿寒	札幌～根室	狩勝	×
	気	あけぼの	仙台～青森（北上線経由）	きたかみ	○
	気	阿佐	小松島港～高知	よしの川	×
	気	あさしお	金沢～米子（小浜・宮津線経由）	大社	○
	気	旭川	旭川～名寄～遠軽～旭川	オホーツク	×
	気	あずみ	名古屋～長野	きそ	×
	気	あばしり	旭川～網走	大雪	×
	電	あまぎ	東京～伊豆急下田・修善寺	伊豆	○
	電	いこま	東京～大阪	×	×
	気	いしづち	小松島港～松山（琴平経由）	×	◎
	気	いすず	岐阜/名古屋～鳥羽	×	×
	客	伊勢	東京～鳥羽	紀伊	×
	電	いでゆ	東京～伊豆急下田・修善寺	おくいず	○
	気	いなば	鳥取～広島（木次線経由）	ちどり	○
	気	岩木	鰺ヶ沢～青森	深浦	×
	気	うしお	名古屋～紀伊田辺	紀州	×
	電	奥利根	上野～水上	ゆけむり	×
	気	奥能登	大阪～和倉（上り輪島）	ゆのくに	×
	気	かいけ	大阪～米子（津山経由）	伯耆	×
	気	甲斐駒	甲府～長野（小海線経由）	×	×
	気	加越	名古屋～金沢（高山経由）	のりくら	○
	電	加賀	大阪～金沢	ゆのくに	×
	客	上高地	新宿～松本（～長野）	×	×
	電	関門	新大阪～下関	ながと	×
	気	きじま	大分～博多（上りのみ）	ゆのか	×
	気	きそこま	多治見～長野（下りのみ）	きそ	×
	気	きのさき	京都～城崎	丹後	◎
	気	久慈川	上野～福島（水郡線経由）	奥久慈	×
	気	九十九島	博多～長崎	平戸	×
	気	くなしり	釧路～中標津（～根室標津）	しれとこ	×
	気	くびき	田口～新潟	よねやま	×
	客	黒部	上野～金沢（長野経由）	北陸	×
	電	越路	上野～新潟	佐渡	×
	客	さぬき	東京～宇野	瀬戸	×
	気	三陸	上野～青森・久慈・盛	八甲田	○
	気	しいば	宮崎～別府（上りのみ）	南風	○
	電	志賀	上野～長野・湯田中	信州	○
	客	しのぶ	上野～福島（～仙台）	あづま	×
	客	しまね	米子～博多	さんべ	×
	電	しもつけ	上野～黒磯	なすの	×
	気	しらぎり	米子～広島（伯備線経由）	ちどり	×
	電	周防	広島～小郡	×	×
	気	スカイライン	水戸～福島（水郡線経由）	×	×

種別	動力	消えた列車名	主な運転区間	新しい列車名	後
急行	客	石北	（函館～）札幌～北見（～網走）	大雪	×
	電	だいや	上野～日光	日光	×
	気	たまつくり	宇野～出雲市	しんじ	×
	客	たるまえ	函館～札幌	すずらん	×
	客	ていね	函館～札幌（小樽経由）	ニセコ	×
	電	とがくし	上野～長野	信州	○
	気	十勝	札幌～帯広	狩勝	○
	電	中伊豆	（修善寺～）三島～大垣	×	×
	気	なかうみ	米子～小倉	さんべ	×
	気	ながさき	小倉/博多～長崎	いなさ	×
	気	なぎさ	鳥羽～紀伊勝浦	はまゆう	○
	気	なぎさ	熊本～西鹿児島	そてつ	○
	客	那智	東京～紀伊勝浦	紀伊	×
	客	ななうら	京都～広島（呉線経由）	音戸	×
	電	なにわ	東京～大阪	×	×
	気	南紀	新宮～天王寺・難波	きのくに	◎
	気	にしき	岡山～広島（呉線経由）	吉備	×
	客	能登	東京～金沢（米原経由）	×	○
	電・気	白馬	新宿～信濃大町/糸魚川	アルプス	○
	客	羽黒	上野～秋田（新津経由）	鳥海	×
	気	はしだて	大阪～天橋立	丹波	◎
	気	はまなす	小樽～網走	大雪	○
	気	はやたま	新宮～名古屋（東和歌山・奈良経由）	しらはま	×
	客	はやと	門司港～西鹿児島	かいもん	×
	電	はるな	上野～渋川	ゆけむり	○
	客	ひのくに	新大阪～熊本	×	×
	気	ひば	新見～広島	たいしゃく	×
	客	ひばら	上野～会津若松	ばんだい	×
	電	びんご	新大阪～三原	とも	×
	電	穂高	新宿～南小谷	アルプス	×
	客	まりも	札幌～釧路	狩勝	○
	客	丸池	上野～長野（～直江津）	妙高	×
	気	みささ	大阪～上井	伯耆	○
	電	みずしま	岡山～下関	山陽	×
	気	南八幡平	盛岡～秋田	たざわ	×
	気	やえがき	米子～熊本	さんべ	×
	客	大和	東京～湊町	紀伊	×
	気	やまのゆ	京都～中国勝山	みまさか	○
	客	夕月	新大阪～宮崎	日南	×
	気	予土	松山～高知（多度津経由）	×	×
	気	よねしろ	盛岡～秋田（花輪線経由）	はちまんたい	○
	気	ライラック	函館～札幌（小樽経由）	ニセコ	○
	気	礼文	旭川～稚内	利尻	○
準急	気	かくだ	柏崎～新潟（越後線経由）	ひめかわ	×
	電	白糸	富士～甲府	富士川	×
	気	つくも	金沢～穴水（～蛸島）	能登路	×
	気	らうす	釧路～中標津（～根室標津）	しれとこ	×

定期列車名のみを記載。×は消滅。「なぎさ」は1968.10.1まで南紀地区と九州に同名列車が存在した。
動力欄凡例：電＝電車 気＝気動車 客＝客車列車
後（その後）欄凡例：◎＝消滅後に復活して現在も活躍中の列車名 ○＝消滅後に復活するも再び消滅をみた列車名

いまや区間によっては1日に3往復の単行気動車しか走らないのが宍道《しんじ》〜備後落合《びんごおちあい》間の木次線《きすきせん》。山深い閑散線区の実態は半世紀前も変わらないが、当時は米子を中心とした山陰中央部と広島を結ぶ幹線的使命を有しており、急行「**ちどり**」と「**いなば**」が計3往復運転されていた。米子〜広島間にはこのほか「しらぎり」があったが、こちらは米子〜備後落合間は伯備《はくび》・芸備《げいび》線経由だった。1968年10月改正で木次線経由の「いなば」が老舗ネームの「ちどり」に統合されるのはしかたないとしても、木次線に関係のない「しらぎり」までが「ちどり」に改称されてしまう。同改正以後はSL（蒸気機関車）ブームが起こり、D51（通称・デゴイチ）三重連が見られる伯備線布原《ぬのはら》信号場（現在は駅に昇格）付近は撮影するファンで賑わった。「しらぎり」を改称した「ちどり」ももちろん布原を通過したが、せっかくのヘッドマークつき気動車急行も、〝鉄道ファンでないSLファン〟からは見向きもされない存在だった。

さて、1960年代半ばから1970年代にかけてハネムーン先として最も賑わったのが九州の別府から宮崎、指宿へと抜けるルート。1965年10月に京都〜都城間急行「日向」の増発列車の形で新設された新大阪〜宮崎間急行「夕月」は寝台車中心の編成で、まさに新婚客御用達の列車だった。しかし、1968年10月改正でこの両急行の列車名は

「**日南**《にちなん》」に統合される。新列車名の「日南」も新婚旅行客に人気のある日南海岸にちなむが、それより月（moon）がつくことでいかにも新婚列車にふさわしい「夕月」の消滅は人気列車だっただけに廃止は惜しまれた。統合の憂き目を見た2列車のうち、「日向」は気動車特急に転用されて「なは」の相方を務めるが、「夕月」はそのまま雲に隠れてしまったようで、定期列車としての復活はない。

「ヨン・サン・トオ」での列車名統合は全国におよぶが、そのなかでも「これでもか」とばかりに重点的に荒療治が実施されたのが北海道だった。とくに幹線急行は函館〜札幌間では東室蘭《ひがしむろらん》経由が「**すずらん**」、小樽経由が「**ニセコ**」。札幌から根室《ねむろ》本線行きは「**狩勝**《かりかち》」、石北本線行きは「**大雪**《たいせつ》」が総称ネームとされ、この経路上を走る急行は過去の実績や旅客からの人気、昼・夜行の区別なく統廃合が実施された。

前日まで「ライラック」や「**ていね**」の名で函館本線のヤマ線区間（小樽経由）で運転されていた急行は、改正当日からは旧準急名の「ニセコ」になるので、格下げにあったような感じだった。

同じ札幌行きでも「**アカシヤ**」や「**たるまえ**」は「すずらん」に吸収されるので、小樽経由は「ライラック」としたほうが均衡が保たれそうだが、C62重連が牽く客車急行に芳香のある紫色の小花の愛称が似合うかどうかは難しいところだ。

石北本線では小樽／札幌〜網走間の**「はまなす」「オホーツク」「石北《せきほく》」**はもとより、旭川〜網走間の**「あばしり」**までが「大雪」となるため、「大雪」は季節列車を含めれば最終号数番号が6号に膨れ上がる。気動車2両だけの列車から10両以上の夜行客車急行までが同一ネームなので、まさに雑居世帯だった。オール自由席の旧「あばしり」は統合の目的からは遠い位置にある列車なので、ここまで徹底して実施する必要性は果たしてあったのだろうか。

北海道では花や植物にちなむ数多くの列車名が散ってしまった「ヨン・サン・トオ」の列車名の統廃合だが、「人の噂も七十五日」といった諺《ことわざ》もあるように、新しい年を迎えるころには新列車名も利用客のあいだですっかり定着しているのだから、日本人の適応性は、いつの時代もすばらしいものだと思う。

なお、廃止された100近い列車名のうち28種は、その後、国鉄〜JR線上に復活を果たす。最後まで定期急行として残っていた「はまなす」のネームが2016年3月の列車廃止で消滅してしまったのは残念だが、**「しおかぜ」「いしづち」「きのさき」「南紀《なんき》」「はしだて」**の5種は現在も特急として活躍中である。

第5章

複雑すぎて乗り間違えそうな列車名

2階建て、3階建て、循環列車……複雑怪奇な国鉄のダイヤ

ダブルデッカーと呼ばれる2階建ての車両には、JR東日本首都圏中距離電車の編成に入っているグリーン車や、上越新幹線で見られるE4系、私鉄では近畿日本鉄道伝統のビスタカー（現・ビスタEX《エックス》）が有名だが、列車で〝2階建て〟といえば、東北新幹線の「**はやぶさ・こまち**」「**やまびこ・つばさ**」のように行き先が2つある併結列車のことを指す。在来線特急でも「**サンライズ瀬戸《せと》・サンライズ出雲《いずも》**」「**きのさき・まいづる**」「**しおかぜ・いしづち**」「**みどり・ハウステンボス**」、それに単独ネームでは「**成田《なりた》エクスプレス**」や「**踊《おど》り子《こ》**」のように2階建てで運転されている列車は結構多い。

こうした2階建て列車が設定される理由として、東北新幹線を例に取ると、東北・上越・北陸の各新幹線が共同で使用し、列車設定本数の多い東京〜大宮間では、行き先の異なる2つの列車を併結して1本で運転することによって線路容量の緩和につながるほか、乗務員数を減らすことができる。さらに、東京〜新函館北斗間の「はやぶさ」は17両では輸送力が過剰なので、本編成（基本編成）を10両とし、残る付属編成の7両を秋田行き「こ

まち」とすれば、〝支線〟にあたる盛岡〜秋田間に東京からの直通列車を確保でき、サービスが向上するといった利点が挙げられる。在来線の2階建て特急には末端では単線区間を走る列車が多いが、線路容量の有効活用や、付属編成が支線区への直通サービスを担っている点は新幹線と同じである。

3階建て以上となると、枝分かれした各方向にそれなりの需要があり、本線区間では駅に長大編成に対応できるだけの線路有効長（分岐器間の距離）とホームさえあれば難しいことではない。現に国鉄時代には、電化の有無に関係なく入線でき、しかも1両単位での走行が可能な気動車が優等列車として重要な地位を占めていたので、2階建て以上の多層建て列車や、起終点が同じ循環列車が多数運転されていた。とくに1960年代から1970年代にかけては全国各地で見られ、それらの一本一本を解説していくと一冊の本ができあがるくらいだから、本項では1960年代の著名列車を代表例としてピックアップし、図1に示す編成とともに活躍のあとを振り返ってみよう。

まず、多層建て特急の代表格としては「サン・ロク・トオ」こと1961年10月改正で登場した「白鳥《はくちょう》」が挙げられる。国鉄時代の特急「白鳥」は大阪〜青森間を通す日本海縦貫特急としてのイメージが強いが、1965年10月に単独運転化されるまでは大阪〜直江津間が上野行きとの併結だった。大阪〜東京（上野）間旅客の絶対数が多いからといって、わざわざ北陸回りで旅行する人はいないので、大阪〜上野間編成は首都圏対北陸間輸送をメインとし、併結区間では青森編成の増結車的な役割を担っていた。そのため大阪から金沢や富山まで乗車する場合には、必ずといっていいほど上野編成の座席が割り当てられた。

「白鳥」の編成は、当時の特急の格にふさわしく、青森・上野行きとも6両。両編成ともに1等車（現・グリーン車）と食堂車が連結されていた。食堂車は双方とも日本《にほん》食堂（現・日本《にっぽん》レストランエンタプライズ）の経営だが、③号車と⑩号車とでは担当の営業所が異なるためにオリジナルメニューもあり、実際に味比べを行った旅客も少なからずいたといわれる。鉄道が国内交通の王者だった国鉄の戦後黄金時代のワンシーンである。

東海道新幹線開業までは〝九州の名列車〟として名を馳せていた「**ひかり**」も起点と終点がそれぞれ2つずつある多層建て列車だった。「ひかり」の列車史については175ページの項で記述したので、ここでは超特急格上げ1年前の1963年10月の編成に触れてみると、12時05分に博多を8両で発車した西鹿児島・熊本行き列車は、小倉で門司港からの2両を併結し、3階建て編成となって日豊本線を最長の10両で南下。大分で2方向に分かれ、⑥〜⑩号車はそのまま延岡、宮崎、都城といった宮崎県の主要都市を経由して21時24

図1　国鉄時代の代表的多層建て列車（代表例）

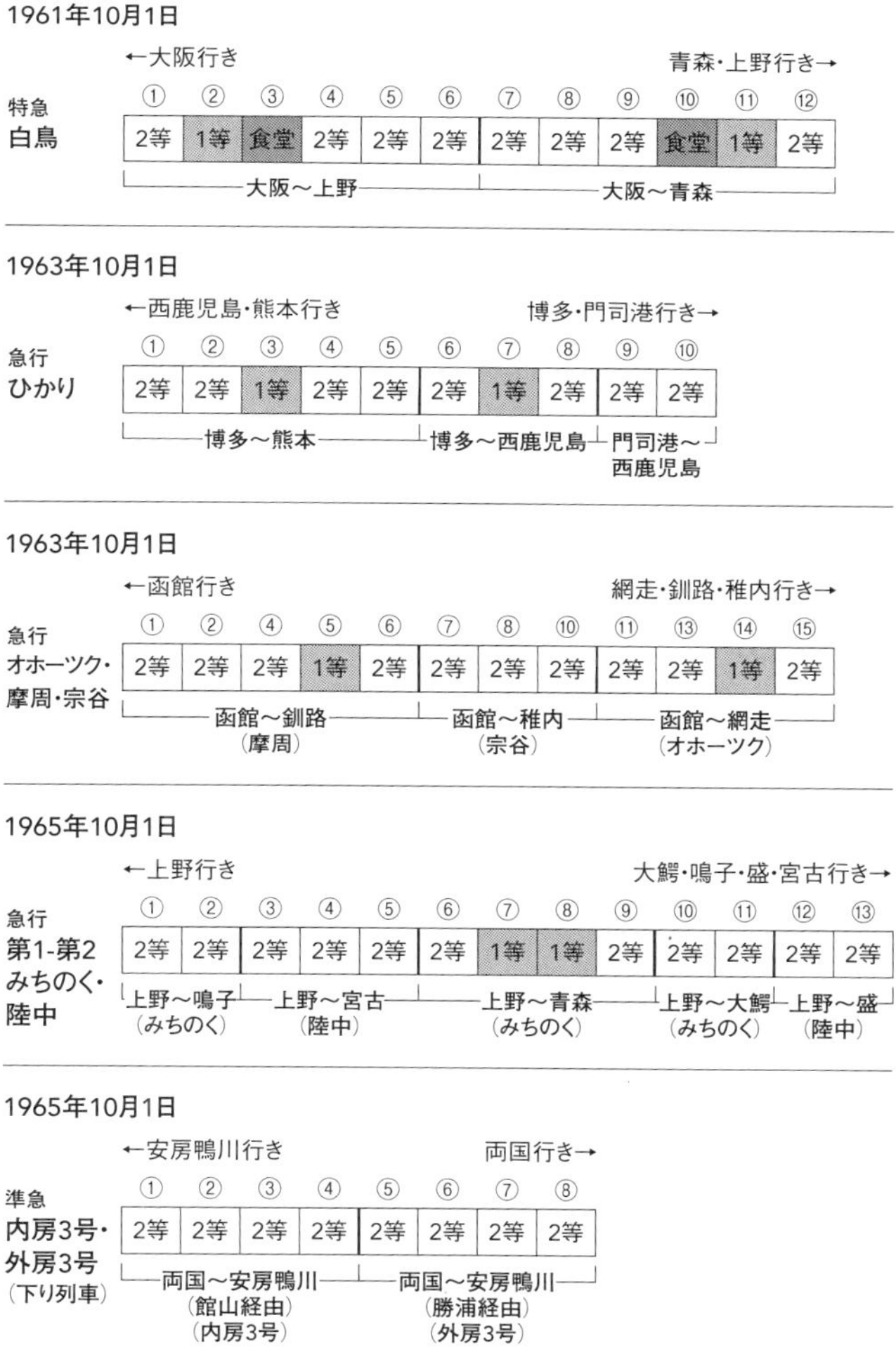

分に終点西鹿児島に到着する。一方、①～⑤号車は豊肥本線で中九州を横断し、途中で雄大な阿蘇のカルデラのなかを走りながら、18時14分に熊本に達する。

「ひかり」が西鹿児島・熊本行きの双方とも順路の鹿児島本線経由と異なる運転をしていたのは、別府、阿蘇、宮崎など観光地への旅客の便宜を図っていたからである。また、⑨・⑩号車が門司港始終着とされたのは、当時は福岡市（博多）より人口が多かった北九州市内からの着席サービスが目的だった。もちろん、門司港からの旅客も車両を移動することによって1枚の急行券で阿蘇・熊本方面への乗車が可能だった。

北海道では1961年10月から1964年9月末までのわずか3年間だが、函館を起点として〝最果て〟の網走、釧路、稚内まで直通した3階建て列車「**オホーツク・摩周《ましゅう》・宗谷《そうや》**」の活躍が、年配のファンのあいだでは半世紀以上を過ぎた現在も色褪《いろあ》せていない。本州からの夜行急行「**北上《きたかみ》**」と「**八甲田《はっこうだ》**」の旅客を受けて函館を11時10分に発った12両編成の気動車急行は、6時間後に滝川《たきかわ》で釧路行き「摩周」を切り離し、その先の旭川では網走行き「オホーツク」と稚内行き「宗谷」に分かれ、『時刻表』1963年10月号では、網走と稚内には22時43分、釧路には22時41分に到着する。少し遊び心を起こして3駅の時刻を22時43分に統一すればよかったのにと惜しまれた。この列車は上野を夕刻に発つと、翌日中には北海道の奥地まで入れることで人気があったが、それにしても、冬場なら11時間半ものあいだ、雪で覆われた線路をひた走ったキハ56系の体力にはおそれ入る。

個々の編成は、「摩周」が5両、「オホーツク」が4両、「宗谷」が3両と走行区間の利用実績に合わせているが、編成中③・⑨・⑫の各号車が欠番とされているのは、観光シーズンには最大15両への増結を見込んでいるのが理由だった。利用客から好評を博した最果て直通急行だが、1964年10月改正では「オホーツク」と「摩周」が特急に格上げされて**「おおとり」**に改称。「宗谷」は急行のままで残って単独運転となる。函館から札幌以北に直通する列車も、いまでは伝説の世界である。

多層建て列車のなかには、途中駅で分割や併合を繰り返す関係で、それにからむ全列車を編成図に表すと6階建ての21両になるような恐ろしいまでの気動車急行が存在した例もあるが、始発駅では3階建てだった。そうしたなか、1965年10月改正では上野駅に行き先が4カ所、編成では5階建てとなる急行**「第1－第2みちのく・陸中《りくちゅう》」**が登場する。上野を7時40分に発車し、常磐線経由で仙台に到着後は東北本線を北上。本務列車の「第1－第2みちのく」（以下「みちのく」）が2両だけになって21時25分に終点の大鰐《おおわに》に到着するまでに、小牛田《こごた》で鳴子《なるこ》（現・鳴子温泉）行き「みちのく」、一ノ関《いちのせき》で盛行き「陸中」、花《はな》巻《まき》で宮古《みやこ》行き「陸中」、青森で同駅止まりの「みちのく」本編成を切り離すわけである。

この列車は上野からその日のうちに北東北や三陸の各地に直通できることで好評だったが、行き先が多いことで誤乗も発生しやすく、利用客はあらかじめ乗車号車と行き先を把握しておく必要があった。また、「みちのく」と「陸中」は同じ列車名の車両が分散しているのも利用客にはやっかいだった。いっそ①〜⑨号車を「みちのく」、⑩〜⑬号車を「陸中」にすればすっきりするのだが、分割後は進行方向が逆になる編成もあるため、それも難しかった。このような「みちのく・陸中」だが、東北各地の支線区からは上野直通列車設定の要望が強く、翌1966年10月には花輪線や八戸線への直通が実現する代わりに上野口では2往復となり、それぞれ3階建てに変更された。なお、多層建て列車のネームについては、特急「白鳥」と急行「ひかり」は行き先にかかわらず同一列車名だが、北海道急行と東北急行は行き先によって別個の愛称を名乗っていた。後者の場合は北海道のように行き先を代表するような列車名をつければ誤乗を招きにくいが、東北急行のように終点の位置がまったく異なる鳴子行きと大鰐行きを「みちのく」、盛行きと宮古行きを「陸中」とひとくくりにしてしまうのはどうだろうか（正確には盛の旧国名は陸前だが）。現在の東北新幹線ではないが、多層建て列車は行き先ごとに列車名をつけるのが望ましく、利用客へのサービスからすれば、多層建てはいいところ3階建てが限度だろう。

次に、起点と終点とが同じ循環列車について述べる。現在のように新幹線が基幹輸送を担い、在来線特急はその補佐に徹する状況では想像もつかないが、国鉄時代には気動車準急の運転形態のひとつとして、山手線の超巨大版ともいうべき循環列車が存在し、１９６５年10月当時には表23のような面々が設定されていた。こうした循環列車が繁栄した背景としては、循環ルートのなかに主要都市や著名観光地が適当な間隔を置いて存在し、列車はほぼ全区間で好調な乗車率が期待できることや、起終点となる都市からルート上にある観光地を何カ所か回れば能率のいい旅行ができること。それに車両基地が起終点駅の近くにあれば車両運用面でも都合がいいことが挙げられる。

これら循環列車は１９６６年3月に急行に格上げされるまではすべて準急として運転されていた。なかには元の駅に戻るまで５００㎞以上も走り続ける「**しろがね**」「**こがね**」や、九州の「**ひまわり**」のように大分〜別府間を2度も通過するなど列車名に恥じず一日中、九州内の北半分を回っているような変わり種もあるが、走行距離の半分以上を乗り通すような旅客はまずいないので、料金の安い準急として設定されていたのである。また、列車名は北海道や九州では内・外回りとも同一だが、本州では誤乗防止策からか、内回りと外回りで異なったネームがつけられていた。この場合は盛岡循環準急の内回りは釜石市南西部の五葉山《ごようざん》、外回りは山田《やまだ》線上米内《かみよない》駅北東部の外山《そとやま》高原にちなんだ愛称を名乗っているように、ペア列車が先に通過する山岳名や観光地にちなんだ列車名をつけるのが暗黙のルールのようなもので、「**すわ**」と「**のべやま**」や「しろがね」と「こがね」もこれに従っていた。

これら循環列車のなかで多層建てともからんで運転形態が最も複雑だったのは、房総東・西線と呼ばれていたころの外房・内房線で運転されていた、その名も「**外房**《そとぼう》」と「**内**《うち》**房**《ぼう》」である。房総東・西線は終点が安房鴨川なので、『時刻表』だけでは「外房」は勝浦《かつうら》経由の両国〜安房鴨川間列車、「内房」は館山《たてやま》経由の両国〜安房鴨川間列車として記されており、これだけでは両国〜千葉間を併結の２階建てで走るだけの一準急にすぎなかった。

しかし、訪れた経験のある人ならおわかりだが、安房鴨川駅は構内に数本の車両留置線がある以外は、見た目にはなんの変哲もないスルー構造の中間駅である。また、「外房」「内房」両列車は、少ないながらも房総東・西線を通す需要もあるため、安房鴨川で数分の停車中に「外房」は「内房」、「内房」は「外房」にヘッドマークをつけ替え、そのまま千葉方向に直通。千葉で逆方向に房総一周を終えた相方と再び併結されて終点の両国に向かった。

この間の編成や時刻・運転経路については『鉄道ピクトリアル』１９６６年３月号に

表23　循環準急列車一覧表

1965年10月1日現在

地区	回り方	列車名	運転区間とその経路	運転距離	所要時間	表定速度	廃止年月日	備考
北海道	内回り	**旭川**	旭川→遠軽→紋別→名寄→旭川	338.8	7-48	43.4	1968.10.1	
	外回り		旭川→名寄→紋別→遠軽→旭川		7-27	45.5		
	内回り	**いぶり**	札幌→倶知安→伊達紋別→苫小牧→札幌	330.3	6-47	48.7	1980.10.1	
	外回り		札幌→苫小牧→伊達紋別→倶知安→札幌		7-19	45.1		
東北	内回り	**五葉**	盛岡→花巻→釜石→宮古→盛岡	283.1	6-05	46.5	1982.11.15	
	外回り	**そとやま**	盛岡→宮古→釜石→花巻→盛岡		6-13	45.5		
房総	内回り	**内房〜外房**	新宿/両国→館山→安房鴨川→勝浦→新宿/両国	298.3	6-05	49.0	1969.7.11	4往復設定。列車名は安房鴨川で変更
	外回り	**外房〜内房**	新宿/両国→勝浦→安房鴨川→館山→新宿/両国		6-05	49.0		
長野	内回り	**すわ**	長野→塩尻→小淵沢→小諸→長野	272.7	6-15	43.6	1975.3.10	
	外回り	**のべやま**	長野→小諸→小淵沢→塩尻→長野		6-36	41.3		
東海・北陸	内回り	**しろがね**	名古屋→高山→富山→米原→名古屋	572.5	10-54	52.5	1972.3.15	2本設定
	外回り	**こがね**	名古屋→米原→富山→高山→名古屋		10-29	54.6		
九州	外回り	**ゆのか**	博多→小倉→大分→日田→久留米→博多	378.9	6-55	54.8	1968.10.1	内回りは博多→日田→別府間
	内回り	**ひまわり**	大分→小倉→博多→熊本→阿蘇→大分→別府	480.2	9-49	48.9	1975.3.10	
	外回り		別府→大分→阿蘇→熊本→博多→小倉→大分		10-40	45.0		2本設定

内房〜外房の運転距離は新宿発両国行きを、所要時間と表定速度は同区間で最も速い列車のものを示す。

2本設定の「しろがね」と「ひまわり」外回り列車の所要時間と表定速度は廃止年月日が同一のペア列車のものを示す。

動力はすべて気動車。

「内房3号」～「外房4号」のルポ記事が掲載されているので、それをもとに図1の最下欄と図2に示す。両国～千葉間を併結の8両は千葉で4両ずつに分かれ、約5時間後に再び千葉で合流するまで内・外回りで半島を一周するわけだが、この間に分かれた2つの編成が房総西線の江見《えみ》駅ですれ違うというシーンもあった。このときだけは両列車ともヘッドマークは「内房」である。

こうした房総準急（急行）の循環運転は、西線側の電化が先行して完成したこともあって1969年7月に途切れるが、房総東・西線が全線電化されて外房・内房線に改称されたた1972年7月15日からは165系電車急行で復活し、内回りは「**なぎさ**」、外回りは「**みさき**」の列車名になる。両列車とも中間の館山～勝浦間は急行料金なしの普通列車としたのがユニークだったが、両国～千葉間での併結はなく、全区間とも7両での単独運転だった。定期の循環急行としては唯一の電車列車としても注目された「なぎさ」と「みさき」も、外房・内房線がすでに電車特急の時代に突入していたこともあり、1975年3月10日改正で廃止されてしまった。なお、房総の循環列車の記述にあたっては、煩雑さを避ける意図もあって東京方の始終着駅を両国としたが、実際には新宿始終着駅列車も多く存在したことをつけ加えておく。

急行〔ちとせ2号〕〔とうや1号〕〔いぶり〕
214D 札幌発室蘭・洞爺・札幌行き キハ22+56系7連
札幌～室蘭間を「ちとせ」「とうや」と"3階建て"で走る循環急行「いぶり」。車両は3両目の1両だけなので、伊達紋別～倶知安間の胆振線内は単行運転だった。1971.5.31 苫小牧

図2　房総循環準急・運転経路図　内房(外房)3号～外房(内房)4号の例
(1965年10月1日現在)

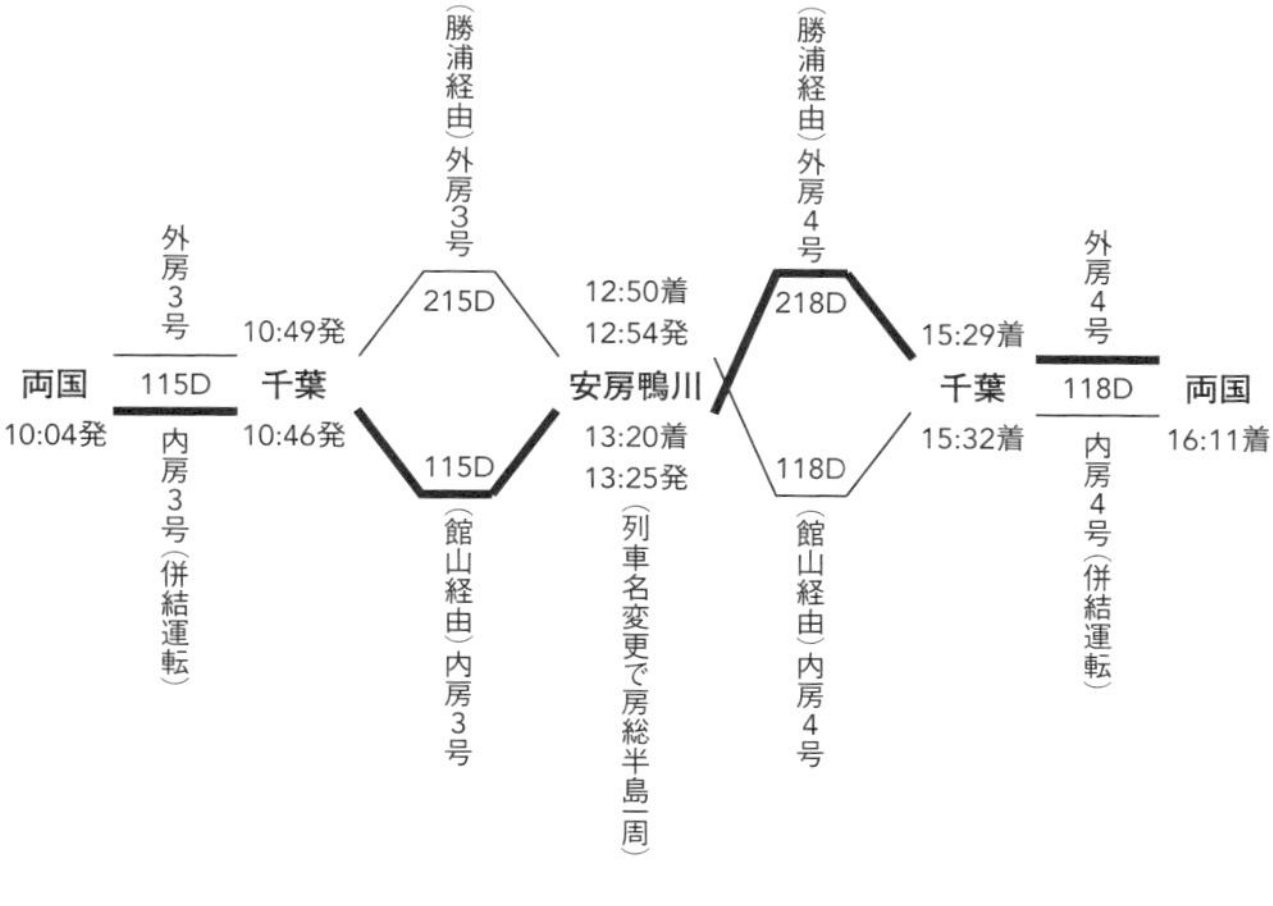

ひとつの名前で複数の路線を経由した列車名

1968年10月1日改正で優等列車のネームが大々的に統廃合されたことは184ページの項で述べた。これによって、とくに急行は昼夜行や動力に関係なく同一または類似区間を走る列車は極力同一ネームに統一される。東京〜宇野間急行が「**瀬戸**《せと》」、大阪〜金沢／和倉（現・和倉温泉）間急行が「**ゆのくに**」、上野〜秋田間急行が「**おが**」に一本化されたのはその一例である。

しかし、ものには例外がつきもので、寝台急行のうち上野発の盛岡行き「**北星**《ほくせい》」や、仙台行き「**新星**《しんせい》」、新潟行き「**天の川**《あまのがわ》」は「**いわて**」「**まつしま**」「**佐渡**《さど》」への統合を免れ、従来どおり独立した列車名のままで残る。「いわて」など3グループには同一区間の夜行座席列車が存在するので、寝台列車は別扱いにしたのが理由だった。だから、寝台急行であるにかかわらず、類似区間に座席主体の夜行列車のない札幌〜釧路間寝台急行「**まりも**」が気動車急行のイメージが強い「**狩勝**《かりかち》」に統合されたのは、この〝ルール〟からはいたしかたないものだった。

北海道は1968年10月改正で列車名の統合が重点的に実施された地域で、とくにその代表格列車といえる「**大雪**《たいせつ》」は定期5往復の運転区間がすべて異なっており、普通列車として運転される区間を含むと、その勢力は函館から釧路にまでおよぶが、経路図だけでは図3のように意外とすっきりしている。〝幹線急行〟らしく函館、石北、釧網の3本線以外の路線には足を伸ばさないからだろう。函館始終着急行の「**ニセコ**」や「**すずらん**」、札幌から根室本線に向かう「狩勝」も同じである。

これに対し、ひとつの列車名で複雑な運転経路を形成したのは、現在では「**こうのとり**」や「**きのさき**」「**はしだて**」「**まいづる**」など電車特急の活躍舞台となっている在りし日の北近畿地区である。大阪から福知山線経由で豊岡・城崎《きのさき》（現・城崎温泉）に行く「**丹波**《たんば》」と、京都と府内北部の東舞鶴・天橋立方面を結ぶ「**丹後**《たんご》」は、準急時代の1965年までに列車群を形成していたが、当時から行き先はもちろんのこと、経路も十分に把握しておかないと誤乗の恐れがあることでは有名な列車だった。

1968年10月改正では、そうした列車群のなかに、それまで「はしだて」や「きのさき」の独立名を名乗っていた大阪〜天橋立間や京都〜城崎間の急行が「丹波」や「丹後」の一員として加わったため、北近畿地区の急行運転経路は図4、図5で示すように、ますます複雑なものになる。とくに「丹波2号」と「丹後4号」は大阪・京都から豊岡・城崎方面への列車だが、双方とも編成中に山陰本線経由と舞鶴・宮津線経由とが同居するので、乗車号車を間違えると目的地には着けても大幅な時間のロスが生じる結果になった。

そもそも、舞鶴・宮津線経由の豊岡（城崎）行きは、大阪や京都からの乗客はいいところ網野《あみの》までの乗車なので、同駅で運転を打ち切ってもいいような気もするが、北近畿地区を周遊する観光客には天橋立を観光したあと城崎で宿泊といった需要もあって、こうした迂《う》回《かい》運転もそれなりの存在意義があった。また、北近畿地区の支線区は舞鶴・宮津・小浜線とも都市や観光地を有しており、モータリゼーションの発達が十分でなかった当時は、大阪・京都からの直通急行は重宝されたのである。

一方、南近畿の紀勢本線急行は1968年10月改正で名古屋口が「**紀州**《きしゅう》」、天王寺口が「**きのくに**」に列車名が統合される。名古屋〜紀伊勝浦間が主体となった「紀州」には伝統的な名古屋〜天王寺間急行が存続したほか、白浜〜天王寺・難波（南海電鉄）間で座席指定サービスが売りものだった「きのくに」にも自由席主体の列車が増えるとともに、下りには参宮線の鳥羽始発列車も登場するなど従来とはイメージの異なる列車となるが、運転経路は単純だった。何せ紀勢本線はリアス式の海岸線に沿って敷設されているので、多気《たき》

図3　急行「大雪」運転経路図（1968年10月1日現在）

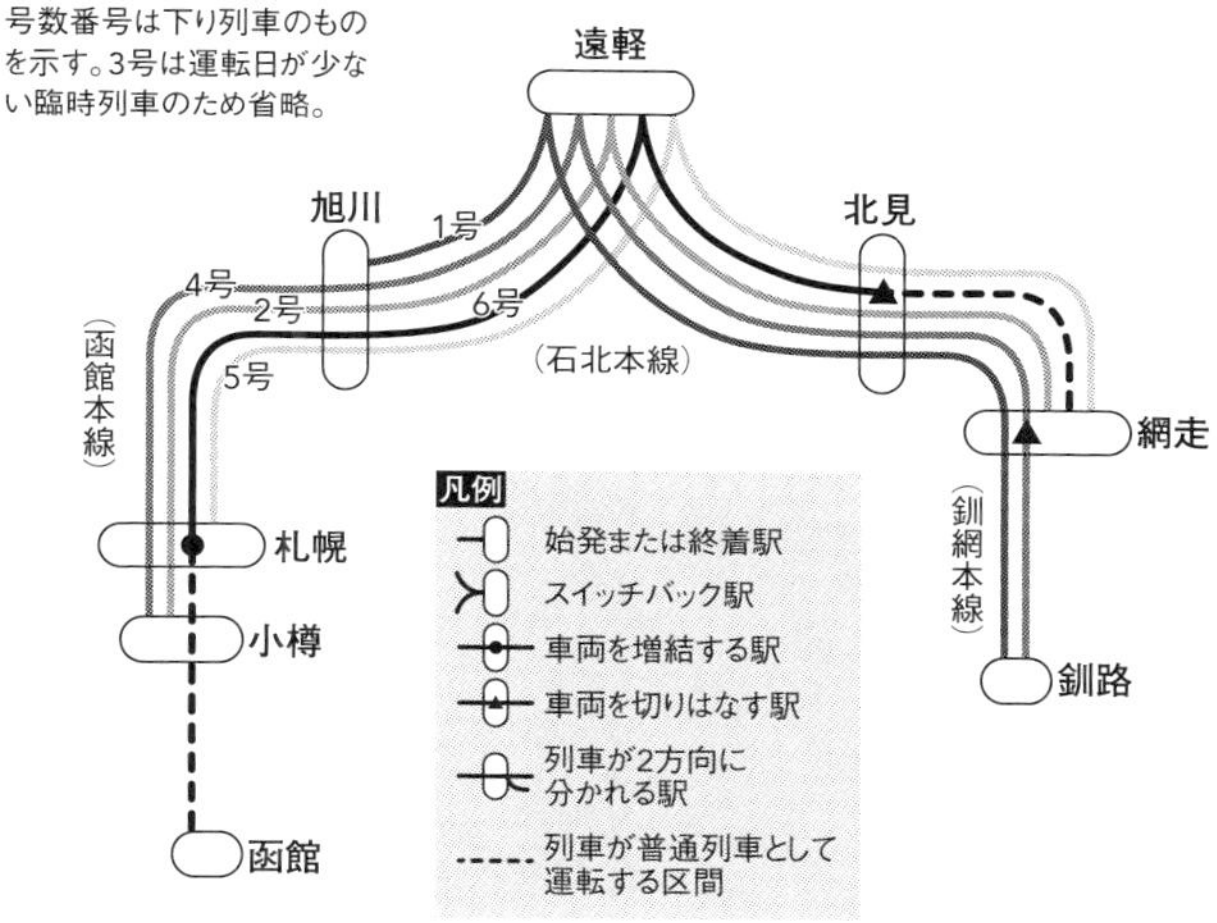

号数番号は下り列車のものを示す。3号は運転日が少ない臨時列車のため省略。

図4　急行「丹波」運転経路図（1968年10月1日現在）

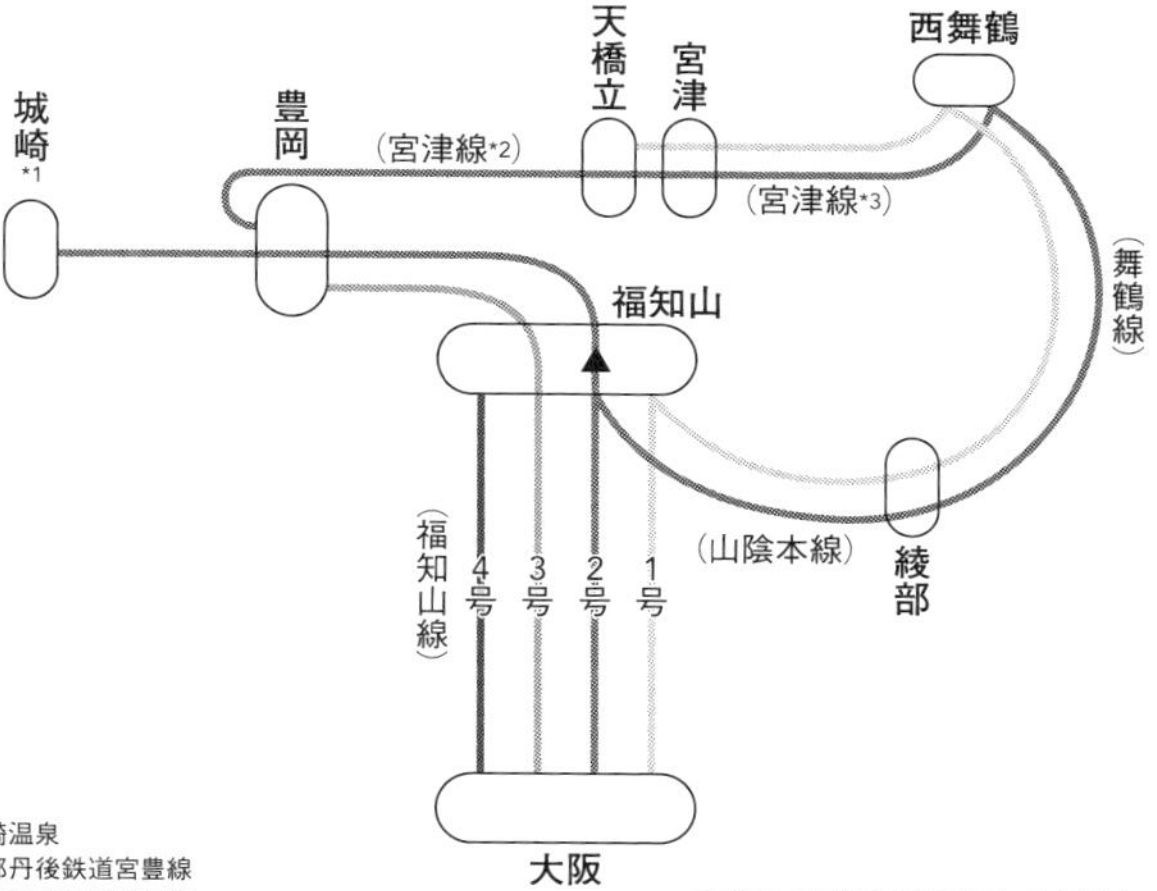

*1 現・城崎温泉
*2 現・京都丹後鉄道宮豊線
*3 現・京都丹後鉄道宮舞線

号数番号は下り列車のものを示す。

〜和歌山間には分岐する支線がなかったからである。

そのように紀勢本線系統の列車で複雑な経路をたどっていた列車といえば、和歌山線や桜井《さくらい》線にも入っていた急行「**しらはま**」1往復半が挙げられる。この「しらはま」の前身は1962年3月に新設された「**はまゆう**」と「**はやたま**」で、1968年10月改正までは登場時の列車名で運転されていたので、いまや前期高齢者である団塊世代にはこちらのネームのほうが馴染み深いかもしれない。

この「しらはま」のうち、複雑な経路をたどるのは新宮〜名古屋間を名古屋行きだけの片道運転を行う「しらはま1号」である。普通、同区間の列車は新宮からは順路にあたる尾鷲《おわせ》回りで名古屋に向かうが、この「しらはま1号」は図6のように同区間を紀勢・和歌山・桜井・関西の4線を経由した。その距離は440・4km。時刻は新宮発8時25分→名古屋着17時30分なので、サラリーマンの勤務時間いっぱいを使って走っているわけで、気動車急行としてスピードが速い部類ではなかった。なお、紀伊勝浦〜名古屋間を尾鷲経由で結ぶ「紀州2号」の新宮からの距離は240・1kmで、こちらは新宮発12時45分→名古屋着17時30分の時刻で運転されていた。名古屋着が「しらはま1号」と同時刻なのは、亀《かめ》山《やま》から併結の2階建てとされたからである。

図5　急行「丹後」運転経路図（1968年10月1日現在）

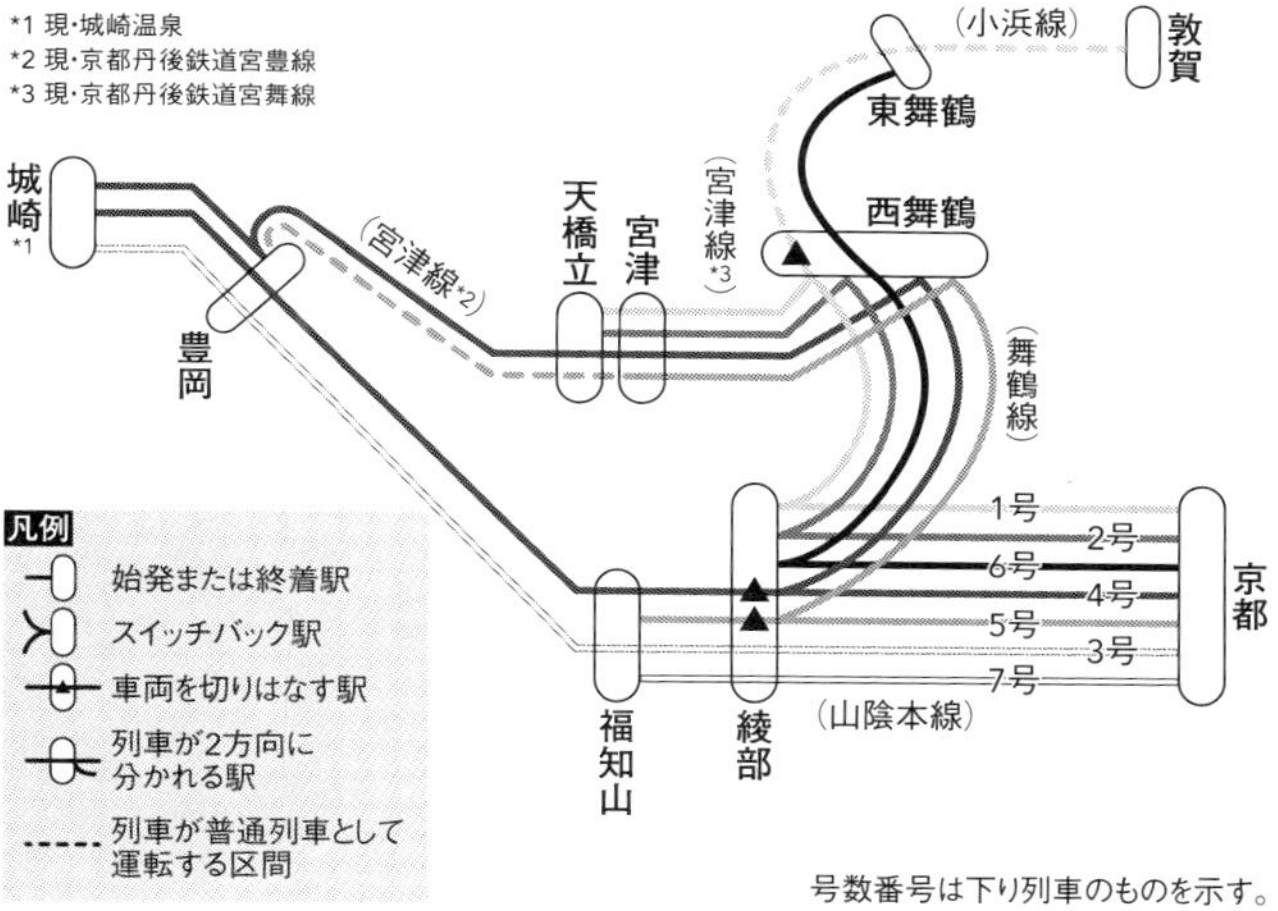

号数番号は下り列車のものを示す。

図6　急行「しらはま」運転経路図（1968年10月1日現在）

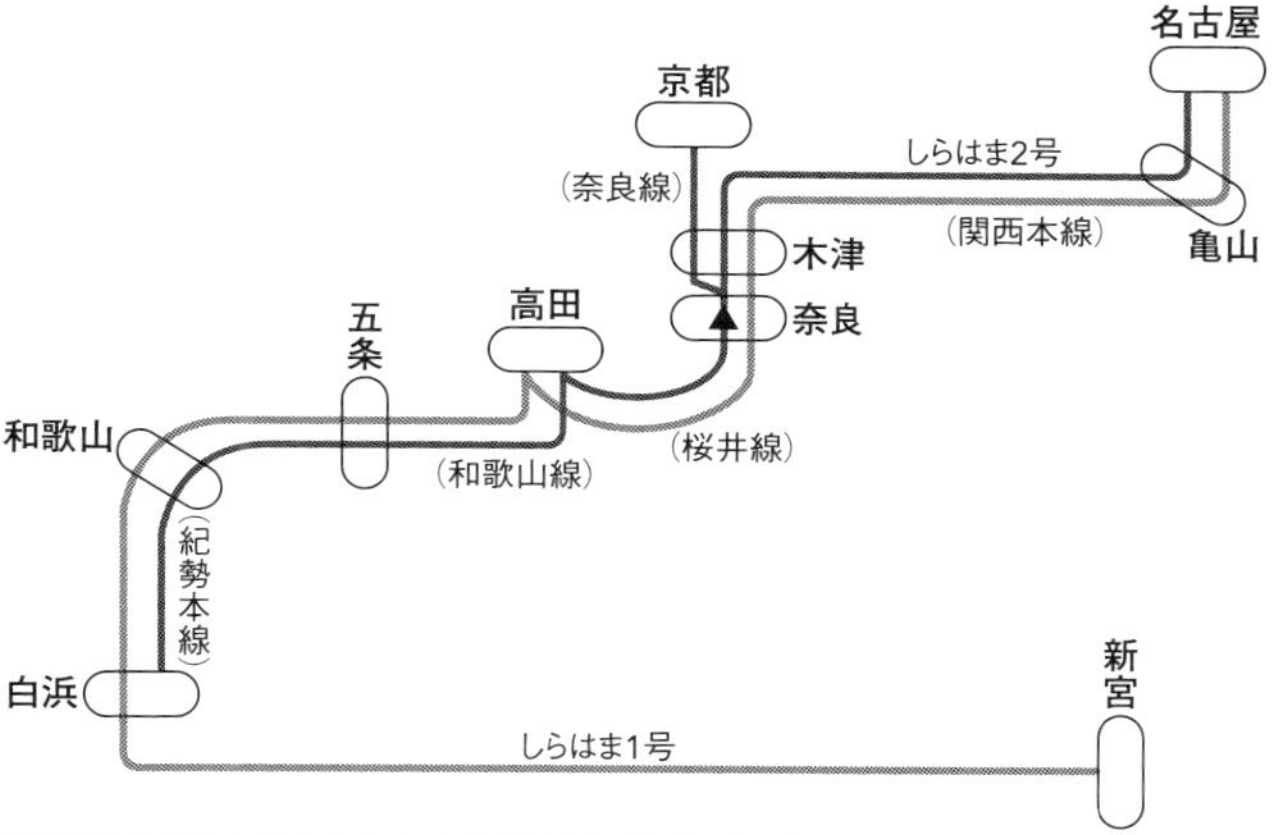

号数番号は紀勢本線内走行時の下り（和歌山方面行き）列車のものを示す。
「しらはま1号」は名古屋行きのみの片道運転。

この「しらはま1号」が順路から外れた複雑な経路で運転されたのは、「はやたま」として設定された1962年3月当時の紀勢本線は新婚旅行のモデルコースのひとつであり、ハネムーン客のなかには白浜で宿泊した翌日は高野山を参拝したり、奈良観光に出かけたりするカップルも少なくなかったからである。

「しらはま1号」が片道運転だったのは、これも片道運転の名古屋発紀伊勝浦行き夜行急行「紀州4号」の車両が終点に到着したあと、新宮に回送して「しらはま1号」として運転するからである。運用的には両列車で名古屋を起終点とした大規模な循環運転を行っていたわけである。

「しらはま」のうち、もう1往復は白浜〜京都・名古屋間の「しらはま2−1号」で、設定理由は「しらはま1号」とよく似ているが、こちらは京都始終着列車が本務編成だった。この列車も「はまゆう」として登場したころはハネムーンを含む観光客で賑わい、とくに春や秋の大安の日は1等車の切符は入手困難だったといわれる。新婚旅行の行き先が国内というのも若い世代にとっては「神話」のようだが、いまやあまり元気があるとは思えない紀伊半島のJR線に気動車準急（急行）が観光客を満載して走っていたのも団塊世代の思い出話になりつつある。

下りは準急、上りは急行で運転された列車名

ＪＲの定期優等列車は２０１６年３月26日改正で急行「**はまなす**」が廃止されたため、特急オンリーとなるが、国鉄時代の１９４６年11月10日から１９６８年９月30日までは３種別制で、急行の下位に準急の種別があった。そして準急は１９６６年３月５日にその大半が急行に格上げされるまで、本数のうえで優等列車の過半数を占めるとともに、乗車距離に関係なく１００円の料金で利用できる気楽さが受けて乗客から好評を博していた。ちなみに、当時１００円の運賃では33～36㎞の区間を乗車できたので、現在の物価では６５０円前後といったところか。いずれにしても割安感がする値段であることに違いはなかった。一方、急行料金は３００㎞まで２００円、３０１㎞以上は３００円で、中・長距離の乗車を前提とした値段の設定だった。

しかし、１９６６年３月５日の運賃・料金改定で急行と準急の料金を統合して急行料金に一本化されたのを機に、それまで７００本を超える本数を誇ってきた準急のうち、１００㎞以上走行の列車はすべて急行に格上げされる。特急用とは異なり、急行と準急に使用さ

れる車両は設備的に差がなく、共通運用されることが多いうえに、スピードやサービス面でも大差がないのが理由だった。このため、すべての準急を急行に統合しても差しつかえなかったが、改定後の急行料金のうち、100㎞までの値段は従前の100円で据え置かれたため、走行距離が100㎞未満の準急50本にかぎってそのままの種別で残される。つまり100㎞までの距離では、急行も準急も100円の急行券（準急券）で乗車できるわけである。なんともすっきりしない制度だが、これには裏話があった。つまり1966年3月5日の旅客運賃・料金改定は、当時としては平均値上げ率が31・2％と高いもので、利用客からの反発が予想された。準急を全廃して急行に格上げすれば増収目的の格上げと受け取られるのは必至であるため、「準急料金は値上げしません」とばかりに100㎞未満走行の〝ミニ準急〟だけを準急のままで残したのである。新宿〜大月《おおつき》（〜河口湖《かわぐちこ》）間の「**かわぐち**」のように、国鉄線内の走行距離は100㎞未満でも、100㎞以上走行の急行に併結される列車は〝長いものには巻かれよ〟といった具合に種別は急行とされた。

こうしたなかで1966年3月5日を迎えるが、困ったのは、それまで同一ネームの準急群として運転されていた列車が、わずかな運転距離の違いやほかの列車との併結の有無によって、ある列車は急行に格上げされる一方で、またある列車は準急のまま残るといった例が発生する場合である。急行と準急は列車名を異にするのがルールなので、当該の鉄道管理局は列車名の見直しを迫られた。

身延線では準急「**富士川**《ふじかわ》」2往復のうち急行となる静岡〜甲府間列車は「富士川」で存続。準急で残る富士〜甲府間の線内運転列車は新規ネームの「**白糸**《しらいと》」に改称される。身延線優等列車はクハ86の正面に富士山をモチーフにした可変式ヘッドマークがつけられていたため、「白糸」の列車名もつけ加えられた。

金沢から能登半島の輪島・蛸島方面に向かう4往復の準急「**能登路**《のとじ》」は列車ごとに運転区間が異なっていたが、1966年3月5日には3往復が急行となった。しかし、金沢〜穴水間の1往復は優等列車として走る区間が100kmにわずかにおよばないため準急で残り、列車名は「**つくも**」に変更される。このネームは1962年4月から1964年10月まで七尾線準急として使用されていたため、1年半ぶりのカムバックとなる。さらに、七尾線では直後の3月25日の列車増発で「つくも」は上りのみ2本運転とされる。

北海道では後志《しりべし》地方の倶知安《くっちゃん》・岩内《いわない》と道都札幌を結ぶ準急2往復が運転されていた。2階建てでもキハ22形の2両というミニ準急だったが、列車名はこれに札幌循環の「**いぶり**」を併結して札幌〜小沢《こざわ》間が3階建てになるのが「**ニセコ**」、2階建ては「**らいでん**」と分けられていた。1966年3月にはルールに従って「ニセコ」は急行になり、「らいでん」は準急で残る。これで終われば文章化する必要はなかったが、6月1日には倶知安・岩内〜札幌間に準急1往復が増発され、これを機に同区間列車は「いぶり」併結が急行「らいでん」に、「いぶり」とかかわらない2往復は準急「ニセコ」に列車名が交換される。「ニセコ」は本体の運転区間は変わっていないのに、1966年だけで準急→急行→準急と種別が二転、三転してしまった。その後の「ニセコ」はSLブームもあり、ファンのあいだから人気絶頂のC62重連が牽くため、1968年10月改正では全国的にも著名な列車名になるが、この時点で誰が想像しただろうか。

北海道東部の根室地方には、いまはなき標津《しべつ》線が健在で、準急「**らうす**」2往復が釧路と根室支庁（現・振興局）中部の中標津《なかしべつ》を結んでいた。1966年3月には、このうち釧網本線内を「**しれとこ**」と2階建てになる1往復が急行に格上げされて「**くなしり**」を名乗る。後発の列車名が準急のままで残った先輩を差し置いて急行に登用されたのは異例だった。いずれにしても、準急群を形成する姉妹列車の予期せぬ種別変更でネームの改称を迫られた当該の鉄道管理局としては、短期間のうちに急行か残存準急に新しい列車名をつけなければならず、苦しまぎれの命名といえた。

1966年3月5日では前記とは別に上下のペア列車で種別が異なる例が見られた。ひとつは岡山県内の温泉観光列車「**ひるぜん**」で、下りは中国勝山《ちゅうごくかつやま》〜岡山間の運転で、距離は96・2㎞。上りは岡山からの行き先が中国勝山の1駅先の月田であるため101・0㎞。上りは津山〜月田間で「**みまさか2号**」と2階建て運転も行うが、改定前から100㎞以上走行の列車なので、これだけで急行になる資格を得ていた。しかし、岡山〜月田間を通して乗車する旅客は100㎞を少し超えるだけで、急行料金は前日の倍にあたる200円が徴収されて気の毒だった。

五能《ごのう》線の鰺ヶ沢《あじがさわ》と県都青森を結ぶ県内準急の「**岩木《いわき》**」は、下りこそ単独運転だが、上りは八戸線の鮫始発で、尻内《しりうち》（現・八戸）からは仙台からのロングラン急行「**むつ**」に併結され、そのまま五能線が分岐する川部《かわべ》まで走る関係で急行となる。先の「ひるぜん」の津山〜岡山間と「岩木」の鰺ヶ沢〜川部間は、運賃改定の前後ともキハ58系2両の姿は変わらなかった。しかし、種別は両列車とも下りが準急、上りは1ランク上の急行である。沿線の利用客は戸惑ったことだろう。列車名については上下とも改定前と同様のままとされたのは、鉄道管理局がかえって混乱を招くと踏んだからだと思われる。

運賃・料金改定のあおりで本数が激減したうえに存在感まで失われてしまった準急だが、

その後のダイヤ改正で「**そてつ**」と「**かくだ**」が新設されるほか、「**丹後**《たんご》」と「**火**《ひ》**の山**《やま》」の一部が増発や区間短縮で仲間に加わり、1967年10月改正時点では表24で示す58本に本数を増やして意地を見せる。しかし、その1年後の1968年10月1日改正では、料金そのものは据え置かれたものの、準急は使命をまっとうしたという理由で種別が廃止され、20年あまりの歴史にピリオドが打たれてしまった。

ところで、話は前後するが、準急が本数のうえで全盛を誇っていた1960年代前半の時代には、本線区間は急行として運転されるものの、末端になる支線区では準急に格下げされて走る列車が見られた。中央東線の新宿始終着列車では飯田《いいだ》行き「**天竜**《てんりゅう》」と糸魚川行き「**白馬**《はくば》」、それに小諸《こもろ》行きの「**八ヶ岳**《やつがたけ》」が該当する。このほか上野~盛岡・宮古間の「**陸**《りく》**中**《ちゅう》」も釜石・山田線内は準急に格下げ運転されたほか、大阪~和倉（上り輪島）間の「**奥**《おく》**能登**《のと》」も金沢以北は同様の措置が取られた。

これは、支線区内ではスピードが落ちて急行らしい走りができないこともあるが、急行は料金との関係で起点付近からの長距離客が利用主体であるため、末端の支線区が急行のままでは空気輸送になりかねないからである。そこで種別は準急とし、支線区内相互間での利用を促していたのである。この場合、急行区間と準急区間とを直通する旅客について

表24　種別廃止直前の準急列車一覧

1968年1月1日現在

路線名	列車名	動力	主な運転区間	距離(km)	本数		記事
					下り	上り	
御殿場	**銀嶺**	気動車	(小田急)新宿～松田～御殿場	25.3	1	1	小田急車両。小田急線内は「特別準急」として別料金
	朝霧				1	1	
	芙蓉				1	1	
	長尾				1	1	
身延	**白糸**	電車	富士～甲府	88.1	1	1	1966.3.5「**富士川**」を改称
姫新・津山	**ひるぜん**	気動車	中国勝山→岡山	96.2	1	—	上り・月田行きは100km以上走行のため急行
山陰	**丹後**	気動車	福知山→京都	90.1	—	1	準急は上り3号だけ
豊肥・三角	**火の山**	気動車	宮地→三角	89.9	—	1	準急は上り第1だけ
指宿枕崎	**そてつ**	気動車	西鹿児島→指宿	45.7	1	—	下りのみの設定(回送列車の客扱い)
高徳	**阿波**	気動車	高松～徳島	74.8	7	7	
七尾	**つくも**	気動車	金沢～穴水(～蛸島)	99.1	1	2	穴水以北の能登線内は普通で運転
越後	**かくだ**	気動車	柏崎～新潟	83.8	1	1	
仙山	**仙山**	気動車	仙台～山形	62.8	3	3	
五能・奥羽	**岩木**	気動車	鰺ヶ沢→青森	74.5	1	—	上り・鰺ヶ沢行きは「**むつ**」に併結のため急行
函館	**ニセコ**	気動車	(蘭越～)倶知安～札幌	93.0	2	2	岩内線直通(線内普通)も併結
江差	**えさし**	気動車	函館～江差	83.3	3	3	
松前	**松前**	気動車	函館～松前	92.0	1	1	函館～木古内間「**えさし**」に併結
函館・室蘭	**夕張**	気動車	札幌～追分(～夕張)	79.1	2	2	岩見沢経由
釧網・標津	**らうす**	気動車	釧路～中標津(～根室標津)	95.2	1	1	

距離は列車が準急で走る区間を表す。

は急行料金が適用された。

こうして、いろいろな話題を提供した準急も、国鉄線上から消滅して約半世紀がたつ。その準急を統合したことで一時期は1200本近くの本数に達した急行も、特急への格上げや廃止などで、いまや定期列車としてはお目にかかれなくなってしまった。在来線の特急一本化も、車両がその水準までグレードアップされた事実としては評価できるが、筆者のような年配のファンにとっては、列車名はもちろんのこと鉄道そのものが楽しかったのは、やはり優等列車に特急、急行、準急の3種別がそろっていた1960年代までの時代である。

「サンダーバード＝《イコール》雷鳥」という誤解

北陸新幹線が開通して東京～金沢間が最速2時間28分で結ばれるようになった現在、敦賀以西の新幹線延伸ルートがいまだに正式決定していない大阪～金沢間は在来線の特急に頼らざるをえず、681／683系9または12両の「**サンダーバード**」24往復が活躍中である。

この「サンダーバード」の列車名だが、「バード」の文字から鳥名であることはすぐにわかるが、実際には「サンダーバード」(Thunder Bird) といった鳥は実在せず、アメリカ先住民族に伝わる神話に登場する架空の鳥とのことである。列車名もこの〝鳥〟に由来し、実際に681／683系の車体側面には、それらしきスマートな鳥をモチーフにしたロゴがつけられているし、2015年9月以後にリフレッシュ工事が実施された車両には鳥が飛翔する姿をさらに大きく強調したシンボルマークが描かれている。

しかし、JR西日本が車両に列車名由来の鳥を明示しているにもかかわらず、鉄道ファンや古くからの北陸本線特急利用客のあいだからは、「サンダーバード」の列車名はたんに

「**雷鳥**《らいちょう》」の「雷（サンダー）」と「鳥（バード）」を英語読みにしただけではないかといった見方が根強い。

そもそも大阪と金沢・富山など北陸地方を結ぶ電車特急は1964年12月に「雷鳥」として運転を開始し、以後、特急利用客の増加とともに増発を重ね、1978年10月には16往復にまで成長。北陸本線電車特急の代名詞的存在にまでなる。「雷鳥」はJR発足後もそのまま活躍を続けるが、さすがに車両の陳腐化だけは否めず、1989年3月からは485系の外観や車内設備をグレードアップした「**スーパー雷鳥**《らいちょう》」が登場する。しかし、これも中古車両の改造であるせいか、人気は長続きしなかった。

そこでJR西日本は1995年2月から681系量産車を製造し、新車を強調するため車両に「サンダーバード」と命名。同年4月20日から「**スーパー雷鳥**《らいちょう》**（サンダーバード）**」の列車名で8往復の運転を開始する。長ったらしいカッコつきの列車名ができあがったのは、681系は「スーパー雷鳥」の一員として運転するが、「スーパー雷鳥」のなかには485系列車も4往復含まれているので、新車をアピールするうえで、わざわざ車両名を補助愛称として付加されたためである。681系はもちろん「サンダーバード」のロゴをつけていたため、ここに実在と架空の2つの鳥名を持つ〝珍名列車〟が現れたのだ。要は

ＪＲ西日本が６８１系の車両名を「サンダーバード」としたのが根本的な間違いで、これでは鉄道ファンや利用客が「雷鳥」を和製英語化した列車名と受け取るのはごく当然のことである。同じ６８１系でも「**はくたか**」用の「**ホワイトウイング**」とか「**スノーラビット**」のような車両名をつければ〝混乱〟を招くようなことはなかった。

その「スーパー雷鳥（サンダーバード）」は、補助愛称のほうが列車名として定着したことで、１９９７年３月22日改正を機に「サンダーバード」に改称される。その後、「サンダーバード」の増発によって「雷鳥」は２０１１年３月改正で姿を消す。立山連峰の高所に生息する天然記念物指定の鳥は、まさに外来種によって駆逐されてしまったわけである。

当時の筆者は北陸本線電車特急から「雷鳥」が消えたのは２０１５年３月に開業する北陸新幹線の特急用として温存の意図があるものと考えていた。ライチョウは富山県と長野県の県鳥なので、北陸新幹線特急のネームとしてはぴったりだからである。しかし、東京〜金沢間列車として決定された列車名は「**かがやき**」と「はくたか」。「はくたか」は在来線でも実績があるし、ましてや「かがやき」となれば、前述のように金沢行き新幹線特急としてはこれ以上ないぴったりのネームである。「雷鳥」の名が再び線路に現れるとなると、北陸新幹線大阪延長の日を気長に待つしかないだろう。

「サンダーバード」は列車名の由来の意図がいまひとつしっくりこないが、2015年3月改正で同じ北陸本線特急としてデビューした福井〜金沢間の「**ダイナスター**」と、金沢〜和倉温泉間の「**能登《のと》かがり火《び》**」も同様にひとくせもふたくせもある愛称である。

「ダイナスター」は言葉そのものがどんな辞書を引いても載っていないほどの難解列車名だが、恐竜の英訳である「ダイナソー」と「スター」を組み合わせた和製英語に由来する。福井県には県立恐竜博物館があり、恐竜が県のシンボルにもなっているのと、スター列車に成長してほしいという地元の願いも込めて、こうした列車名ができあがったという。口の悪い鉄道ファン仲間からは「こんな名前をつけて〝どだいなすったー〟」などと揶揄《やゆ》する声が聞こえてきそうである。

それと、「ダイナスター」は「サンダーバード」の隙間を埋める関係で、下りが早朝、上りは夜間といった時間帯に運転されるため、同じ福井〜金沢間の「**おはようエクスプレス**」や「**おやすみエクスプレス**」と類似時間帯を走る結果になる。列車名が異なる理由は20ページの項で述べたが、統合したところで支障はなさそうである。

一方、「能登かがり火」の由来そのものは「ダイナスター」ほど難しくなく、七尾線沿線の旧国名である「能登」と、夏の夜祭りの際に照明用に焚《た》くかがり火（篝火）を合成しただけである。これでは複合ネームにしなくても「能登」や「かがり火」だけでよく、とくに後者だと金沢始終着特急は新幹線の「かがやき」と七尾線の「かがり火」とで〝かが(加賀)コンビ〟がそろってうまく収まると思うのだが、あえて「能登かがり火」を採用したのは、旧北陸本線区間の金沢~津幡間が第三セクターのＩＲいしかわ鉄道に移管されたので気分一新を図ったのだろう。

このように見ると、現在の北陸本線特急の列車名は「**しらさぎ**」以外は長ったらしく、しかも由来がこじつけと思われるものもあり、さほど好感が持てない。一世代前の金沢駅には兼六園《けんろくえん》の雪景色を思わせるように「**白鳥**《はくちょう》」や「**白山**《はくさん》」「**はくたか**」「**白馬**《はくば》」「**しらゆき**」「**しろがね**」といった「白」のつくネームの列車群が出入りしていた。そうした列車名を懐かしく思い出すのは筆者だけだろうか。

「ちくま」のルーツは「千曲川」か、「筑摩地方」か

列車名のルーツは列車名研究の核をなす部分でもあるため、第2章ではかなりのページ数を割いて記述した。しかし、それでも東北新幹線で活躍した「**あおば**」のように「木々の青葉のすがすがしさ」から名づけられても「仙台の青葉城」のイメージが尾を引いて最終的に廃止されたほか、前項の「**サンダーバード**」のように公式には架空の鳥名に由来しても「**雷鳥**《らいちょう》」の和製英語という見方をハナから否定できないのも列車名の難しさである。

また、複数の由来先を多く持つ列車名も少なからず存在する。たとえば、国鉄時代に上野〜仙台間急行として活躍した「**まつしま**」。筆者は第2章でそのネームから島（松島諸島）にちなむ列車名としたが、実際には、松島は日本三景（景勝地）として名高いばかりでなく、島々は松島湾内にあり、それをとりまくのは松島海岸である。これからすれば、「まつしま」は島だけではなく、景勝地、海、海岸ともかかわるスケールの大きい列車名である。

同様に北海道内のローカル準急（急行）だった「**らいでん**」も複数の地名に関係している列車名である。筆者は景勝地として有名な雷電《らいでん》海岸にちなむとしたが、付近には雷電岬

があり、そこからは標高1211mの雷電山を望むことができる。この「らいでん」は海岸、半島（岬）、山のいずれにも関係する。列車がキハ22形の1～2両でなく、せめてグリーン車がつくほどの編成であればなおさらよかった。

ところ変わって、関西本線で長らく活躍した準急（急行）「**かすが**」。列車名の由来は奈良市内の春日大社《かすがたいしゃ》にちなむと見るのが知名度からして妥当だが、鉄道関係の書籍のなかには「かすが」のネームは春日山《かすがやま》にちなむと記されているものもある。中学生が使う地図帳には載っていないが、春日大社の神山であり、関西では原始林でも有名な春日山は、春日大社との位置関係から「かすが」の列車名にもかかわっていると考えるべきだろう。これからすれば、「かすが」も由来先を2つ持つネームである。

さて、前述の「まつしま」「らいでん」「かすが」は愛称名に複数のルーツがある列車だが、これら3列車の場合は、由来先となる地名がひとつの狭い地域内に固まっているので、早い話、「まつしま」の列車名の由来先は松島諸島でも、日本三景の松島でも、あるいは松島湾や松島海岸でもいいわけで、すべて〝正解〟である。しかし、地名をルーツとする列車名で同名または同音名の地名が2つ以上がかかわり、それらが離れた位置にある場合は1カ所に特定しなければならない。国鉄～JRの列車名立案者は、その列車にふさわしいと思われる山や川などひとつの地名だけをイメージして愛称名を命名するからである。
九州の3大幹線のうち、鹿児島へは新幹線が開業。長崎方面への新幹線も一部区間で建設中である。しかし、東海岸の大分・宮崎方面への新幹線は、基本計画路線には指定されていても建設の話はない。日豊本線の沿線は「どげんかせんといかん」ほど鉄道は後れを取っているのだ。

これは戦前・戦後の時代も同様で、東京から日豊本線に直通急行「**たかちほ**」が運転を開始したのは関門トンネル開通後9年を経た1951年11月25日のことである。この「たかちほ」に由来する地名としては高千穂峡と高千穂峰とがあるが、筆者は高千穂峰にちなむとした。理由は55ページの項で記述しているので重複は避けたい。

山陽新幹線開業前に広島～下関間準急（急行）として山陽西部で気を吐いていた「**やしろ**」も意外と由来先が難しい列車だった。何せ沿線に「やしろ」の名がつく地名やそれに関連する神社などが複数箇所存在するのだ。周防大島《すおうおおしま》と呼ばれ、橋で本土と結ばれるまでは国鉄連絡船が通っていた屋代島《やしろじま》や、ツルの渡来地として名高い山口県熊毛《くまげ》郡熊毛町（現・周南《しゅうなん》市）の八代《やしろ》。それに厳島《いつくしま》神社や赤間《あかま》神宮（下関市）の〝社〟である。このなかで熊毛町の八代地区は支線の岩徳《がんとく》線沿いにあるので列車名としては弱く、2つの著名神社の社を総称ネームとするのもローカル準急としては不自然で、列車の車窓からも見える屋代島に由来すると考えるべきだろう。「やしろ」は「屋代」でも難しくないので、漢字表記にすれば丸く収まった列車名だった。

「やしろ」は平仮名表記にしたためにネームの由来を難しくした列車といえるが、その何倍も上を行くのが団塊世代の関西人が青春時代にスキー旅行などでお世話になった大阪〜長野間急行「**ちくま**」である。国鉄時代の1970年代にはシーズンともなるとスキーヤーを満載して夜の大阪駅を発っていったが、そのスキーヤーの大半は「ちくま」のネームの由来については信州を流れる著名河川の千曲川《ちくまがわ》を思い浮かべていたことだろう。現に当時のスキーツアーのパンフレットには列車名を「ちくま」ではなく「千曲」と表示したものもあったほどだ。

しかし、急行「ちくま」の列車名は千曲川ではなく、中央西線の南木曽《なぎそ》町から篠《しの》ノ井《い》線の松本市にいたる広範囲の地方名であり、明治の一時期には県名でもあった筑摩《ちくま》にちなんでいる（木曽《きそ》郡は1968年まで西筑摩《にしちくま》郡を称していた）。これについては、1959年12月13日に中央西線初の気動車急行「**しなの**」が登場した際に新設の大阪〜長野間準急にも列車名をつけることになり、中央西線経由の長野行きにふさわしいネームとして沿線に

急行〔ちくま〕4802レ 長野発大阪行き 14系寝台車+12系座席車8連
列車名は鉄道に関心のある人でも由来が千曲川と勘違いした。JR発足後は松本市東方の美鈴湖をモチーフにしたテールマークをつけていた。1990.9.23 高槻〜山崎

縁が深い筑摩地方から「ちくま」が命名されたのである。

この「ちくま」の列車名は、長野県側からすれば大した問題でもないのだが、関西というよりは全国の鉄道ファンや利用客のあいだからも「千曲川にちなんでいるのではないか」といった誤解を受ける。理由は簡単で、河川名の「千曲」は全国的にも著名なのに、地方名の「筑摩」は知る人ぞ知る存在だからである。

しかし、島崎藤村《しまざきとうそん》の「小諸なる古城のほとり……」で始まる「千曲川旅情の歌」にあるように、千曲川は信越本線の沿線を流れる川であり、千曲川に由来する「ちくま」が運転されるのなら信越本線列車が望

ましいはずである。

では、なぜ信越経由の列車につけられなかったのか。調べてみると、1958年4月14日、当時、上野〜長野（〜新潟）間で運転されていた夜行準急に列車名をつける際に「千曲」が候補に挙がっていたのだ。しかし、結果は新潟県側に押されたのか「**妙高**《みょうこう》」となり、「千曲」は信越本線列車として走る機会を逃してしまう。

同音でルーツの異なる「ちくま」が翌年に日の目を見るのだが、列車名の立案者が漢字の「筑摩」とすればよかったのに、関西や名古屋からの利用客が読みにくいからと変に気を利かせてしまったのか、平仮名にしたばかりに、広い範囲で誤解を招く結果になってしまったのだ。

このほか、難解な列車名としては、「しろうま」と読んでも差しつかえないような大糸線の「**白馬**《はくば》」や、漢字表記の「**二荒**《ふたあら》」として上野〜黒磯・日光間準急で走っていたころは、神社名から「ふたあら」と読むのか、それとも「ふたら」か「にこう」なのかわかりにくかった「ふたあら」がある。「二荒」の場合は一度列車名が消滅したあと、平仮名の「**ふたあら**」で復活するが、列車名を漢字にするか、平仮名にするかといった選択を誤ったばかりに難読列車名になるケースは往々にしてあるのだ。

乗客が首をかしげるカッコつき列車名

現在、数ある在来線特急のなかで、ＪＲ東海所属の車両で運転される列車には、列車名にカッコつきの**（ワイドビュー）**の文字が添えられている。これは新会社発足以来、自社管内を走る特急の車両更新や急行の格上げ用に、キハ85系や371系、383系、373系電車といった窓が大きくて眺望のいい特急形車両を次々にデビューさせたＪＲ東海が、1996年12月改正で中央西線特急「**しなの**」の定期列車が全面的に383系化されるのを前に、同年7月25日から「**ひだ**」「**南紀**《なんき》」「**ふじかわ**」「**東海**《とうかい》」「**伊那路**《いなじ》」の補助愛称として導入したのが始まりである。その後、12月1日からは「しなの」にも採用されて現在にいたっている。

この「ワイドビュー」はキハ85系に始まるＪＲ東海の新型特急車両の愛称だが、同社が新車をアピールし、観光需要を開発する狙いで補助愛称として採用したのは記すまでもない。実際に乗車してみると、窓の大きな車内は明るいうえに、なんといっても眺めがいい。とくに座席が通路より一段高くなっているキハ85系は最高だ。新幹線でも明かり区間（トンネル以外）が長く、車窓風景の優れている東海道区間にこうした車両が投入されれば、山側の窓側の席からでなくとも富士山の眺めをじっくり楽しめるのではないかと思う。

ところで、この（ワイドビュー）のようなカッコつきの補助愛称を持った列車名は、何もJR東海特急が最初ではない。前項でも記したように、681系で運用される北陸本線特急が1995年4月から1997年3月まで「**スーパー雷鳥《らいちょう》（サンダーバード）**」のネームで走っていたし、半世紀以上も前には、なんと総称ネームにカッコつきの補助愛称をプラスした3階建ての列車まで運転されていたのだ。なぜ、そのような列車が現れたのか、古い『時刻表』を読みながら当時を振り返ってみよう。

現在、JR東日本千葉支社の各線区は久留里《くるり》線を除いて直流電化されているほか、千葉からは君津《きみつ》、上総一ノ宮《いちのみや》、成田までが完全複線化されるなど首都圏の通勤路線的様相を呈している。しかし、昭和30年代初頭といわれる1950年代半ばの時期は、東京の国電区間である御茶ノ水《おちゃのみず》～千葉間は別として、千葉から先の総武、房総東、房総西、成田の4線はすべて単線未電化の鉄道だった。当然ながら、沿線はのどかな風景が展開していた。

東京から近距離に位置しながらも千葉県内の鉄道が伸び悩んだのは、各路線とも東北本線や常磐線などの幹線筋から外れていることが影響していた。しかし、運転系統が半島内

〔(ワイドビュー)しなの15号〕 2015M 大阪発長野行き JR東海383系10連
JR東海所属車両で運転される在来線特急は補助愛称の(ワイドビュー)を掲げ、眺望のよさをアピール。写真の大阪発列車は2016年3月のダイヤ改正で惜しまれながら廃止された。
2002.12.30 近江長岡～柏原

で独立していることは、当時、いまでは当たり前の2両以上の車両をひとりで操作できる総括制御が可能なキハ17系の成功で未電化路線近代化の目途が立ち始めた国鉄としては、房総各線は気動車運転のモデル地域として最適で、客車列車の気動車化や増発による徹底したフリークエントサービスが実施される。そして1958年7月10日には千葉鉄道管理局内初の優等列車として準急「**犬吠**《いぬぼう》」が両国～銚子間で運転を開始する。北総地区と東京を行き来するビジネスマンに便利なダイヤが売りもので、キハ25形3両編成だった。

この「犬吠」が非常に好評だったため、同年11月10日からは房総西線の館山、房総東線の安房鴨川を始終着とする編成が両国～千葉間で併結されるようになり、3列車を総称して「**房総**《ぼうそう》」の列車名がつけられる。3階建てでも9両というのだから、のんびりした時代だった。しかし、このネームだと、下り列車では3両ごとに行き先が異なって誤乗の恐れもあるため、行き先ごとに（**内房**《ないぼう》）（**外房**《がいぼう》）（**犬吠**《いぬぼう》）の補助愛称がつけられる。気動車準急にとって黎明期《れいめいき》にあたる当時は優等列車の併結運転がまだめずらしく、千葉鉄道管理局は起点の両国駅で3つのネームを持つ列車を設定するのは前例がなく、気兼ねしたのだろう。その意味での補助愛称の命名は苦しまぎれの措置といえた。

数年前までの蒸気列車に比べればスピードが速く、しかも煙の心配がなく、乗り心地もまずまずの気動車準急は瞬く間に時代の寵児《ちょうじ》となり、1959年7月1日からは「房総」の姉妹列車ともいうべき3階建て準急2往復が増発される。既設列車と異なるのは、新宿を始終着駅とすることと、房総半島を周遊する観光客の便宜を図るために房総東・西線に入る列車は途中駅で折り返すのではなく循環運転としたことである。この機会に列車名は後発の2往復がそれぞれ「第1房総」「第2房総」とされ、先輩格のビジネス準急は「**京葉**《けいよう》」に改称される。ただし、3往復とも3階建て列車のため、補助愛称は残された。当時の時刻は表25のとおりだが、時刻表は賑やかであっても、車両は18両あれば全運用が賄え

表25　準急「房総」「京葉」運転時刻表

1960年3月1日当時

	線名	列車名	第1房総（内房）	第1房総（外房）	第1房総（犬吠）	第2房総（内房）	第2房総（外房）	第2房総（犬吠）	京葉（内房）	京葉（外房）	京葉（犬吠）
下り	総武	新　宿 発	7 00	7 00	7 00	13 19	13 19	13 19	…	…	…
		両　国 発	7 21	7 21	7 21	13 40	13 40	13 40	16 20	16 20	16 20
		千　葉 着	7 56	7 56	7 56	14 13	14 13	14 13	16 53	16 53	16 53
	房総西	千　葉 発	8 00	‖	‖	14 17	‖	‖	16 58	‖	‖
		館　山 着	9 32	‖	‖	15 46	‖	‖	18 35	‖	‖
		安房鴨川 〃	10 16	‖	‖	16 36	‖	‖		‖	‖
	房総東	千　葉 発	‖	8 07	‖	‖	14 21	‖	…	17 00	‖
		勝　浦 〃	‖	9 40	‖	‖	15 45	‖	…	18 24	‖
		安房鴨川 〃	‖	10 05	‖	‖	16 11	‖	…	18 49	‖
	総武	千　葉 発	‖	‖	7 59	‖	‖	14 19	…	‖	16 56
		成　東 着	‖	‖	8 39	‖	‖	14 58	…	‖	17 35
		銚　子 〃	‖	‖	9 28	‖	‖	15 45	…	‖	18 21
	線名	列車名	第1房総（内房）	第1房総（外房）	第1房総（犬吠）	第2房総（内房）	第2房総（外房）	第2房総（犬吠）	京葉（内房）	京葉（外房）	京葉（犬吠）
上り	総武	銚　子 発	‖	‖	10 45	‖	‖	16 58	…	‖	8 30
		成　東 〃	‖	‖	11 32	‖	‖	17 51	…	‖	9 17
		千　葉 着	‖	‖	12 12	‖	‖	18 30	…	‖	9 56
	房総西	安房鴨川 発	‖	10 20	‖	‖	16 40	‖	…	8 05	‖
		勝　浦 〃	‖	10 46	‖	‖	17 06	‖	…	8 32	‖
		千　葉 着	‖	12 07	‖	‖	18 34	‖	…	9 54	‖
	房総東	安房鴨川 発	10 06	‖	‖	16 15	‖	‖	…	‖	‖
		館　山 〃	10 45	‖	‖	16 58	‖	‖	8 25	‖	‖
		千　葉 着	12 16	‖	‖	18 40	‖	‖	10 01	‖	‖
	総武	千　葉 発	12 20	12 20	12 20	18 45	18 45	18 45	10 05	10 05	10 05
		両　国 着	12 53	12 53	12 53	19 25	19 25	19 25	10 40	10 40	10 40
		新　宿 着	13 13	13 13	13 13	19 46	19 46	19 46			
運転開始年月日			1959.7.1			1959.7.1			1958.11.10		

（内房）（外房）（犬吠）の3列車は上下とも新宿（両国）～千葉間は3階建ての併結運転。

「第1房総」「第2房総」は（内房）～（外房）として房総東・西線を循環運転。

「京葉（内房）（外房）（犬吠）」は1958.11.10に「房総（内房）（外房）（犬吠）」の列車名で登場。

るというのだから、気動車の実力たるや底知れないものがあった。

この「房総」2往復も、日帰りや宿泊をともなう観光旅行に至便なダイヤであるため、大好評で迎えられる。並走する道路の整備も十分ではなく、準急以外に普通列車もまだまだ重要な役割を果たしている時代だった。房総準急は、その後も利用客の増加で、1960年11月には「京葉」が増発されるほか、1961年10月には成田線直通の「総武《そうぶ》」も新設される。しかし、編成両数増によって「房総」の銚子編成が分離された結果、「房総」は新宿/両国始終着の房総東・西線行き循環準急、「京葉」は従来どおり両国〜館山・安房鴨川・銚子間、「総武」は新宿/両国〜銚子・佐原《さわら》間列車となって補助愛称は外される。

こうして列車名が落着したような房総準急だったが、やはり総称列車名では旅客への案内が大変なのか、1年後の1962年10月1日改正では3階建て運転が廃止され、併結が房総東・西線と総武・成田線の組み合わせになったのを機に、行き先の線区に馴染みのある「内房《ないぼう》」「外房《がいぼう》」「犬吠《いぬぼう》」「水郷《すいごう》」に改称される。なお、当時、「内房」は「ないぼう」、「外房」は「がいぼう」と呼ばれており、「うちぼう」「そとぼう」といった読み方に変わるのは1965年10月からである。気動車時代の房総各線は、運転形態もそうだが、列車名の変遷も複雑だった。

第6章

国鉄～ＪＲの列車名90年史

誕生日がはっきりしないものもあった「1期生」の列車名

本書では、これまで国鉄～JRの列車名について、命名の法則やルーツなどいろいろな角度から考察してきたが、最終章では列車名の歴史について調べていくことにしよう。

わが国の鉄道に長距離の急行が初めて運転されたのは、120年以上も前にさかのぼる明治中期の1894年10月、特急が登場するのは1912年6月のことである。当時は列車名などなく、「下関行き特別急行第1列車」とか、「新橋《しんばし》行き急行第6列車」といった列車番号での案内がなされていた。

さて、時代が下って、元号が大正から昭和に改元されるのと前後して、わが国は第1次世界大戦中の好景気の反動や関東大震災の影響もあって空前の長期不況に見舞われる。当然ながら鉄道利用客も減少の一途をたどるが、国鉄とて、いつまでもそうした状況を放置するわけにはいかず、ジリ貧打開策として温泉や観光地行きの快速列車を運転するなど利用客の誘致に努める。また、その一環として、東京～下関間特急2往復の列車名公募を実施する。欧米では「ゴールデン・アロー号」など愛称つき特急が人気を博しているので、これにあやかって国鉄特急にも列車名をつけ、鉄道に対する親しみやすさを啓発するのが狙いだった。

その結果、当時運転中だった1・2等特急の1・2レ（レは列車の略）は「**富士**《ふじ》」、3等特急の3・4レは「**櫻**《さくら》」と命名され、1929年9月15日改正から、わが国初のネームドトレインとして運転される。公募の結果では1位の「富士」と3位の「櫻」のあいだに「**燕**《つばめ》」が入っていたが、翌年を目途に東京～神戸間を9時間で結ぶ〝超特急〞の運転が具体化していたため、スピード感のある「燕」は温存された。その「燕」は予定どおり1930年10月1日から運転を開始する。

東京～神戸間では「燕」に続き、その逆時刻を走る列車として1937年7月1日から特急「**鷗**《かもめ》」が運転を開始する。しかし、その後、日本は戦争への道を歩んだこともあって、戦前に登場した定期運転のネームドトレインは、この特急4本だけに終わった。不定期や臨時にまで範囲を広げると、阪和《はんわ》天王寺（現・天王寺）・難波（現・南海電鉄）～白浜口《しらはまぐち》（現・白浜）間の「**黒潮號**《くろしおごう》」や、両国～安房鴨川間を房総西線経由で結ぶ「**さざなみ**」、房総東線経由の「**うしお**」があるが、いずれも海水浴などレジャー客を対象とする快速列車で、『時間表（現・時刻表）』への掲載も短期間なので、まさに〝幻の列車名〞である。

戦後は1949年9月15日改正で東京〜大阪間特急とともに列車名も復活し、不戦の誓いを込めて「**へいわ**」と命名される。同時に「へいわ」の対《つい》をなす夜行列車として同区間の急行3往復における代表格の15・16レが「**銀河**《ぎんが》」を名乗る。こうした動きに触発されてか、同年12月までに東京〜伊東《いとう》間の週末準急2往復に「**いでゆ**」と「**いこい**」の列車名がつけられる。いかにも温泉行き列車らしいネームで利用客から好評だった。しかし、そうした半面、「へいわ」の列車名は日本を占領統治する連合軍に迎合したきらいがあって、利用客や国鉄関係者のあいだで不評をかこっていたため、特急列車名については再度、公募が実施され、1950年1月1日を期して「**つばめ**」に改称。同年5月11日には東海道本線に第2特急「**はと**」が増発される。

このころになると、敗戦後の世もかなり落ち着き、鉄道車両や施設もほぼ復旧したため、1950年10月1日には全国的なダイヤ改正が行われ、急行や準急が増発される。この改正で初の昼行優等列車が新設された四国鉄道管理局の意気込みは大変なもので、予讃本線準急に「**せと**」、土讃線準急に「**南風**《なんぷう》」の列車名を命名。連絡船利用の旅客から好評で迎えられた。また、これとは別に、国鉄仙台地方営業事務所は独自に東北本線急行3本を対象に愛称公募を実施し、10月23日から非公式ながら「**みちのく**」「**北斗**《ほくと》」「**青葉**《あおば》」のネームが付与される。要は平和な世の中になり、「**つばめ**」「**はと**」「**銀河**《ぎんが》」といったネームドトレインが人気を集めていることで、全国各地で列車名命名の機運が高まっていたわけである。

　こうした動きを察知してか、国鉄本庁も重い腰を上げ、ダイヤ改正1カ月後の1950年11月2日、主要路線を走る急行列車12本に「**明星**《みょうじょう》」「**彗星**《すいせい》」「**阿蘇**《あそ》」「**きりしま**」「**雲仙**《うんぜん》」「**筑紫**《つくし》」「**安芸**《あき》」「**みちのく**」「**北斗**《ほくと》」「**青葉**《あおば》」「**日本海**《にほんかい》」「**北陸**《ほくりく》」の列車名を命名。いわゆる「愛称急行第1期生」が誕生する。運転区間等は表26をごらんいただきたい。「みちのく」「北斗」「青葉」については本庁からも推薦を受けたわけである。では、「第1期生」は当日からネームドトレインとして運転されたのかというと、じつはそうではない。この本庁の発表は突発的で、命名が決定したといっても、サボ（列車種別や行き先を表示したサイドボード）をつくるにしても、停車駅の時刻表に名称を書き込むにしても、準備期間が必要なため、「鉄道公報」では11月8日に通達がなされ、列車もその日から晴れて愛称名のついたサボをつけて走ったわけである。

　こうした経緯から、「第1期生」の列車名命名日は2つあり、法律のように11月2日が公布、11月8日が施行と考えればいいだろう。「みちのく」「北斗」「青葉」の3列車となると、それに10月23日が加わるので、誕生日はなんと3つもあるのだ。

11月8日には「第1期生」の12本以外に「**大和**《やまと》」もネームドトレインの一員として加わっている。「鉄道公報」には載っていないので非公式だが、関西本線沿線では列車設定の10月の時点で「大和」と呼ばれていたというし、東京〜名古屋間でも湊町行きの1本だけを〝無名急行〟として仲間外れにするわけにもいかないので、とりあえず命名して追認の形を取ったのだろう。なお、追認といえば、12月20日に命名された「**鳥海**《ちょうかい》」も同じだが、いずれも11月2日の時点で命名が発表されるべき列車だった。

急行のうち、北海道内列車や上野〜新潟間の「**越路**《こしじ》」は「第1期生」の枠から外されたものの、1952年までには列車名が命名されている。表26では戦後の第3特急「**かもめ**」登場までのネームドトレインを掲げたが、急行のうちアミカケのない列車の大半はその前身が戦前の時代を経験している。要はこれらの列車が基礎となって、以後、電車や気動車の進出もあり、577種におよぶ列車名の世界をつくりあげたのである。

なお、誕生日が2つあると考えられる列車には、特急「**はつかり**」のように、1958年10月1日改正で新設されても、台風の襲来によって運転開始が10月10日に延期されたような例がある。この場合、列車設定日は1958年10月1日でいいが、列車の紹介記事などを記す場合は、別に運転開始日も添えるべきだろう。

表26　戦前・戦後の時代に登場した愛称名つき列車一覧

種別	列車名	主な運転区間	設定年月日	廃止年月日	備考
特急	富士	東京～下関	1929.9.15	1944.4.1	1・2等特急。公募による命名
特急	櫻	東京～下関	1929.9.15	1942.11.15	3等特急。公募による命名
特急	燕	東京～神戸	1930.10.1	1943.10.1	東京～神戸間所要9時間。"超特急"
特急	鷗	東京～神戸	1937.7.1	1943.2.15	
特急	へいわ	東京～大阪	1949.9.15	1950.1.1	戦後の特急復活第1号
急行	銀河	東京～大阪	1949.9.15	2008.3.15	
特急	つばめ	東京～大阪	1950.1.1	1975.3.10	「へいわ」の改称
特急	はと	東京～大阪	1950.5.11	1975.3.10	
準急	せと	高松桟橋～松山	1950.10.1	1968.10.1	鉄道管理局による命名
準急	南風	高松桟橋～高知	1950.10.1	現役	鉄道管理局による命名
急行	明星	東京～大阪	*	1986.11.1	
急行	彗星	東京～大阪	*	2005.10.1	
急行	阿蘇	東京～熊本（筑豊経由）	*	1980.10.1	
急行	きりしま	東京～鹿児島	*	1975.3.10	
急行	雲仙	東京～長崎（大村線経由）	*	1980.10.1	
急行	筑紫	東京～博多	*	1975.3.10	
急行	安芸	東京～広島（呉線経由）	*	1978.10.2	
急行	みちのく	上野～青森（常磐線経由）	*	1970.10.1	
急行	北斗	上野～青森（常磐線経由）	*	現役	
急行	青葉	上野～仙台	*	1965.10.1	
急行	日本海	大阪～青森	*	2012.3.17	
急行	北陸	上野～大阪（上越・北陸経由）	*	2010.3.13	
急行	大和	東京～湊町	1950.11.8	1968.10.1	命名当初は非公式
急行	鳥海	上野～秋田	1950.12.20	1985.3.14	
準急	いでゆ	東京～伊東・修善寺	1951.3.31	1968.10.1	電車列車
急行	大雪	函館～旭川	1951.4.1	1992.3.14	
急行	まりも	函館～釧路	1951.4.1	1968.10.1	
準急	石狩	小樽～旭川	1951.4.1	1954.5.1	
準急	エルム	室蘭～札幌	1951.4.1	1961.10.1	
準急	高原	上野～直江津	1951.4.1	1954.10.1	
準急	アルプス	新宿～松本	1951.4.15	2002.12.1	
急行	たかちほ	東京～都城	1951.11.25	1975.3.10	
準急	有明	門司港～熊本	1951.11.25	現役	
急行	せと	東京～宇野	1951.12.2	1998.7.10	
急行	いずも	東京～大社	1951.12.2	1998.7.10	
準急	熊野	新宮～天王寺・和歌山市	1952.4.1	1980.10.1	
急行	げんかい	大阪～博多	1952.9.1	1957.10.1	
急行	きたかみ	上野～青森（常磐線経由）	1952.9.1	1964.10.1	
急行	越路	上野～新潟	1952.10.1	1968.10.1	
特急	かもめ	京都～博多	1953.3.15	1975.3.10	
準急	伊豆	東京～伊東・修善寺	1953.3.15	1981.10.1	電車列車

1929年から1953年3月15日にかけて登場した定期列車（毎日運転の臨時列車を含む）のみを掲載。

アミカケは新設と同時にネームが設定された列車。運転区間は優等列車として走る区間を示す。

廃止年月日は運転区間に関係なく列車名が消滅した日を示す（四国内で運転の「せと」を除く）。
＊「鉄道公報」による通達日（列車名つきでの運転開始日）は1950.11.8。国鉄本庁による設定日は1950.11.2。

特急、急行、準急の歴史……なぜ準急、急行は消えたのか

現在、JRの定期優等列車は新幹線、在来線とも特急だけだが、国鉄時代の1966年3月5日までは特急、急行、準急の3種別が存在した。

このうち、特急と急行は列車名とは無縁の明治期から運転されているが、料金を徴収する優等列車としての準急が登場するのは敗戦後の1946年11月10日改正でのことである。

戦争終結後の旅客増によって戦時中に大幅削減されていた急行は、主要幹線で復活の兆しを見せるが、上野〜秋田／金沢間では、急行を復活させる準備は整っていたものの、線路などの施設や車両の整備状態がよくないため、スピード面で急行にふさわしい運転はできなかった。

そこで考案されたのが急行よりワンランク下にあたる準急の制度である。これによって優等列車設定のハードルが下げられたせいか、戦前では急行運転がなかった日豊本線や四国、中央東・西線、紀勢西線にも準急が新設される。そうしたなか、1949年9月15日には東海道本線に特急が復活。優等列車3種別がそろうとともに、翌年11月までには各種別と

もネームドトレインが出そろうのである。とくに準急は鉄道管理局で設定が可能とあって、急行を上回るペースで増発された。

さて、東海道本線が全線電化された1956年11月から現在にいたるまでの、種別ごとの列車名数の変遷を表27にまとめたのでごらんいただきたい。同時点で「**つばめ**」「**はと**」「**かもめ**」「**あさかぜ**」の4種しかなかった特急は別として、急行の列車名数は本数だけでは上位にある準急を上回っていた。これは80本設定の急行がすべて列車名を有していたのに対し、準急は85本が存在しながらも半数近くがノーネームで運転されていたからである。

一例を挙げれば、天王寺鉄道管理局内では観光色の強い紀勢西線列車に「**くまの**」「**南**《なん》**紀**《き》」「**しらはま**」の愛称名がつけられていたが、ビジネス客や用務客が愛用する関西本線名古屋〜湊町間の3往復は無名のままだった。設定時間帯が朝・昼・晩なので、利用客にとっては別段ネームがなくても、「朝の準急で名古屋に行く」と連絡しただけで相手方に伝わるから必要がなかった。要は「準急」の種別名そのものが列車名を兼ねていたのだ。

1950年代も終盤に差しかかると、電車や気動車が本格的に優等列車に進出し、各種別とも設定本数に比例するように列車名も増加する。1961年10月改正はキハ80系によって全国特急網が構築されたことで知られるが、急行と準急の躍進も目ざましく、とくに準急はネーム数だけで143種に達する。場合によっては1両だけでも運転が可能な気動車によって全国の支線区にも列車が進出したのと、この改正を機に準急全列車にネームが授けられたことも大きかった。電車や気動車による優等列車の成功は3種別の共存共栄をもたらし、とくに準急は東海道新幹線開業の1964年度末には本数で691本、ネーム数で193種となってピークを迎える。安い料金で短距離でも気楽に乗車できるとあって、利用客からは大好評だった。

しかし、こうして一時代を築いた準急も、1966年3月5日の運賃・料金改定を機に、100km未満走行の18種・50本を残して壊滅状態になる（その後、1本増加）。急行と準急は車両が共通運用されることが少なくないばかりか、電車や気動車で組成される準急は同一線区を走る客車急行より断然速いという実態から、準急の急行への統合は当然のような措置だった。これによって急行列車名は一挙に300の大台を超える。その2年半後に実施された1968年10月改正では細々《ほそぼそ》と残った準急も急行に格上げされ、ここに準急は約22年の歴史にピリオドを打つ。同時にネームの統廃合も広範囲にわたって実施されたため、列車名の総数は92減の268種になる。姿を消した列車名には由緒深いものや語感が好評なものも含まれ、鉄道ファンや利用客から惜しまれた。

表27　国鉄～JR・列車名数の変遷

ダイヤ改正年月日	幹・特	特急	急行	準急	計	記事
1956.11.19	―	4	40	28	72	東海道本線全線電化
1958.11.1	―	8	44	47	99	電車特急「**こだま**」登場
1960.10.1	―	7	56	122	185	電車・気動車が急行に進出
1961.10.1	―	20	95	143	258	全国主要幹線に特急新設
1963.10.1	―	20	125	188	333	
1964.10.1	2	22	129	193	346	東海道新幹線開業
1965.10.1	2	33	126	182	343	
1967.10.1	2	38	301	19	360	100km以上走行の準急を急行に格上げ
1968.10.1	2	45	221	―	268	準急の種別廃止。列車名を統廃合
1972.3.15	2	59	214	―	275	山陽新幹線岡山開業
1975.3.10	2	66	195	―	263	山陽新幹線博多全通
1978.10.2	2	68	185	―	255	電車特急にイラスト入りヘッドマーク登場
1980.10.1	2	67	160	―	229	利用客減により減量ダイヤ実施
1982.11.15	6	67	115	―	188	東北・上越新幹線大宮暫定開業
1986.11.1	6	65	60	―	131	国鉄最後の全国ダイヤ改正
1988.4.10	6	75	56	―	137	青函トンネル・瀬戸大橋開通
1993.3.18	8	106	33	―	147	
1997.10.1	14	126	24	―	164	長野行新幹線（現・北陸新幹線）長野開業
2004.3.13	16	125	8	―	149	九州新幹線部分開業
2011.3.12	19	91	2	―	112	九州新幹線鹿児島ルート全通
2015.3.14	20	91	1	―	112	北陸新幹線金沢開業
2016.3.26	20	86	―	―	106	北海道新幹線新函館北斗開業

数字は定期列車のネーム数を示す。アミカケは最大時を示す。

準急の制度廃止によって優等列車は戦前と同様の2種別制に戻るが、新幹線開業後は在来線特急もそれまでの〝選ばれた人だけが乗る〟列車から、特急料金さえ払えば誰でもが気兼ねすることなしに利用できる速達列車に姿を変えたことや、急行用車両は波動用（需要の波への対応用）の一部を除いて1971年度で製造が終了した事情もあって、以後のダイヤ改正では急行に代わって特急の増発が目立つようになる。1972年7月には東京からの走行距離が150㎞にも満たない房総地区に特急が登場したり、同年10月には自由席連結かつ本数自慢の「**エル特急**」が設定されたりしたのは、特急の大衆化を象徴する出来事でもあった。

特急の増発とは裏腹に、急行は幹線では特急への格上げ、ローカル線では廃止や快速を含む普通列車への格下げによってダイヤ改正ごとに本数を減らす。そして東北・上越新幹線開業の1982年11月15日改正では、在来線特急は700本、急行は561本となって、ついに本数が逆転する。しかし、特急には「エル特急」のように多本数が設定されている列車が存在するため、列車名数だけでは、まだまだ急行が優位に立っていた。しかし、165系や455系、キハ58系などの急行形車両はこの時期になると陳腐化が進み、急行の地位をまっとうできなくなった結果、国鉄最後の1986年11月1日改正ではネーム数

急行〔はまなす〕201レ 青森発札幌行き　DD51重連＋14系寝台・座席車11連（通常は7連）
JR最後の定期急行は北海道新幹線開業で姿を消した。写真は下り最終列車の札幌到着時のもので、JR発足後の列車にふさわしく、牽引機には終始ヘッドマークがつけられていた。
2016.3.22 札幌（写真:共同通信社）

でも特急が急行を上回る。本数となれば在来線特急が904本に対して急行は239本で、もはや挽回《ばんかい》など絶望的な数字だった。

1987年4月1日の民営化後、JR旅客6社は新型特急車に車両名をつけたり、列車名も国鉄時代のしきたりにこだわらずに新タイプのものを命名したりする。その一方で、急行は比較的短距離を走る夜行列車や支線区の気動車列車を中心に残される。そして急行には旧国鉄の特急形車両が転用されたり、急行形車両の座席が特急形車両並みに改装されたり、快速と共用の新製車両が使用されるなど旅客誘致に向けての努力が払われる。しかし、車両の老朽化と利用客減だけはどうすることもできず、

２０１６年３月26日（最終運転日は３月21日）の青森～札幌間「**はまなす**」を最後に定期列車が全廃される。

こうした経緯によって現在のＪＲ優等列車は特急だけとなる。ここで気になるのは、その特急列車名がピーク時である１９９７年10月の１２６種に比べ、約20年間のうちに40種も減っていることである。その理由としては、新幹線開業による在来線特急の削減や、ブルートレインをはじめとする寝台特急の廃止、「**スーパー**」や「**新特急**」など接頭語の見直し、さらには類似区間を走る列車名の統合などが挙げられる。ネーム数の減少については、「列車の個性がなくなって寂しい」と感じる方もいれば、逆に「『新特急』や『**ホームタウン**』などの文字がなくなってスッとした」と思われる方もいるだろう。

しかし、現在の特急で大昔のように１往復１列車名というのは、在来線でも早朝・夜間の通勤・帰宅時間帯に運転され、意識的に別愛称を名乗る列車を除けば、「**サロベツ**」「**日光**《にっこう》」「**きぬがわ**」「**サンライズ瀬戸**《せと》」「**サンライズ出雲**《いずも》」と「**にちりんシーガイア**」（上りは２本）ぐらいで、そのほかの列車は複数の本数が設定されている。20往復以上の列車も「ソニック」以下７種というすさまじさである。

こうした本数自慢の特急が登場した背景には、優等列車が特急に一本化されたことや、旅客が利用しやすいように設定区間を統一し、始発駅や主要駅では30分や1時間ヘッドなどといった等時隔運転を採用したことが大きい。つまり、1964年10月の東海道新幹線や、1972年10月の「エル特急」で導入されたダイヤが現在も生きているのである。東海道新幹線では列車名を「**ひかり**」と「**こだま**」の2種とし、号数番号を併用することで列車を区別することに成功した。「ひかり」は超特急、「こだま」は特急を意味するわけで、列車名は一種の記号でもあった。

そうしたことからすれば、現在の「**ソニック**」は博多〜大分間特急、「**スーパーカムイ**」は札幌〜旭川間特急、「**はるか**」は京都〜関西空港間特急の総称列車名であるとともに、記号のような役目を果たしているといえよう。

国鉄時代の1968年10月以前には、184ページの項で触れた北陸本線のように優等列車個々に愛称名がつけられていて、『時刻表』は見るのも楽しく、宝石箱のようだった。しかし、現在のように使用車種や運転区間が画一化された本数自慢の在来線特急に個別のネームをつけるのは混乱を招くだけなので、総称列車名を採用するのがベターである。したがって、走行路線の代表として抜擢される列車名には、それにふさわしく、運転区間の特性を表現できると同時に、わかりやすく、気品のあるものが求められるべきだろう。

ＪＲ発足後に登場した「スーパー」「ビュー」などの接頭語

国鉄〜ＪＲの列車名は90年近い歴史を持ち、その間、定期優等列車だけでも５７７種が全国津々浦々の線路を駆けめぐっていった。そうした列車名も、本数が少ない１９５０年代は電報が打ちやすいように短くて簡潔なものが好まれ、１９６８年以後は列車名の整理などもあって、「**エル特急**」に代表されるように路線や運転区間によって総称名で表記される傾向になる。では、ＪＲ発足後はどうかといえば、最も顕著なのは「スーパー」に代表されるように接頭語を持つ列車名が数多く登場したことが挙げられよう。

この接頭語つき列車名は国鉄時代にも「**夜行《やこう》ちどり**」や「**臨時南紀《りんじなんき》**」「**臨時《りんじ》わかさ**」があったが、本格的に登場するのは36ページの項で触れた国鉄末期の「**新特急**」一党で、ＪＲ発足後も21世紀初頭まで運転される。

さて、ＪＲ発足後最初のダイヤ改正が実施された１９８８年3月13日、青函トンネルを潜る寝台特急「**北斗星《ほくとせい》**」のインパクトの前にあまり目立たなかったが、3種の〝スーパー〟特急が運転を開始する。ひとつは「**スーパー有明《ありあけ》41・14号**」。ＪＲ九州はこの改正で民営

表28　JR発足後における列車の特性を接頭語とした列車名一覧

2016年3月26日現在

接頭語	列車名	会社	使用形式	運転区間	設定年月日	廃止年月日	備考
新特急	新特急谷川	東	185系電車	上野～水上	1985.3.14	1997.10.1	
	新特急草津	東	185系電車	上野～万座･鹿沢口	1985.3.14	2002.12.1	
	新特急あかぎ	東	185系電車	上野～前橋	1985.3.14	2002.12.1	
	新特急なすの	東	185系電車	上野～宇都宮/黒磯	1985.3.14	1995.12.1	
	新特急ホームタウン高崎	東	185系電車	新宿～高崎	1993.12.1	2002.12.1	下りのみ
	新特急おはようとちぎ	東	185系電車	黒磯/宇都宮～新宿	1995.12.1	2002.12.1	上りのみ
	新特急ホームタウンとちぎ	東	185系電車	新宿～黒磯	1995.12.1	2002.12.1	下りのみ
	新特急さわやかあかぎ	東	185系電車	前橋～新宿	1997.10.1	2002.12.1	上りのみ
	新特急水上	東	185系電車	上野～水上	1997.10.1	2002.12.1	
スーパー	スーパー有明	九	783系電車	博多～西鹿児島	1988.3.13	1990.3.10	「**ハイパー有明**」に改称
	スーパーひたち	東	651系電車	上野～平/相馬	1989.3.11	2015.3.14	
	スーパー雷鳥	西	485系電車	大阪/神戸～富山	1989.3.11	2001.3.3	グレードアップ車
	スーパーくろしお	西	381系電車	京都/新大阪～新宮	1989.7.22	2012.3.17	パノラマグリーン車連結
	スーパービュー踊り子	東	251系電車	東京/新宿～伊豆急下田	1990.4.28	現役	
	スーパーホワイトアロー	北	785系電車	札幌～旭川	1990.9.1	2007.10.1	
	スーパーとかち	北	183系気動車	札幌～帯広	1991.7.27	現役	2階建て車連結。のちキハ261系
	スーパー北斗	北	281系気動車	函館～札幌	1994.3.1	現役	
	スーパーあずさ	東	E351系電車	新宿～松本/南小谷	1994.12.3	現役	
	スーパーはくと	西	HOT7000系	新大阪～鳥取/倉吉	1994.12.3	現役	智頭急行気動車
	スーパーやくも	西	381系電車	岡山～出雲市	1994.12.3	2006.3.18	速達列車・パノラマグリーン車連結
	スーパーくろしおオーシャンアロー	西	283系電車	京都/新大阪～新宮	1996.7.31	1997.3.8	「**オーシャンアロー**」に改称
	スーパーおおぞら	北	283系気動車	札幌～釧路	1997.3.22	現役	
	スーパーはつかり	東	E751系電車	盛岡～青森	2000.3.11	2002.12.1	
	スーパー宗谷	北	261系気動車	札幌～稚内	2000.3.11	現役	
	スーパーおき	西	187系気動車	米子～小郡	2001.7.7	現役	
	スーパーくにびき	西	187系気動車	鳥取～米子/益田	2001.7.7	2003.10.1	「**Sまつかぜ**」に改称
	スーパー白鳥	北	789系電車	八戸～函館	2002.12.1	2016.3.26	
	スーパーまつかぜ	西	187系気動車	鳥取～米子/益田	2003.10.1	現役	
	スーパーいなば	西	187系気動車	岡山～鳥取	2003.10.1	現役	
	スーパーカムイ	北	785･789系電車	札幌～旭川	2007.10.1	現役	「**Sホワイトアロー**」と「**ライラック**」を統合
	スーパーこまち	東	E6系電車	東京～秋田	2013.3.16	2014.3.15	料金面で「**こまち**」と分けるための策
ホームタウン	ホームタウンひたち	東	485系電車	上野～水戸	1990.3.10	1998.12.8	下りのみ
	ホームタウンさざなみ	東	183系電車	東京～君津	1991.3.16	2004.10.16	下りのみ
	ホームタウンわかしお	東	183系電車	東京～上総一ノ宮	1991.3.16	2004.10.16	下りのみ
	ホームタウン佐倉	東	183系電車	東京～佐倉	1994.12.3	1995.12.1	下りのみ
	ホームタウン成田	東	183系電車	東京～成田	1995.12.1	2004.10.16	下りのみ
	ホームタウンとちぎ	東	185系電車	新宿～黒磯	2002.12.1	2010.12.4	下りのみ
	ホームタウンしおさい	東	183系電車	東京～成東	2002.12.1	2004.10.16	下りのみ
ホームEXP	ホームエクスプレス阿南	四	185系気動車	徳島～阿南	2008.3.15	現役	
おはよう	おはようさざなみ	東	255系電車	君津～東京	1993.7.2	2004.10.16	上りのみ
	おはようわかしお	東	183系電車	上総一ノ宮～東京	1994.12.3	2004.10.16	上りのみ
	おはようとちぎ	東	185系電車	黒磯/宇都宮～新宿	2002.12.1	2010.12.4	上りのみ
	おはようしおさい	東	183系電車	成東～東京	2002.12.1	2004.10.16	上りのみ
さわやか	さわやかひたち	東	485系電車	日立～上野	1989.3.11	1998.12.8	上りのみ
ビュー	ビューさざなみ	東	255系電車	東京～千倉	1993.7.2	2005.12.10	
	ビューわかしお	東	255系電車	東京～安房鴨川	1993.7.2	2005.12.10	
ドリーム	ドリームつばめ	九	787系電車	博多～西鹿児島	1993.3.18	2004.3.13	夜行電車特急
	ドリームにちりん	九	787系電車	博多～南宮崎	1993.3.18	2011.3.12	夜行電車特急
ビバ	ビバあいづ	東	485系電車	郡山～会津若松	1993.12.1	2002.12.1	
フレッシュ	フレッシュひたち	東	E653系電車	上野～勝田/高萩	1997.10.1	2015.3.14	
ミッドナイトEXP	ミッドナイトEXP高松	四	2000系気動車	高松～伊予西条	2001.3.3	現役	下りのみ
	ミッドナイトEXP松山	四	8000系電車	松山～伊予西条	2001.3.3	現役	上りのみ
リレー	リレーつばめ	九	787系電車	博多～新八代	2004.3.13	2011.3.12	九州新幹線「**つばめ**」に接続
スワロー	スワローあかぎ	東	185･651系電車	上野～高崎/前橋	2014.3.15	現役	通勤・帰宅着席列車
モーニングEXP	モーニングEXP高松	四	2000系気動車	伊予西条～高松	2014.3.15	現役	上りのみ
	モーニングEXP松山	四	8000系電車	新居浜～松山	2014.3.15	現役	下りのみ

定期列車（土休日運転列車を除く）だけを示す。備考欄の「S」はスーパーの略。

化後としては初の特急形電車783系「ハイパーサルーン」を鹿児島本線特急「**有明**《ありあけ》」28往復中15往復に投入し、そのなかでも博多～西鹿児島間を途中8駅だけに停車して4時間06分で結ぶ速達列車1往復を「スーパー有明」と命名する。これがわが国で最初の「スーパー」の接頭語を持つ特急となる。あと2つは北陸地区の金沢～長岡《ながおか》間「**かがやき**」と米原～金沢間「**きらめき**」で、この2列車は485系普通車のシートピッチを広げたグレードアップ車を使用するとともに、途中停車駅も極限に抑え、表定速度100㎞／hに近い韋駄天走りがウリだった。塗装も派手なものに変更したクハ481のヘッドマークには〝スーパー〟の文字も入れられていたが、『時刻表』の表記はたんに「かがやき」と「きらめき」のままだった。類似区間に主要駅停車の「**北越**《ほくえつ》」や「**加越**《かえつ》」が運転されているので、わざわざ〝スーパーかがやき〟などといったネームを名乗る必要はないと関係者は考えたのだろう。

「スーパー」の列車名が本格化するのはその1年後の1989年3月11日である。JR東日本では新製651系による「**スーパーひたち**」が常磐線に登場。純白のボディやボンネット型の洗練されたスタイルが人目を引いた。一方、JR西日本では関西～北陸間に「**スーパー雷鳥**《らいちょう》」が運転を開始する。こちらは485系の改造ながら、パノラマグリーン車が先頭に立つなど新車と見間違えるほどの出来栄えだった。両列車とも列車名に「スーパー」の接頭語がついたのは、新車やグレードアップ改造車による速達主体の特急を在来の「**ひたち**」や「**雷鳥**《らいちょう》」より1ランク上の列車であることをアピールするのが狙いだった。もっとも、利用客からすれば「スーパー」がつく特急もそうでない特急も料金は同じなので、人気が「スーパー」に偏るのは当然だった。

そのため、以後のＪＲでは新タイプの特急車両が登場すれば、利用客の誘致を目的に「スーパー」の接頭語がついた特急が運転される傾向になる。なかには「**スーパービュー踊**《おど》**り子**《こ》」のように接頭語を２つ重ねた列車や、「**スーパーくろしおオーシャンアロー**」のように「スーパー」と車両名の両方をつけた列車が走るなど、まさに「スーパー」は花ざかりだった。ただし、この「スーパー」の命名もＪＲ各社間に温度差があるようで、ＪＲ北海道とＪＲ東日本、それにＪＲ西日本は導入に積極的だが、残る3社はそうでなく好対照だ。「スーパー」発祥のＪＲ九州は車両名を短縮した「ハイパー」のほうが新車のＰＲになるせいか、１９９０年3月には「スーパー有明」を「**ハイパー有明**《ありあけ》」に改称してしまうし、ＪＲ東海は新型車両には補助愛称の**（ワイドビュー）**をつけるといった独自路線を歩む。ＪＲ四国は国鉄引き継ぎのキハ１８１系が比較的早い時期に姿を消したことや、高速バスへの対抗には特急停車駅を増やして区間利用客を取り込む必要性からか、「スーパー」のネームには無関心を装っているようだ。

JR発足後における「スーパー」以外の接頭語としては、明らかに通勤特急対応のものや、次項で述べる車両名以外には「**ビュー**」「**ドリーム**」「**ビバ**」「**フレッシュ**」「**リレー**」「**スワロー**」がある。

「ビュー」は「**スーパービュー踊《おど》り子《こ》**」と「**ビューさざなみ**」「**ビューわかしお**」の3種。10両すべてがダブルデッカー（2階建て車両）かハイデッカー車で組成される「スーパービュー踊り子」は、眺望がまさに「スーパービュー」だが、房総特急用の255系は側窓《がわまど》（側面の窓）の天地寸法が国鉄標準形特急車と変わらないので、「ビュー」を接頭語につけるより「スーパー」で新車をアピールすべきだった。しかし、255系が落成した1993年ごろは「スーパー」を名乗る列車はまだ数が少なく、停車駅数も多い房総特急用ということで、「ビュー」を命名したのだろう。

列車名の接頭語としてはなかなか理解に苦しむのが「**ビバあいづ**」と「**フレッシュひたち**」。前者は上野～会津若松《あいづわかまつ》間特急として親しまれた「あいづ」が郡山始終着に短縮され、車両が専用の485系改造車になったのを機に「ビバあいづ」に改称される。「ビバ」は英語の〝vivacity〟の略で「快活・活発」を表すという。JR東日本としては新ネームと改造車で列車の活性化を図ろうとしたのだが、高速道路の発達で首都圏から会津への観光客はクルマに移行したため、「ビバあいづ」は9年間の運行に終わった。筆者としては「ビバ」は列車名につけるには、あまり語感のいい接頭語とは思わなかった。

常磐線で一世を風靡した651系のモデルチェンジ車として1997年に登場したのがE653系。全体としては651系より安っぽい印象の車両だが、窓下の塗装が編成ごとに赤、青、緑、黄、橙《だいだい》と異なるのがユニークだった。このE653系は1997年10月改正から順次485系「ひたち」に代わって運用に就くが、「スーパーひたち」や「ひたち」と列車名を区別することになって「**フレッシュひたち**」と命名される。車両が新しいうちはいいが、古くなったら列車名をどうするのだろうと心配していたが、結果として17年半「フレッシュひたち」のままで常磐線を走り続け、2013年3月にE657系に運用を譲る。車両はアコモデーション（車内設備）改造を施して、現在は交直流電車の性能を生かせる日本海縦貫線で「**しらゆき**」や「**いなほ**」として活躍中。「リフレッシュしらゆき」や「リフレッシュいなほ」では中古車そのもののため、接頭語は採用されていない。

接頭語としては、このほか、「**ドリーム**」と「**リレー**」「**スワロー**」がある。「ドリーム」

は九州内夜行客車急行の「**かいもん**」と「**日南**《にちなん》」を787系電車に置き換え、特急格上げに際して鹿児島・日豊両線の「**つばめ**」「**にちりん**」の夜行版ということで「**ドリームつばめ**」「**ドリームにちりん**」と命名。国鉄時代に夜の中国山地を喘《あえ》ぐように走っていた「夜行ちどり」とは列車名だけでも約半世紀の流れを感じさせる。

「リレー」は列車では「**秋田**《あきた》**リレー**」など接尾語として採用される例が多いため、接頭語としての使用は「リレーつばめ」だけ。九州新幹線が南半分の飛び地時代だった2004年3月からの7年間。まさに博多から鹿児島中央まで在来線と新幹線とのリレーで旅客輸送にあたった。新幹線「つばめ」への乗換駅である新八代では在来線特急も同一ホームに入っていたため、乗り換えの便利さは抜群だった。

最後に「**スワローあかぎ**」。通勤タイプの特急だが、食傷気味の「**おはよう**」や「**ホームタウン**」を接頭語にしていないのは好感が持てる。「スワロー」は国鉄時代からの特急の象徴で国鉄バスの車体にも描かれていた「つばめ」の英語名と、座席指定の着席列車ということで「座ろう」をかけていることは明らかである。

なお、列車の特性を接頭語にしたネーム全体については表28に示すので、通勤・帰宅対応特急の詳細についてはそれを参照されたい。

「ソニック」「Max」など車両名が即列車名になった時代

国鉄が解体してJR各社が発足したのは1987年4月1日のことだから、まもなく30周年を迎える。国鉄がJRになって以来、車両面で最も大きく変わったことといえば、全国標準の制式化された形式から脱皮してJR各社でオリジナルの車両を製造するようになったことである。つまり国鉄時代の車両は通勤形から特急形にいたるまで標準化・量産の思想のもとで設計・製造されていた。したがって、1970年代後半には旭川駅でも宮崎駅でも485系特急を見ることができた。外観的な違いといえば、気象条件が厳しい北海道仕様車は先頭車クハ481の上部前照灯が2灯であるほか、尾灯レンズが突出しているくらいである。だから485系は北海道でも九州でも「485系」で、「雷鳥型」でも「ひばり型」でもなかった。鉄道ファンのあいだでは80系電車は「湘南型」、153系電車は「東海型」と呼ばれていても、両形式は湘南地区や東海道筋だけで運用されるわけではないから車両名ではない。その点、使用地域が限定される私鉄車両は形態や性能から「SE車」や「パノラマカー」「ジェットカー」「スーパーカー」「ビスタカー」「ズームカー」などの固定車両名を有していた。個々の会社名は省略させていただく。

さて、JR発足後の車両は自社内での運用が基本となり、それも独自で設計ができるので、暖地の九州や四国と酷寒地の北海道とでは車両スタイルが大きく異なって当然だし、同じ通勤形電車でも東京都内と名古屋圏、関西圏とでは混雑の度合いが異なるので、編成両数はもとより、ドア数や座席の形態が違っていても不思議でない。そこで国鉄時代とは打って変わって6社6様の車両が登場する。とくに特急形車両はJR各社にとっては看板商品なので、会社によっては沿線利用客へのアピールを目的に車両名を命名する。もっとも、こうした動きは国鉄末期に鉄道管理局単位で登場した「サロンエクスプレス東京」や「サロンカーなにわ」などのジョイフルトレイン（団体・臨時列車用車両）に見られたが、JR発足後は定期特急用車両にも波及。その第1陣が1988年に登場したJR九州の783系「ハイパーサルーン」とJR西日本のキハ65形「エーデル」である。783系はステンレス車体も眩《まばゆ》いばかりのピカピカの新車。それに対し「エーデル」は在来車の改造でオール普通車の編成ながら、先頭車正面がハイデッカー展望室になっているのが特色だった。

1989年3月11日に実施されたJR発足後2回目の全国ダイヤ改正では、このうち

「エーデル」タイプの気動車で組成された大阪〜倉吉間特急がその名も「**エーデル鳥取**《とっとり》」で運転を開始する。車両名を接頭語につけた列車名は定期列車としては初めてだが、その半年前に臨時特急として大阪〜天橋立間に登場した「**エーデル丹後**《たんご》」が好評を博していることや、関西では「**スーパー雷鳥**《らいちょう》」が同時に設定されたこともあって違和感もなく迎えられた。翌年には大阪〜浜坂間に「**エーデル北近畿**《きたきんき》」が加わる。

一方、ＪＲ九州の７８３系「ハイパーサルーン」は１９８８年３月改正では「**スーパー有明**《ありあけ》」を含む「**有明**《ありあけ》」の約半数に投入されるが、以後は増備車の登場もあり、１９８９年３月には長崎本線特急「**かもめ**」、１９９０年３月には日豊本線特急「**にちりん**」に運用範囲を広げる。ＪＲ九州もこの改正を機に「有明」「かもめ」「にちりん」のうち７８３系で運用される列車にはネームの前に「**ハイパー**」の接頭語をつけて４８５系特急と愛称を分離。列車名だけで車両形式がわかるとあって、「ハイパー」がついた列車に人気が集中するのは否めなかった。しかし、ＪＲ九州では１９９２年７月に７８３系よりグレードの高い７８７系が登場したことや、７８３系使用列車が増えて別段めずらしくもなくなったことで、「ハイパー」の接頭語は数年間で廃止される。

ＪＲ九州は高速バスへの対抗もあって特急用新車の導入に意欲的で、１９９５年４月には博多〜大分間特急用に同社としては初の振り子式電車である883系を投入。当初は車両名プラス列車名の「**ソニックにちりん**」として運転されたが、列車名が長いのと、全列車が博多〜大分間の運転であるため、1997年3月からは車両名だけの「**ソニック**」のネームで運転される。当時は1往復ながら485系の「ソニック1－32号」が存在し、ファンのあいだから〝ニセ・ソニック〟と揶揄されたのは、なんともユーモラスだった。この1997年3月にはJR西日本の283系や681系で運転される特急も車両名の「**オーシャンアロー**」と「**サンダーバード**」がそのまま列車名になる。

新幹線では当初から総称列車名を採用していることで、東海道・山陽新幹線特急は現在もなお「**のぞみ**」と「**ひかり**」「**こだま**」の3種だけである。JR発足後の山陽新幹線では（ウエストひかり）や（ひかりレールスター）（グランドひかり）などが登場するが、『時刻表』でもカッコつきで表示されているように、あくまでも一般の「ひかり」と区別するためのものであって、正式な列車名ではないことは記すまでもない。

しかし、同じ新幹線でもJR東日本のオール2階建て車両E1系並びにE4系で運用される列車はネームの前に車両名の「**Max**《マックス》」をつけている。とくに新幹線の2階建て車両は旅客によって2階部分を好む人とそうでない人とがいるため、指定席予約の便宜を図るためには「Ｍａｘ」の接頭語は欠かせないのだ。しかし、Ｅ１系はすでになく、Ｅ４系も最終増備車が登場してから10年以上がたち、初期車の廃車も開始されているので、20年以上にわたる「Ｍａｘ」の歴史にピリオドが打たれるのもそう遠い先ではないようだ。

車両名が列車名の接頭語になっているのは、このほか、ＪＲ西日本並びにＪＲ東海の２８５系電車の「**サンライズ**」と、東武鉄道の１００系「**スペーシア**」がある。「サンライズ」は寝台専用の特急形電車で、行き先に合わせて「**サンライズ瀬戸《せと》**」と「**サンライズ出雲《いずも》**」の列車名で運転。東京〜岡山間は両列車が併結される。「**あさかぜ**」や「**日本海《にほんかい》**」「**あけぼの**」「**北斗星《ほくとせい》**」といったブルートレインの〝名優〟が鉄路から去ったあとは、ＪＲというよりは日本に残る唯一の定期寝台特急で、今後の活躍を見守るとともに、将来的には後継車の登場を期待したいものである。

「スペーシア」は、車両そのものは１９９０年に登場して以来、長年にわたって東武鉄道の浅草〜東武日光／鬼怒川温泉間で使用されてきたが、２００６年３月から栗橋駅構内の連絡線を使ってＪＲ東日本との相互乗り入れを開始する。新宿〜鬼怒川温泉間特急のうち、ＪＲ車（当初４８５系、現在は２５３系）で運転される「**きぬがわ**」と区別することもあり、列車名は「**スペーシアきぬがわ**」を名乗る。なお、東武鉄道１００系は自社線特急として使用される場合の列車名は伝統的な「**けごん**」と「**きぬ**」である。

また、接頭語ではないが、近畿日本鉄道の特急は、基本的には「○時○分発××行き特急」などと表現するが、「**しまかぜ**」「**アーバンライナー**」「**伊勢志摩《いせしま》ライナー**」「**さくらライナー**」「**青《あお》の交響曲《シンフォニー》**」が使用される場合は車両名が列車名として案内される。そのため、車両運用の都合により、京都発近鉄奈良行き「伊勢志摩ライナー」などという珍種も存在する。

こうした車両名に由来する列車名は、新幹線のE1系とE4系のように「Max」のネームが引き継がれる場合は別として、その車両が現役の場合だけに使用が許される〝1代かぎりの列車名〟ということである。したがって、キハ65形「エーデル」は車両が陳腐化して特急の座から降りた時点で列車名は消滅し、現状でも車両の経年から前途が明るいとはいえない列車名もある。逆に「ハイパー」の接頭語や「オーシャンアロー」は母体である「有明」や「**くろしお**」に戻されている。利用客から馴染まれ、車両もまだ新鮮さを失わないうちに列車名から接頭語を外すのも、逆にすがすがしい感じがする。

なお、JR東海の**(ワイドビュー)**はキハ85系に始まる同社の在来線新型特急車の総称ネームといえよう。

表29　車両名つきの列車名一覧

2016年3月26日現在

車両名	列車名	会社	使用形式	運転区間	設定年月日	廃止年月日	備考
エーデル	**エーデル鳥取**	西	65形気動車	大阪～倉吉	1989.3.11	1999.10.2	
	エーデル北近畿	西	65形気動車	大阪～浜坂	1990.3.10	1999.10.2	
ハイパー	**ハイパー有明**	九	783系電車	博多～熊本/西鹿児島	1990.3.10	1992.7.15	
	ハイパーかもめ	九	783系電車	博多～長崎	1990.3.10	1994.7.1	
	ハイパーにちりん	九	783系電車	博多/小倉～大分	1990.3.10	1995.4.20	
Max	**Maxあおば**	東	E1系電車	東京～那須塩原	1994.7.15	1997.10.1	
	Maxやまびこ	東	E1系電車	東京～盛岡	1994.7.15	2012.9.29	
	Maxあさひ	東	E1系電車	東京～新潟	1994.7.15	2002.12.1	
	Maxとき	東	E1系電車	東京～高崎	1994.7.15	現役	1997.10.1～2002.11.30列車名消滅
	Maxなすの	東	E1系電車	東京～那須塩原	1995.12.1	2012.9.29	
	Maxたにがわ	東	E1系電車	東京～越後湯沢	1997.10.1	現役	現役列車はE4系使用
ソニック	**ソニックにちりん**	九	883系電車	博多～大分	1995.4.20	1997.3.22	「**ソニック**」に改称
	ソニック	九	883·485系電車	博多～大分	1997.3.22	現役	
オーシャンアロー	**スーパーくろしおオーシャンアロー**	西	283系電車	京都/新大阪～新宮	1996.7.31	1997.3.8	
	オーシャンアロー	西	283系電車	京都/新大阪～新宮	1997.3.8	2012.3.17	
サンダーバード	**サンダーバード**	西	681系電車	大阪～富山·和倉温泉	1997.3.22	現役	
サンライズ	**サンライズ瀬戸**	西·海	285系電車	東京～高松	1998.7.10	現役	寝台電車特急
	サンライズ出雲	西·海	285系電車	東京～出雲市	1998.7.10	現役	
スペーシア	**スペーシアきぬがわ**	東	100系電車	新宿～鬼怒川温泉	2006.3.18	現役	東武鉄道車両使用

定期列車だけを示す。「サンダーバード」は1995.4.20～1997.3.21は「スーパー雷鳥（サンダーバード）」で運転。

列車名の常識を破り続けるＪＲ九州の挑戦

ＪＲ発足後、特急の列車名は接頭語がついたり、漢字や平仮名、片仮名、アルファベットが交錯するものが現れたりするなど国鉄時代とはさま変わりを見せている。そのなかでも、ひときわ奇をてらった列車名を次々と世に送り出しているのがＪＲ九州である。

国鉄最後のダイヤ改正が実施された１９８６年11月１日時点で、九州内特急は鹿児島、長崎、佐世保、日豊の４幹線で運転され、車両はすべて４８５系を使用。列車名も「**有《あり》明《あけ》**」「**かもめ**」「**みどり**」「**にちりん**」の４種だけで、新幹線方式の列車名命名が在来線に導入された典型例でもあった。

このように、列車名だけでは最も地味だった九州だが、ＪＲ発足後は他社に先駆けて７８３系「ハイパーサルーン」と、長崎オランダ村観光特急用のキハ１８３系１０００番台（以下キハ１８３系）を製造。１９８８年３月改正では７８３系使用の速達列車を「**スーパー有明《ありあけ》**」、キハ１８３系の臨時特急を「**オランダ村特急《むらとっきゅう》**」として運転する。「スーパー」の接頭語や、誰にもわかる形で「特急」の文字が入った愛称も初めての採用だった。

７８３系とキハ１８３系はいずれも九州の地域に密着した外観や車内設備、それに客室乗務員のサービスが利用客から好評だったため、以後、ＪＲ九州では幹線特急用に７８３系を増備する一方、観光特急用車両には行き先に合わせたオリジナル車を開発する。その観光特急の第2陣としてキハ71系が登場。１９８９年3月改正から博多～由布院《ゆふいん》～別府間を結ぶ季節特急「**ゆふいんの森**《もり》」に起用される。キハ71系は急行用キハ58系・65形の改造ではあるものの、オール・ハイデッカーの車体は斬新で、とくに女性観光客から人気を集めた。列車名は由布院温泉と湯布院《ゆふいん》町（現・由布《ゆふ》市）一帯の牧歌的風景をイメージしたものといわれるが、季節列車とはいえ、列車名に格助詞の「の」が入るのも、もちろん初めての試みだった。この「ゆふいんの森」は利用率が好調であるため、改良増備車といえるキハ72系が登場した１９９９年3月からは3往復運転となり、同年7月からは各1編成しかないキハ71・72系の運休日にはキハ１８５系の「**ゆふ**」80番台列車が代走することによって3往復のダイヤが確保され、実質的に定期列車になる。

１９９２年3月には長崎県佐世保市に滞在型テーマパーク「長崎オランダ村ハウステンボス」が開業。同時に大村《おおむら》線にハウステンボス駅が開設され、博多から特急「**ハウステンボス**」が運転される。翌１９９３年3月には博多～南宮崎間特急2往復に「**にちりんシーガ**

イア」と命名。これは４カ月後に宮崎市郊外にオープンする複合リゾート施設シーガイアへの旅客誘致というより、「**にちりん**」グループで昼行２往復だけの７８７系列車を４８５系列車と区別するためのネームと受け取れるが、いずれにしても、行き先の観光施設をそのまま列車名に取り入れるのも初の試みといえた。

さらに、ＪＲ九州では１９９９年３月に大村線特急に「**シーボルト**」、２００１年10月の筑豊本線・篠栗《ささぐり》線電化に際しては直方《のおがた》～博多間特急に「**かいおう**」と相次いで人名の列車名が登場する。「シーボルト」は江戸《えど》時代に長崎に滞在したドイツ人医師シーボルト、「かいおう」は直方市出身の大関魁皇《かいおう》にちなむ。ＪＲ九州ではこのほか肥薩《ひさつ》線の観光列車（種別は普通列車）にも山県伊三郎《やまがたいさぶろう》に由来する「**いさぶろう**」と後藤新平《ごとうしんぺい》にあやかった「**しんぺい**」が走っており、まさに人名列車王国である。ただ、「シーボルト」だけは利用率がよくないのか、わずか４年で廃止されてしまったのは残念だった。

２００４年３月13日には九州新幹線が新八代～鹿児島中央間の部分開業を迎え、九州内も本格的な新幹線時代に突入する。この改正では「**あそ**」を肥薩線人吉《ひとよし》に延長した「**九州《きゅうしゅう》横断特急《おうだんとっきゅう》**」のほか、「**はやとの風《かぜ》**」「**ゆふＤＸ《デラックス》**」などが新列車名として登場する。定期列車としては「**新特急**」以来となるネーム内に「特急」文字が入った「九州横断特急」は、名前こそ雄大だが、当時はキハ185系2両の列車で、なんとワンマン運転。「はやとの風」はJR九州観光特急シリーズの一員で鹿児島県内の吉松《よしまつ》〜鹿児島中央間の運転だが、適当な種車《たねしゃ》（改造のベースとなる中古車）がなかったのか、キハ40系の内装を特急風に改造した車両を使用。車両の性能や停車駅の多さなどスピード運転を阻む条件に囲まれているため、表定速度は40㎞／h台で、たんにこの点だけでは「特急」の器ではない。また、「はやとの風」の列車名は「薩摩隼人」と「風」の合成だが、「ゆふいんの森」とは異なって「はやと」と「風」にはこれといった結びつきはなく、たんに語呂のよさだけで命名したものと思われる。そういえば、昔、『ハリスの旋風《かぜ》』といった漫画があったっけ。

「ゆふＤＸ」は「シーボルト」廃止によって捻出されたキハ183系を使用。久大本線特急「ゆふ」のダイヤで運用されながらも、先頭車に展望席（パノラマシート）を設置することで列車名どおりのデラックス感をアピールするが、運転区間が観光特急「ゆふいんの森」と競合するため、中途半端な感は免れなかった。

その5年後の2009年10月には日南線の観光特急として臨時列車の「**海幸山幸**《うみさちやまさち》」が登場。「海千山千」ではなく「海幸山幸」のネームは馴染みがないが、日本神話の「山幸彦《やまさちひこ》と海幸彦《うみさちひこ》」の物語から命名されたという。車両は水害で廃線になった高千穂鉄道から移籍したＴＲ－４００形を改造したキハ１２５形４００番台、18ｍ車体の2両からなる列車の定員はわずか51名で、国鉄～ＪＲを通じて最も輸送力の小さな特急である。

そして九州新幹線博多～鹿児島間中央全通の２０１１年3月には鹿児島中央始終着の在来線特急として通勤対応の「**川内《せんだい》エクスプレス**」と観光特急「**指宿《いぶすき》のたまて箱《ばこ》**」が登場する。７８７系電車4両で組成される「川内エクスプレス」はさておき、「指宿のたまて箱」は「はやとの風」と同様にキハ40系改造車の2両編成で、車両の両側を黒と白で塗った奇抜な塗装は、それこそ〝開けてびっくり〟ではなく〝見てびっくりたまて箱〟である。しかし、ここまでに奇をてらった列車名や車両デザイン、それにジョイフルトレイン的な内装などは果たして万人受けするだろうか。

ＪＲ九州では２０１１年中にも6月に「**あそぼーい！**」、10月に「**Ａ《エー》列車《れっしゃ》で行《い》こう**」といった観光特急が臨時列車として豊肥本線と三角《みすみ》線で運転される。「あそぼーい！」は２０１１年3月改正で「ゆふＤＸ」の任を降りたキハ１８３系に乳幼児向けの座席やフリースペースを設けるなどの改造を施して使用。列車名は蒸気列車として運転されていた快速「**あそＢＯＹ《ぼーい》**」をアレンジしたもので、なんと感嘆符がつく。「Ａ列車で行こう」はキハ１８５系の改造で、車内には本格的なバーカウンターや飲食用のシートも設置される。

表30　民営化後に制定されたJR九州の列車名一覧

2016年3月26日現在

設定年月日	列車名	使用形式	運転区間	廃止年月日	備考
1988.3.13	**スーパー有明**	783系電車	博多～西鹿児島	1990.3.10	「**ハイパー有明**」に改称
	オランダ村特急	183系気動車	小倉～佐世保	1992.3.25	季節列車
1989.3.11	**ゆふいんの森**	70・71系気動車	博多～別府（久大本線経由）	現役	季節列車
1990.3.10	**ハイパー有明**	783系電車	博多～熊本/西鹿児島	1992.7.15	
	ハイパーかもめ	783系電車	博多～長崎	1994.7.1	
	ハイパーにちりん	783系電車	博多/小倉～大分	1995.4.20	
1992.3.25	**ハウステンボス**	485系電車	博多～ハウステンボス	現役	
1992.7.15	**つばめ**	783・787系電車	門司港/博多～西鹿児島	2004.3.13	1996.3.16オール787系化
	ゆふ	185系気動車	博多～別府（久大本線経由）	現役	急行の特急格上げ
	あそ	185系気動車	熊本～別府（豊肥本線経由）	2004.3.13	急行の特急格上げ
1993.3.18	**ドリームつばめ**	787系電車	博多～西鹿児島	2004.3.13	夜行電車特急
	ドリームにちりん	787系電車	博多～南宮崎	2011.3.12	夜行電車特急
	にちりんシーガイア	787系電車	博多～南宮崎	現役	
1995.4.20	**ソニックにちりん**	883系電車	博多～大分	1997.3.22	
	きりしま	485系電車	宮崎～西鹿児島	現役	「**にちりん**」の宮崎以南分割
1997.3.22	**ソニック**	883・485系電車	博多～大分	現役	485系は2000.3.11運用から撤退
1999.3.13	**シーボルト**	183系気動車	佐世保～長崎	2003.3.15	
2000.3.11	**きらめき**	787・885系電車	博多～門司港	現役	設定時は通勤（帰宅）対応特急
	ひゅうが	485系電車	延岡～宮崎空港	現役	
2001.10.6	**かいおう**	787系電車	直方～博多	現役	通勤対応特急
2004.3.13	**つばめ**	800系電車	新八代～鹿児島中央	現役	
	リレーつばめ	787系電車	博多～新八代	2011.3.12	九州新幹線「**つばめ**」に接続
	はやとの風	40系気動車	吉松～鹿児島中央	現役	
	九州横断特急	185系気動車	別府～人吉（熊本経由）	現役	
	くまがわ	185系気動車	熊本～人吉	2016.3.26	急行の特急格上げ
	ゆふDX	183系気動車	熊本～別府（豊肥本線経由）	2011.3.12	
2009.10.10	**海幸山幸**	125形気動車	宮崎～南郷	現役	臨時列車
2011.3.12	**みずほ**	N700系電車	新大阪～鹿児島中央	現役	速達列車
	さくら	N700・800系電車	新大阪/博多～鹿児島中央	現役	800系は九州内列車で使用
	川内エクスプレス	787系電車	川内～鹿児島中央	2016.3.26	
	指宿のたまて箱	40系気動車	鹿児島中央～指宿	現役	
2011.6.4	**あそぼーい!**	183系気動車	熊本～宮地	現役	臨時列車
2011.10.8	**A列車で行こう**	185系気動車	熊本～三角	現役	臨時列車

アミカケは新幹線の列車名。

「A列車で行こう」のAは天草《あまくさ》（Amakusa）を表すとともに、ジャズに同名のスタンダード・ナンバーがあるとはいえ、「行こう」という動詞までが列車名に採用されるのはどうだろうか。国鉄～JRの列車名も90年の歴史を重ねると、〝変化〟はあって当然だが、ここまでくると、「どうぞ、お好きなように」といった気持ちになってしまう。

以上、JR九州の「オランダ村特急」や「ゆふいんの森」に始まる観光特急に共通する特徴を述べてみると、①「ハウステンボス」以外はすべて気動車列車。②車両の塗装や内装は列車ごとにすべて異なり、いずれも奇抜でユニークである。③列車名は記述のとおりで、国鉄時代の〝ルール〟から完全に逸脱しており、つかみどころがない。④ローカル線を走る列車が多いこともあってスピードは速くなく、「特急」の種別は設備やサービスに対する見返りとしての「特急料金」を徴収するためにある、といったところだろう。

こうしたJR九州の観光特急も「A列車で行こう！」のあとは新設されておらず、ほぼ出そろったものと思われる。車両も改造車が多く、数年後には更新を迎える列車もあるので、列車名ともども、どのような形で再登場するのか見守りたいものである。

なお、JR発足後の九州に登場した特急列車名を表30に設定年月日順にまとめたので参照されたい。

（了）

主要参考文献

寺本光照『国鉄・JR列車名大事典』中央書院、二〇〇一
寺本光照『新・名列車列伝』JTB、二〇〇三
寺本光照『時刻表でたどる新幹線発達史』JTBパブリッシング、二〇一三
寺本光照『国鉄・JR悲運の特急・急行列車50選』JTBパブリッシング、二〇一五
寺本光照『さよなら急行列車』JTBパブリッシング、二〇一六
三宅俊彦・寺本光照『国鉄・JR特急列車100年』JTBパブリッシング、二〇一二
三宅俊彦『列車名変遷大事典』ネコ・パブリッシング、二〇〇六
三宅俊彦『日本鉄道史年表（国鉄・JR）』グランプリ出版、二〇〇五
大久保邦彦・曽田英夫『列車名大研究』日本交通公社出版事業局、一九七九
大久保邦彦・曽田英夫『新・列車名大研究』日本交通公社出版事業局、一九八八
曽田英夫『列車名徹底大研究』JTB、二〇〇二
『日本大地図帳』（三訂版）平凡社、一九九四
『郷土資料事典』（改訂新版・各巻）人文社、一九七四～一九七七
『JR特急の四半世紀』イカロス出版、二〇一二
『ビクトリア現代新百科』学習研究社、一九七三
『標準原色図鑑全集』（各巻）保育社、一九六六～一九七四
『東北線の名列車II』イカロス出版、二〇〇四
『国鉄車両配置表』鉄道図書刊行会、一九六五～一九八六
『JR車両配置表』鉄道図書刊行会、一九八七～一九九九
『JR特急列車年鑑』イカロス出版、二〇一一
『日本鉄道旅行地図帳』（各号）新潮社、二〇〇八・二〇〇九
『日本鉄道旅行歴史地図帳』（各号）新潮社、二〇一〇・二〇一一
『鉄道ピクトリアル』『鉄道ファン』『j train』『JTB時刻表』（関係各号）

イースト新書Q

Q023

列車名《れっしゃめい》の謎《なぞ》

鉄道《てつどう》ファンも初耳《はつみみ》の「名《めい》・珍列車《ちんれっしゃ》」伝説《でんせつ》

寺本光照《てらもとみつてる》

2016年11月21日　初版第1刷発行

編集　畑 祐介
DTP　松井和彌
発行人　北畠夏影
発行所　株式会社イースト・プレス
東京都千代田区神田神保町2-4-7
久月神田ビル　〒101-0051
Tel.03-5213-4700　fax.03-5213-4701
http://www.eastpress.co.jp/
ブックデザイン　福田和雄（FUKUDA DESIGN）
印刷所　中央精版印刷株式会社

ISBN978-4-7816-8023-1